学前儿童发展心理学

职业教育学前教育专业教材编写组　编

河南大学出版社
·郑州·

图书在版编目（CIP）数据

学前儿童发展心理学 / 职业教育学前教育专业教材编写组编. —郑州：河南大学出版社，2017.12

ISBN 978-7-5649-3166-7

Ⅰ.①学… Ⅱ.①职… Ⅲ.①学前儿童–儿童心理学–发展心理学 Ⅳ.① B844.12

中国版本图书馆 CIP 数据核字（2017）第 323186 号

责任编辑	阮林要 巩永波
责任校对	陈 巧 丁丽艳
封面设计	郭 灿

出版发行　河南大学出版社
　　　　　地址：郑州市郑东新区商务外环中华大厦 2401 号　　邮编：450046
　　　　　电话：0371-86059712（高等教育与职业教育出版分公司）
　　　　　　　　0371-86059715（营销部）　　　　　网址：www.hupress.com
排　　版　北京水分子文化传播有限公司
印　　刷　郑州市运通印刷有限公司
版　　次　2018 年 12 月第 1 版　　　　　　　　　印　次　2018 年 12 月第 1 次印刷
开　　本　787mm×1092mm　1/16　　　　　　　印　张　15.5
字　　数　330 千字　　　　　　　　　　　　　　定　价　39.00 元

（本书如有印装质量问题，请与河南大学出版社营销部联系调换）

前　言

人生百年，立于幼学。学前教育是国民教育体系的重要组成部分，是为终身学习和全面发展奠定基础的重要阶段。学前教育事业是重要的社会公益事业，办好学前教育，关系广大儿童的健康成长，关系千家万户的切身利益，关系国家和民族的未来。

学前期是人的认知发展最为迅速、最为重要的时期，在人一生认识能力的发展中具有十分重要的奠基性作用。已有研究证明，早期教育对于儿童的认知发展具有重要影响，单调、贫乏的环境刺激和适宜的学前教育的缺乏，会造成儿童认知方面的落后，适宜的学前教育可以帮助儿童形成正确的学习态度、良好的学习习惯和强烈的学习动机，从而对个体的认知发展和终身学习产生重大影响。

学前教育对于人的社会性、人格品质发展非常重要。著名教育家陶行知曾说过："幼职教育实为人生之基础，凡人生所需之重要的习惯、趋向、态度多半可以在5岁前培养成功。"诸多研究和事实均反映，6岁前是人的行为习惯、情感等基本形成的时期，是儿童养成良好社会性行为和人格品质的重要时期。并且，这一时期儿童的发展状况具有持续性影响，其影响决定着儿童日后社会性、人格的发展方向、性质和水平。适宜的学前社会性教育有助于儿童在学前期形成良好的社会性和人格品质，帮助他们积极地适应环境，顺利地适应社会生活，从而有助于他们的健康成长、成才。

近年来，学前儿童发展心理学领域内的研究取得了令人瞩目的进展。一些高校迫切需要一本既充分反映现代儿童发展心理学领域的发展状况又密切联系儿童发展心理学教学实践的教材。《学前儿童发展心理学》教材正是基于这样的思考，经过几年的研究和教学实践而编写的。本书全面、综合介绍发展领域的指南，以发展阶段为线索，讲述从婴儿的出生到不同阶段的成长特征，不同的生活环境、家庭背景、社会文化会对孩子的发展产生怎样的影响，孩子在语言、认知、社会关系等方面是如何发展的，等等。本书内容专业翔实，既适合专业人士阅读，也适合家长参考，主要涵盖有关心理学发展的基本观点和研究方法，影响心理发展的有关因素，以及学前儿童注意的规律、感知觉的发展，记忆、思维、想象的发展，情绪情感的发展、个性因素与社会交往以

 前 言

及学前儿童心理健康与教育等各个领域的发展特点与发展趋势。

本书集理论、研究和应用于一体。它既不是一本只关注技术的应用发展心理学课本，仅仅着眼于如何运用发展心理学知识解决社会现实问题，也不是一本理论导向的论著，只局限于学科领域中抽象的理论。相反，本书关注学前儿童发展的各个方面。

本书立足当下，不仅详细记录了该领域的历史细节，而且记录了当前的发展现状和未来的发展趋势。同样，在介绍经典研究的同时，本书更强调当前的研究发现和发展趋势。

无论是"教"还是"学"，徜徉于儿童发展之中都是一种享受，因为它与现实生活的关系实在是太紧密了。我们每个人都会亲身经历这个发展过程，书中提及的每个方面都与我们自身息息相关。本书不仅能发掘、培养读者在这方面的兴趣，并且能使儿童长成参天大树。

本书可供综合性大学、高等师范院校心理学系和教育系的本科生、大专生做教材使用，也可供其他儿童心理工作者、儿童教育工作者从事教学、科研和实际工作时参考。

本书引用了一些专家、学者的资料，在此表示衷心的感谢！由于编者学识水平能力有限，本书在内容上难免存在遗漏或不妥之处，期待广大读者给予批评和指正。

编　者

目　录

第一单元　绪论 …………………………………………………… 001
　模块一　心理现象与心理学 ……………………………………… 001
　模块二　学前儿童发展心理学的研究方法 ……………………… 006

第二单元　学前各年龄段儿童心理发展的特征 ………………… 017
　模块一　新生儿与婴儿的心理与生理发展 ……………………… 017
　模块二　学步儿心理的发展 ……………………………………… 029
　模块三　幼儿心理的发展 ………………………………………… 032

第三单元　学前儿童注意的发展 ………………………………… 046
　模块一　学前儿童注意的规律及其在幼儿园活动中的应用 …… 046
　模块二　学前儿童注意发展的特征 ……………………………… 052
　模块三　学前儿童注意力的培养 ………………………………… 056

第四单元　学前儿童感知觉的发展 ……………………………… 061
　模块一　学前儿童感觉的发展 …………………………………… 061
　模块二　学前儿童知觉的发展 …………………………………… 067
　模块三　感知觉在学前儿童心理发展中的意义 ………………… 079
　模块四　学前儿童感知觉的培养 ………………………………… 081

第五单元　学前儿童记忆的发展 ………………………………… 089
　模块一　各年龄段学前儿童记忆发展的特点 …………………… 089
　模块二　学前儿童记忆发展的规律与记忆力的培养 …………… 100

目 录

第六单元　学前儿童思维的发展 …………………………………… 108
　模块一　学前儿童思维的特点…………………………………… 108
　模块二　学前儿童思维发展的培养……………………………… 121

第七单元　学前儿童想象的发展 …………………………………… 129
　模块一　想象在学前儿童心理发展中的作用…………………… 129
　模块二　学前儿童想象的培养…………………………………… 135

第八单元　学前儿童情绪和情感的发展 …………………………… 145
　模块一　学前儿童情绪和情感的发生发展……………………… 145
　模块二　学前儿童良好情绪和情感的培养……………………… 162

第九单元　学前儿童的个性因素与社会交往 ……………………… 173
　模块一　学前儿童性格与气质、自我意识与性别行为的发展… 173
　模块二　学前儿童的言语发展与同伴关系……………………… 187
　模块三　学前儿童社会道德的发展……………………………… 198

第十单元　学前儿童的心理健康与教育 …………………………… 209
　模块一　学前儿童心理健康概述………………………………… 209
　模块二　生态环境对学前儿童心理发展的影响………………… 218
　模块三　独生子女的心理健康教育……………………………… 231

参考文献 ……………………………………………………………… 239

第一单元　绪　　论

> **学习目标：**
> 1. 了解心理现象、心理实质及心理学概念。
> 2. 了解幼儿心理发展理论的主要流派。
> 3. 了解幼儿心理学的研究对象和方法。

模块一　心理现象与心理学

学前儿童发展心理学是研究幼儿（3~6岁入学前儿童）心理现象发生、发展和活动规律的一门科学。

学前儿童发展心理学和婴儿心理学、学龄儿童心理学、少年心理学、老年心理学等都是发展心理学的分支学科，和幼儿卫生保育教程、幼儿教育学、幼儿园教育活动的设计与指导等教育理论课都是学前教育专业的必修课。

首先，我们对一些相关概念做一下介绍。

一、心理现象

我们在生活中时时刻刻都有心理现象。处于清醒状态时，人会体验到自己的感受，能认识和辨别许多事物；在与别人交往中，有的人大方热情，有的人胆小拘谨；在工作学习中，有的人一丝不苟、聚精会神，有的人心神不定、马马虎虎。

人可以辨别物体的颜色、形状，可以分辨声音、气味、空间远近、时间长短等，这是感知觉在起作用；人可以记住和回忆经历过的事情，这是记忆在起作用；在艺术活动中可以创造出新的形象，这和想象的作用有关；人能够思索问题、解决问题，这是思维在起作用。心理学把感觉、知觉、记忆、想象、思维称为认知过程。人在认识周围世界时，总会发生喜爱、憎恨、冷漠等不同的态度和体验，心理学称之为情绪和情感过程。人常常为了改善自己、变革现实而自觉地树立某种目标，并努力克服困难去达到预定的目标，这一过程，心理学称之为意志过程。其他，如人的需要、兴趣、信念、志向、世界观以及能力、气质、性格和不同程度的行动积极性，心理学称之为个性积极性、个性倾向性或个性心理特征。

人的一切活动，无论是简单的还是复杂的，都是在某种内部动力的推动下进行的。这种推动人的活动并使活动朝向某一目标的内部动力就是人的活动动机。动机的基础是人的内在需要，如下图所示。

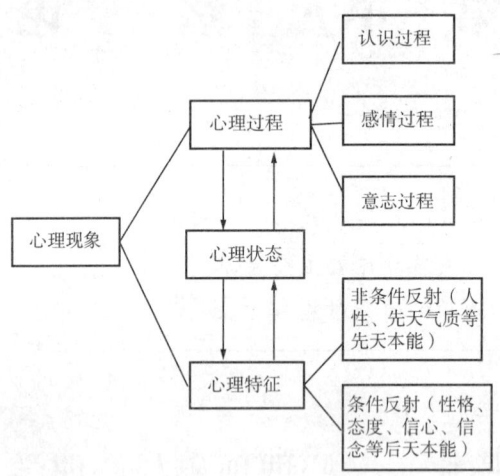

二、心理实质

（一）唯心主义心理观

唯心主义心理观认为心理是不依赖于物质而独立存在的，心理是第一性的，物质是第二性的。

我国古代的思想家们就对神形问题，即心与身的关系展开过激烈地争论，战国时代的孟子说："万物皆备于我。"明代的王阳明说："天下无心外之物""天地万物皆在吾心之中。"他们认为心理是世界的本源，心是万物和宇宙的主宰。

一些人甚至认为心理是"灵魂"寄附在肉体器官内的表现，人的各种心理现象都是灵魂活动的结果，灵魂是世界的本源，灵魂独立于宇宙而存在于某一"空间"中，当人降生之后，它就驻入人体，当人死亡时，灵魂就脱离肉体回到它来的那个"空间"。古希腊哲学家柏拉图就是持这种观点的代表，他认为在物质世界之外，还有一个由灵魂组成的"理念世界"，在"理念世界"里人们已经获得了一切知识，只是在投胎人世之时，由于肉体的污浊而遗忘了，因此，人的认识、智慧只不过是对灵魂在"理念世界"所获得的知识的回忆。这种把心理看成是脱离物质的、虚无缥缈的、灵魂的产物的观点，是唯心主义的观点。

唯心主义的心理观将心理看作世界的本源，把世界的万事万物看作心理的产物，给心理罩上了一层神秘的面纱，甚至将心理同封建迷信联系在一起，是没有科学根据的。因此，唯心主义心理观并没有也不可能真正地揭示心理的实质，只是对心理的产生做了一些虚幻的、毫无客观依据的猜想而已，它对心理与物质现象关系的认识是错误的。同唯心主义心理观相反的是唯物主义心理观。

（二）唯物主义心理观

唯物主义心理观认为心理的产生有赖于物质的存在，物质是第一性的，心理是第二性的，心理是由物质派生出来的。

早在战国后期，荀子便提出了"形具而神生"这一唯物主义观点；南朝唯物主义哲学家范缜在《神灭论》中就提出"神形相即"和"神用形质"的观点，肯定了"形存则神存""形谢则神灭"的观点，为正确地认识心理与物质的关系奠定了基础。

唯物主义心理观肯定了心理产生于机体的某一特定器官，心理是某种器官的一种机能，但心理究竟产生于哪一种器官呢？在对这一问题的认识过程中，又产生了许多不同的观点，归纳起来有三种具有代表性的观点。

第一种观点认为产生心理的器官是心脏。在古代，由于科学技术的落后，人们看到动物或人类由于失血过多而造成昏迷、神志不清或死亡，而推断心脏是产生心理的器官。我国古代哲学家孟轲认为："心之官则思，思则得之，不思则不得也。"他把心脏看成思考的器官。这种观点至今在汉语言中还留有痕迹。如"胸有成竹""心中有数""计上心来""心爱""心想""心烦""心疼"，等等。在汉字中几乎所有表示心理活动的字都带"心"旁。如思、情、意、恶、恨、感、惧、怒，等等。他们把心理与心脏的活动联系在一起，认为心理是心脏活动的结果。

第二种观点认为产生心理的器官是肝、胆、脾。认为心理是由肝、胆、脾分泌出来的。人们常说"胆子小""发脾气""动肝火"等，就是受这种观点的影响。

以上两种观点虽然都将心理看作物质——心脏、肝、胆、脾活动的结果，属于唯物论，但对产生心理的器官的看法是不符合事实的，是错误的。

第三种观点认为产生心理的器官是脑。随着医学的进步，人们逐步增强了对脑的认识，把心理的产生与脑的活动联系起来，认为脑是产生心理的器官。我国明代著名医学家李时珍在《本草纲目》中，就明确地做出了"脑为元神之府"的论断。当时的著名医学家喻嘉言、金正希等也都指出，"脑之上的天门，身中万神集会之所"，做出了"神不在心而在脑""人之记性在脑"等正确的诊断。清代医学家王清任在《医林改错》的《脑髓说》中指出"灵机记性不在心，在脑"的科学论断。

经过实验发现，人在睡眠和醉酒时，其心脏活动并无异常，但精神状态却大不相同。生理心理学的许多研究证明，当脑的某部位受损伤时，相应器官的活动受阻。比如，大脑皮层的额叶受损，人的活动便失去了方向性，任何偶然的诱惑性情况都会引起其不正确的行为；大脑皮层的顶叶受损，人的活动便失去了均匀性，甚至不能停止已经开始的活动，直到精疲力竭为止；大脑皮层的枕叶受损，人的视觉便会发生障碍甚至失明；等等。又如"无脑儿"，没有正常的脑髓，也就没有正常人的心理活动。

三、心理学

（一）心理的概念

心理是指人内在符号活动梳理的过程和结果，具体是指生物对客观物质世界的主观反映。心理的表现形式叫作心理现象，包括心理过程和心理特性，人的心理活动都有一个发生、发展、消失的过程。人们在活动的时候，通过各种感官认识外部世界的事物，通过头脑的活动思考着事物的因果关系，并伴随着喜、怒、哀、惧等情感体验。这折射着一系列心理现象的整个过程就是心理过程。按其性质可分为三个方面，即知识过程、情感过程和意志过程，简称知、情、意。

（二）心理学的概念

心理学研究涉及知觉、认知、情绪、人格、行为、人际关系、社会关系等许多领域，也与日常生活的许多领域——家庭、教育、健康、社会等发生关联。心理学一方面尝试用大脑运作来解释个体基本的行为与心理机能，另一方面，心理学也尝试解释个体心理机能在社会行为与社会动力中的角色；同时它也与神经科学、医学、生物学等科学有关，因为这些科学所探讨的生理作用会影响个体的心智。

心理学是研究人的心理现象及其发生、发展规律的科学。心理学（Psychology）一词，最早是由希腊语中的 Psyche（灵魂）和 Logos（学问）两个词构成的，意思是"灵魂"（亚里士多德的《灵魂论》，是第一本心理学著作），指人的精神或心理活动。人类很早就试图对此做出解释和说明，这些解释和说明形成了最初的心理学思想。以后，古希腊哲学家对人的灵魂问题进行了比较系统地研究，认为灵魂是寄居在人的身体之中的一种实体，它支配着人的行为，并有自己的活动规律。随着实践活动的深入和科学的发展，人们开始不满足于"灵魂说"关于心理现象的解释，而力求对心理现象的本质做出更科学的说明。19世纪以后，由于物理、化学和生物学的发展，许多学者开始用实验的方法来研究人的心理活动特点和规律，使人类对心理现象的认识上升到一个新台阶。由于世界各国心理学家的共同努力，人们在对心理现象的研究方面积累了大量的资料，提出了许多理论，使心理学的研究脱离了主观思辨的方式，而逐渐成为一门内容丰富、体系完整的学科。今天，心理学的许多理论，不仅能够指导人们正确地进行生活、工作和学习，而且成为教育人、培养人、管理人、使用人以及进行人才选择的科学依据。因此，心理学是在研究人的心理现象的过程中逐步形成、发展和成熟起来的。总之，心理学是一门研究人的心理现象及其发生、发展规律的科学。它的发展，既离不开现代生理学和生物学，也离不开辩证唯物主义哲学和其他社会科学，因此，心理学是一门自然科学和社会科学交叉的边缘学科。

1. 心理学的研究任务

（1）描述心理事实。从科学心理学的角度对各种心理现象进行科学界定，以建立和发展心理学中有关心理现象的一个完整的、科学的概念体系。这涉及大至对整个心理现象、小至对某一具体心理现象的概念内涵和外延的确定。

（2）揭示心理规律。科学的心理学不能只限于描述心理事实，而应从现象的描述过渡到现象的说明，即揭示某些现象所遵循的规律。一方面，研究各种心理现象的发生、发展、相互联系，以及表现出的特性和作用等。另一方面，研究心理现象所赖以发生和表现的机制。它包括心理机制和生理机制两个层面上的研究。前者研究心理现象所涉及的心理结构组成成分间相互关系的变化，后者研究心理现象背后所涉及的生理或生化成分的相互关系和变化。

（3）指导实践应用。指导人们在实践中如何了解、预测、控制和调节人的心理。例如，可以根据智力、性格、气质、兴趣、态度等各种心理现象表现的情况，研制各种测试量表，了解人们的心理发展水平和特点，为因材施教和人职匹配提供依据。

2．心理学的研究目的

（1）帮助人们认识内外部世界。学习心理学，可以加深人们对自身的了解。通过学习心理学，你可以知道自己为什么会做出某些行为，这些行为背后究竟隐藏着什么样的心理活动，以及自己的个性、脾气等特征又是如何形成的，等等。例如，学习了遗忘规律，你就可以知道自己以往的背单词方法存在哪些不足；了解了感觉的适应性，就可以解释为什么"入芝兰之室，久而不闻其香"了。

同样，你也可以把自己学到的心理活动规律运用到人际交往中，通过他人的行为推断其内在的心理活动，从而实现对外部世界更准确地认知。例如，作为教师，如果你了解了学生的知识基础和认知水平，以及吸引学生注意力的条件，就可以更好地组织教学，收到良好的教学效果了。

（2）调整和控制行为。心理学除有助于对心理现象和行为做出描述性解释外，它还给我们指出了心理活动产生和发展变化的规律。人的心理特征具有相当的稳定性，但同时也具有一定的可塑性。因此，我们可以在一定范围内对自身和他人的行为进行预测和调整，也可以通过改变内在外在的因素实现对行为的调控。也就是说，可以尽量消除不利因素，创设有利情境，引发自己和他人的积极行为。例如，当我们发现自己存在一些不良的心理习惯时，就可以运用心理活动规律，找到诱发这些行为的内外因素，积极地创造条件改变这些因素的影响，实现自身行为的改造。再如，奖励和惩罚就是利用条件反射的原理，在培养儿童的良好习惯和改造儿童的不良行为与习惯方面发挥着重要的作用。

（3）直接应用在实际工作中。心理学分为理论研究与应用研究两大部分，理论心理学的知识大部分是以间接方式指导着我们的各项工作的，而应用研究的各个分支在实际工作中则可以直接起作用。教师可以利用教育心理学的规律来改进自己的教学实践，或者利用心理测量学的知识设计更合理的试卷等；商场的工作人员可以利用消费和广告心理学的知识重新设计橱窗，陈设商品，以吸引更多的顾客，如街上流行的"打折风"；再如经理可以利用组织与管理心理学的知识激励员工、鼓舞士气，等等。这方面的应用有很多，各位读者可以在自己的生活工作中有意地加以体会和利用。

【相关资料】

狼孩的故事

在印度的一个名叫米德纳波尔的小城，人们在晚上经常见到有两个用四肢走动的像人的怪物尾随在三只大狼后面，出没于附近森林。

后来人们打死了大狼，在狼窝里发现，这两个怪物原来是两个裸体的女孩。大的有七八岁，小的约两岁。人们把这两个小女孩送到米德纳波尔的孤儿院去抚养，还给她们取了名字，大的叫卡玛拉，小的叫阿玛拉，到了第二年阿玛拉死了，而卡玛拉一直活了十六年。这就是曾经轰动一时的狼孩故事。

据记载，狼孩刚被发现时用四肢行走，慢走时膝盖和手着地，快跑时则手掌、脚掌同时着地。她们总是喜欢单独活动，白天躲藏起来，夜间潜走；怕火和光，也怕水，不让人们替她们洗澡；不吃素食而要吃肉，吃时不用手拿，而是放在地上用牙齿撕开。

每天午夜到早上三点钟，她们像狼似的引颈长嚎。她们没有感情，只知道饥则觅食，饱则休息，很长时期内对别人不主动发生兴趣。不过她们很快学会了向主人要食物和水，如同家犬一样。

只是在一年以后，当阿玛拉死的时候，人们看到卡玛拉流了眼泪——两眼各流出一滴泪。

据研究，七八岁的卡玛拉刚被发现时，她只懂得一般六个月婴儿所懂得的事，人们花了很大气力都不能使她很快地适应人类的生活方式。她两年后才会直立，六年后才艰难地学会独立行走，但快跑时还得四肢并用。到死也未能真正学会讲话，四年内只学会六个词，听懂几句简单的话，七年后才学会四十五个词并勉强地学会了几句话。在最后的三年中，卡玛拉终于学会在晚上睡觉，也不怕光了。

很不幸，就在她开始朝人的方向前进时，她死去了。据狼孩的抚养者估计，卡玛拉死时十六岁左右，但她的智力只及三四岁的孩子。

模块二　学前儿童发展心理学的研究方法

一、儿童心理学

研究儿童心理学在儿童成长、儿童教育、儿童医疗卫生、儿童文艺、儿童广播电视等社会实践领域中具有积极而重要的意义。

儿童心理学一般以个体从出生到青年初期心理的发生和发展为研究对象。在西方文献中，儿童心理学与"儿童发展"，以及狭义的"发展心理学"在意义和范围上基本相同。儿童心理学著作有按年龄阶段如新生儿期、婴儿期、童年期、少年期、青年期等排列的体系，这是大多数儿童心理学著作采取的体系；有按心理过程排列的体系，如感知觉发展、记忆发展、思维发展、注意发展、语言发展等；也有将上述两种排列混合编制的体系。

二、幼儿心理学的诞生与发展

幼儿心理学诞生于19世纪后半期。德国生理学家和实验心理学家普莱尔是儿童心理学的创始人，他通过对自己的孩子从出生到3岁每天进行的系统观察和实验记录，于1882年写成被公认是第一部科学地、系统地研究儿童心理学的著作《儿童心理》。

美国儿童心理学家霍尔在1904年撰写了第一本青少年心理巨著《青少年心理学》，被认为是美国儿童研究的开创者，他也因此被誉为"美国儿童心理学之父""青年心理学之父""心理学的达尔文"等。法国心理学家比纳在儿童心理学领域也有建树。之后，格塞尔、弗洛伊德、华生、皮亚杰等心理学家对婴幼儿心理发展做了大量的实验研究，形成了各自的发展理论，使得婴幼儿心理发展的研究在世界范围内不断开展和深化。

三、幼儿心理发展理论的主要流派

（一）格塞尔的成熟理论

格塞尔是成熟理论的代表人物。他研究的兴趣集中于生理成熟、成长和心理发展的同步关系。

格塞尔本人很少费神去注意其他人的观点，而是醉心于自己的研究。他的著作大部分是介绍自己的研究材料。其中，最著名的研究是对同卵双胞胎的对照性研究。他曾将一对同卵双胞胎的孩子作为被试对象，在不同的成熟期训练他们走路、攀登、滑旱冰等动作。研究结果表明，在儿童没有达到明显的成熟准备之前，经验的训练是收效甚微的。即使在最初的训练中取得了一点成绩，也同样没有多大价值。到了一定的成熟准备期，从未接受过这种行动训练的孩子，只要略加训练就可以迎头赶上。格塞尔还认为，儿童的兴趣和活动是在逐渐扩大的，起初只是身体的自我活动，以后涉及社会环境。

（二）华生的环境决定论

华生是把学习理论的原则应用于儿童发展问题研究的最主要的心理学家。他认为儿童是被动的个体，其成长决定于所处的环境。儿童成长为什么样的人，教育者负有很大的责任。当他读到巴甫洛夫的研究成果后，开始认为经典条件作用的原则不仅适用于动物，人类的大部分行为也服从经典条件作用原理，并致力于儿童情绪的研究。

华生认为婴儿出生时只有三种情绪反应：恐惧、愤怒和爱。引起婴儿这些情绪的无条件刺激一般只有一两种，但是年长的儿童可以对很多的刺激产生这些情感反应，因此华生认为对这些刺激所产生的反应一定是习得的。例如，对婴儿来说只有两种无条件刺激可以引起恐惧，一个是突然的声响，一个是失去支持物（如从高空落下），但年龄大点儿的儿童对很多事物，如陌生人、猫、狗、黑暗等都会感到恐惧。如一个小孩对蛇的恐惧是因为当他看到蛇时听到了别的孩子发出的尖叫声，蛇因而成为一种条件刺激。华生等以一个11个月大的小男孩为被试对象，看能否通过条件作用让他对小白鼠产生恐惧。实验之初，小孩对小白鼠并不害怕，但经过条件作用后，小孩发生了很大变化。实验过程如下：在小白鼠出现在小孩面前的同时，在小孩的背后用力击打一个物体发出巨响，引起孩子的惊吓反应。反复几次后，当只有小白鼠出现时，小孩也表现出害怕、逃避的反应。几日后，小孩对所有带毛的物体如狗、皮毛大衣等都感到害怕，可见，他的恐惧已经泛化。

华生的研究在实践中的一个主要应用是发展了一套对恐惧进行去条件作用的方法。这种方法在当代来说，即是一种行为矫正或称之为系统脱敏法。这个研究是针对一个叫皮特的3岁小男孩进行的，他是一个健康活泼的孩子，但对兔子等动物感到害怕。华生等为消除其恐惧采用了如下程序：首先，在皮特喝下午茶时，将关在笼子里的兔子放在距离皮特较远且不会对他产生威胁的地方；第二天，将兔子拿到较近的距离，直到皮特感到一丝不安；接下来的每一天，兔子都被移近一点儿，但在实验者的关照下，并不会给皮特带来太多的麻烦。终于，皮特可以做到一边吃东西一边与兔子一起玩。用同样的方法，心理学家消除了皮特对其他物体的恐惧。

基于经典条件作用理论，华生对养育孩子也提出了独到的见解。他认为父母应避免拥抱、亲吻婴儿，因为这样做很快就会让婴儿把看见父母与纵容的反应联系起来，就不会学习离开父母独自探索世界。他主张把孩子当成小大人对待，用良好的方式训练他们，从而使儿童从小养成好的习惯。

（三）斯金纳的操作行为主义学说

从学习理论的观点看，经典条件作用似乎只限于对某些反射或先天的反应进行条件作用。对于人们是如何学习复杂的技能及进行主动学习的，利用经典条件作用很难进行解释。于是心理学家开始研究其他形式的条件作用。斯金纳就是其中最有影响的一位。同华生一样，他也是一位行为主义心理学家，但他研究的条件作用并不是巴甫洛夫式的。在斯金纳看来，巴甫洛夫所研究的反应其实是一种应答，是由刺激自动引起的，大多数这样的应答都是简单的反射。斯金纳感兴趣的是操作性的行为，是对环境的主动操作。个体在环境中可能有多种反应，哪些行为保留下来或更可能再次发生，取决于行为发生之后所得到的强化过程。

为了研究操作性条件作用，斯金纳发明了一种仪器，叫作斯金纳箱。动物在里面可以自由活动，当它无意中压了杠杆，会得到食物作为奖励。以后，动物就会更经常地挤压杠杆。反应的比率作为测量学习的指标，当反应受到强化时，它发生的比率也会增加。

斯金纳认为，操作性行为在人类生活中比应答性行为扮演着更为重要的角色。例如，读书并不是由某一具体刺激引起的，而是在于读书给我们带来的结果。如果读书得到的是奖励或好成绩，人们就更愿意重复这种行为。因此，行为是由其结果决定的。

操作性行为的保持及去除与强化有直接关系，因此，如何对行为进行强化就显得至关重要。形成操作性条件作用应注意以下原则。

1. 强化与消退

可充当强化的事物有很多，有些强化如食物或去除痛苦叫作一级强化，它们本身就带有强化的属性。有些强化如成人的微笑、表扬或注意则是条件性强化。它们的效能取决于与一级强化的联结频率。当行为得不到强化时，就会渐渐消退。

例如，有些孩子的讨厌行为仅仅是为了得到成人的注意，如果对这些行为不予注意，这些不受欢迎的行为就会逐渐消失。

2. 及时强化

对反应及时给予强化，它才会保留下来。这一点对教育孩子有特别重要的意义。对好的行为及时表扬，这种行为再次发生的可能性就高。如果强化延迟了，行为将不会得到加强。

3. 操作性行为

操作性行为的获得并不是按照"全或无"的法则进行的，通常是逐步学会的。儿童的行为获得也是如此。当儿童的行为向正确的方向发展时，就会得到强化、肯定，并对他提出进一步要求，每取得一定的进步都会得到强化，通过这种方式，儿童最终掌握了完全正确的行为。

4. 强化的时间安排

人们的日常行为很少受到连续强化，大多都是间歇强化，如并不是每次看电影都会感到赏心悦目。间歇强化的不同安排会有不同的效果。一种安排叫作固定间隔式，即每隔一段时间给予一次强化，这种安排下的反应速度是相当低的。另一种安排是固定比率式，即反应每达到一定的次数，即会获得奖励，这种安排能带来较高的反应速度。但这两种安排在有机体得到强化后都会表现出一个反应安静期，这种安静期可以通过不定期强化或不定比率强化得到避免。前者是将奖励的时间间隔进行灵活变动，后者是将能够得到奖励的反应次数设为可变的。在这两种情况下反应的速度都相当快，之所以能保持反应是因为奖励随时都可能来。间歇强化形成的行为要比连续强化获得的行为更不易消退。当我们希望教会学生一个好的行为时，最好由连续强化开始，但是要想使行为保持下去，最好使用间歇强化的方法。

5. 负强化和惩罚

前面提到的强化都是正强化，强化意味着提高了反应的速度或可能性。正强化是通过给予一些正面的结果如食物、表扬、注意的方式加强了行为；负强化是通过去掉某些不好的、不愉快的刺激使反应得到增强。例如，学生为了避免受到教师的批评而认真学习，教师的批评就是负强化。负强化与惩罚不同。惩罚不是为了增强而是试图去掉某些行为反应。当发生了某些不好的行为后，给予不愉快的刺激，这就是惩罚。但是惩罚往往不一定有效并会带来一定的负面的结果。首先，惩罚往往是将不良行为压抑下去，但并没有教导出新的行为。儿童并没有因惩罚而学会更有建设性的行为。其次，惩罚易使人产生怀恨心理，对惩罚者心怀不满，并常常表现出攻击行为。再次，在成人眼里是惩罚，在儿童眼里可能变成奖励。例如，儿童做出不良行为，可能就是为吸引成人的注意，成人加以惩罚，正是对儿童的注意，儿童不但不会改变行为，反而变本加厉。

斯金纳的操作条件理论在实践中主要应用于行为矫正和程序教学。在行为矫正方面，对不良行为给予惩罚或不予注意，对好的行为给予奖励，坏的行为就会逐渐消退，而好的行为就会渐渐保留。程序教学允许学生选择短文、回答问题，然后再按按钮看是否正确。它遵循几个原则：第一，小步子原则，行为的获得是循序渐进的；第二，学习者是主动的，这是有机体的自然条件；第三，要及时反馈。

（四）皮亚杰的认知发展观

皮亚杰是20世纪最著名的心理学家之一，他的学说是在20世纪80年代前后才被介绍到中国来的，目前他已成为我国心理学界、教育界、哲学界所熟知的著名学者。他的本行原是动物学，但从青年时代起，他便对哲学和心理学产生浓厚的兴趣。25岁时，他开始了专业性的心理学研究，探讨的目标是寻找心理学与生物学之间的内在逻辑联系。他和他的同事设计了50多种灵巧的实验，为研究儿童早期的智力发展开辟了新的途径。

皮亚杰把从婴儿到少年的认知发展区分为感知运动阶段、前运算阶段、具体运算阶段和形式运算阶段。

1. 感知运动阶段（0~2岁）

在这一阶段，婴儿通过一系列先天性条件反射，如摇头、摆手、抓握等这类极简单的动作，发展了感知运动图式，逐渐地把自己和环境区分开来，形成了对客体的最初反映和表象记忆。感知运动图式的发展为以后的认知发展奠定了基础。

2. 前运算阶段（2~7岁）

这一阶段的儿童已经掌握了口头语言，但他们使用的语词或其他符号还不能代表抽象的概念，他们的思维仍受具体直觉表象的束缚。皮亚杰用"前运算"一词来描述这一思维发展阶段的特征。所谓"运算"，是皮亚杰从逻辑学中借用的一个术语，指借用逻辑推理将事物的一种状态转化为另一种状态。例如，5+3=8，可以说8是由5

和3转化而来。这一时期的儿童在思维上都有着不可逆性的特点。可逆性是指改变人的思维方向，使之回到起点。前运算阶段的儿童没有这样的思维。例如，问一名4岁的儿童："你有兄弟吗？"他回答："有。""兄弟叫什么名字？"他回答："吉姆。"但反过来问："吉姆有兄弟吗？"他则回答："没有。"

3. 具体运算阶段（7～11岁）

这个阶段的儿童虽缺乏抽象逻辑思维能力，但他们能够凭借具体形象的支撑进行逻辑推理。这个阶段出现的标志是守恒观念的形成。所谓守恒是指儿童认识到客体在外形上发生了变化，但其特有的属性不变。此时他们的思维具有可逆性。

4. 形式运算阶段（11岁～成人期）

这一阶段的儿童不仅能认识真实的客体，而且也能考虑非真实的、可能出现的事件。这种能超越时空的、对假设性因素的考虑，是思维发展中的一个很大的进步。此时的儿童能够进行假设——演绎思维，即不仅从逻辑考虑现实的情境，而且考虑可能的情境（假设的情境），也能运用符号进行抽象思维，同时还能进行系统思维，即在解决问题时，能分离出所有有关的变量和这些变量的组合。

（五）班杜拉的社会学习理论

班杜拉是社会学习理论的重要代表人物。他在美国心理学界建树甚丰，在社会科学方面的学识跨越许多领域，被誉为"现代的多面手"。1980年，班杜拉获得美国心理学会"杰出科学贡献奖"。

班杜拉认为在社会情境下，人们仅通过观察别人的行为就可迅速地进行学习。当通过观察获得新行为时，学习就带有认知的性质。

在一个经典研究中，班杜拉让4岁儿童单独观看一部电影。在电影中一个成年男子对充气娃娃表现出踢、打等攻击行为，影片有三种结尾。将孩子分为三组，分别看到的是不同结尾的影片。奖励攻击组的儿童看到的是在影片结尾时，进来一个成人对主人公进行表扬和奖励。惩罚攻击组的儿童看到另一成人对主人公进行责骂。控制组的儿童看到进来的成人对主人公既没奖励，也没惩罚。看完电影后，将儿童立即带到一间有与电影中同样的充气娃娃的游戏室里，实验者透过单向镜对儿童进行观察。结果发现，看到榜样受到惩罚的孩子表现出的攻击行为明显少于另外两组，而另外两组则没有差别。在实验的第二阶段，让孩子回到房间，告诉他们如果能将榜样的行为模仿出来，就可得到橘子水和一张精美的图片。结果，三组孩子（包括惩罚攻击组的孩子）模仿的内容是一样的。这说明替代性惩罚抑制的仅仅是对新反应的表现，而不是获得，即儿童已学习了攻击的行为，只不过看到榜样受罚，而没有表现出来而已。

班杜拉认为观察学习包括四个部分。

1. 注意过程

如果没有对榜样行为的注意，就不可能去模仿他们的行为。能够引起人们注意的榜样常常是因为他们具有一定的优势，如更有权力、更优秀等。

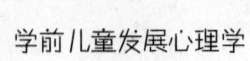

2. 保持过程

人们往往是在观察榜样的行为一段时间后，才模仿他们。人们要想在榜样不再示范时能够重复他们的行为，就必须将榜样的行为记住。因此需要将榜样的行为以符号表征的形式储存在记忆中。

3. 动作再生过程

观察者只有将榜样的行为从头脑中的符号形式转换成动作以后，才表示已模仿行为。要准确地模仿榜样的行为，还需要必要的动作技能，有些复杂的行为，个体如不具备必要的技能是难以模仿的。

4. 强化和动机过程

班杜拉认为学习和表现是不同的。人们并不是把学到的每件事都表现出来。是否表现出来取决于观察者对行为结果的预期，预期结果好，他就会愿意表现出来；如果预期将会受到惩罚，他就不会将学习的结果表现出来。因此，观察学习是一种主要的认知活动。

四、幼儿心理学的研究对象

（一）研究幼儿个体心理的发生

幼儿阶段是人生的早期阶段。人类特有的心理活动，包括人类的知觉、注意、记忆、表象和想象、思维和语言、情感和意志以及个性心理特征，都是在出生后的早期阶段发生的。因此，研究个体心理的发生，是幼儿心理学的重要内容。

（二）研究幼儿心理发展的规律

心理发展规律是指心理发展过程中的本质联系和本质特征。每个幼儿心理的发展有早有晚，表现是不同的。但是其发展的趋势和顺序大致相同，其发展过程都是从简单到复杂、从具体到抽象、从被动到主动、从零乱到系统，年龄相同的幼儿心理特征大致相似。同时，幼儿心理发展的过程也受遗传、环境和其他各种相关因素的影响，而不是孤立进行的，并且这些因素对于幼儿所起的作用也是有规律可循的。这些都说明，幼儿心理的发展受客观规律制约。这些规律包括制约幼儿心理发展过程本身的规律和制约影响幼儿心理发展各种因素的作用的规律。

（三）研究幼儿的心理过程和个性的发展

幼儿心理的发展表现为各种心理过程的发展，以及个性的形成和发展。每一种心理过程和个性特征的发展，在服从幼儿心理发展一般规律的大方向下，又有各自的特点和具体规律。另外，对各种特点和规律的研究，也是幼儿心理学的主要内容。

科学的研究方法必须在正确的理论指导下，经过反复的实践才能够被人们掌握。要了解幼儿心理发展的客观规律和特点，必须掌握该学科所遵循的科学原则和方法。

五、幼儿心理学研究的具体方法

研究幼儿心理的方法有多种，在实际研究中，往往以一种方法为主，其他方法为辅。

（一）观察法

观察法是有目的、有计划地观察幼儿的日常生活、游戏、学习中的表现，包括言语、表情和行为，从而了解其心理活动的研究方法。观察法是研究幼儿心理活动的最基本方法，由于幼儿的心理活动具有突出的外显性，通过观察其外部行为，可以了解他们的心理活动。被观察的儿童是在自然状态下进行各种活动的，观察所得的材料比较真实。例如，皮亚杰通过对儿童的长期观察，然后进行归纳和总结，得出了著名的认知发展理论。达尔文的《一个婴儿的传略》、陈鹤琴的《一个儿童发展的顺序》等，都是源于这些学者们亲自的细心观察。日记法或传记法是观察法的一种变式，它是一种长期全面的观察方法。

观察法从时间上可以分为长期观察和定期观察；从内容上可分为全面观察和重点观察。

应用观察法虽然可以获得比较真实的材料，但是研究者不能主动进行有选择、有控制的研究。所以在观察时应注意：第一，制订观察计划时必须充分考虑观察者对被观察儿童的影响，尽量使儿童保持自然状态；第二，观察记录要求详细、准确、客观，不仅要记录行为本身，而且要记录行为的起因和结果；第三，对幼儿的观察一般应反复多次进行，以辨别由于幼儿心理活动的不稳定性而表现出的偶然行为。

（二）实验法

研究幼儿心理常用的实验法有两种。

1. 实验室实验法

实验室实验法就是在特殊装备的实验室内，借助专门的仪器来进行心理研究的一种实验方法。这种方法能够严格控制条件，可通过特定的仪器设备探测一些不易观察到的情况。在研究刚出生几个月的婴儿时就广泛采用实验室实验法。这一方法的缺点是，儿童处在特殊实验条件下，其心理表现与在自然条件下的心理表现容易有差异。所以，在这种条件下所得结论在推广时还需验证。同时，这种方法对研究婴幼儿的低级心理活动较为有效，而对研究一些高级心理活动却比较困难。所以，在应用实验室实验法之前要对环境的布置、儿童的状况做好准备，实验的指导语和实验的方式也要采取儿童易于接受的形式呈现，进行实验时应考虑儿童的生理和情绪背景，实验记录也应考虑儿童表达能力的特点。

2. 自然实验法

这是指在日常生活或教育等活动中对实验条件做适当控制来进行实验的方法。例如，在正常的教学活动中，人为地要求不同年龄段的幼儿讲述相同的图片，以分析各年龄幼儿观察的基本特点,就属于自然实验法。在自然实验法中有一种重要的形式,即教育心理实验法,它是把幼儿心理的研究和教育过程结合起来的一种方法,因此在幼儿心理研究中占有重要的地位。在用教育心理实验法研究幼儿时,常用实验组和控制组(或称对照组)相对比,即把条件基本相同的儿童随机分为两组,对实验组采用某种特殊的教育措施,对控制组则不采用任何特殊的措施。通过对两组实验结果进行比较,得出这种特殊措施(自变量)对因变量的影响。

自然实验法既与观察法接近,又属实验法,兼有二者的优点,所得结果比较符合实际情况。但自然实验法容易受无关因素的影响,因而对实验自变量和因变量的控制效果不及实验室实验法。

(三)测验法

测验法是根据一定的测验项目和量表来了解儿童心理发展水平的方法。一般是采用标准化的项目,按照规定和程序,对个体心理发展的某个方面进行测量,并将测量的结果与常模相比,从而确定被试者的心理发展水平或特点。测验主要用来查明儿童心理发展的个别差异,也可用于了解不同年龄儿童心理发展的差异。在测验过程中应注意如下问题:幼儿心理测验一般采用个别测验法,逐个进行,不宜用团体测验法;测验人员必须受过训练,测验中要善于取得婴幼儿配合,使其表现出真实的心理水平;儿童的心理活动的稳定性差,因此,不能只凭一次测验的结果作为判断某个儿童心理发展水平的依据。

运用测验法时,所采用的量表是非常重要的。国际上已有一些较好的儿童发展测验量表,如格塞尔成熟量表(1938)、贝利婴儿发展量表(1969)、韦斯勒幼儿和小学智力量表(1967)等。但是,这些都是国外研究者根据他们的本国情况制定的,我国在借鉴的同时也要制定符合我国儿童身心发展水平的量表,而不能照搬过来。

测验法的优点是比较简便,在较短时间内能够粗略了解儿童的发展状况。但测验法也有自身的缺点。例如,测验所得往往只是被试者完成任务的结果,无法反映儿童思考的过程或方式;测验题目不能完全适用于不同生活背景的各种儿童等。因此,测验法只能作为了解儿童心理的方法之一,还应与其他方法配合使用。

(四)间接观察法

所谓间接观察法,是指研究者并不是直接观察研究对象的心理表现和行为,而是通过其他途径了解被研究者的方法。例如,可以采用当面调查访问的方式,也可以采用书面调查的方式,也就是问卷的形式。

当面调查是研究者通过儿童的家长、教师或其他熟悉儿童生活的成人了解儿童的心理表现。对幼儿的家长一般采用个别访问法,对托儿所和幼儿园的教师则可以用个别访问或座谈法。当面调查访问必须有充分准备,事先拟定调查提纲。调查访问人员还应善于向被访问者提出问题。当面调查访问的缺点是比较浪费时间。此外,其不足还在于被调查者的报告往往不够准确,可能由于记忆不确切,也可能受个人偏见及态度的影响。

书面调查法即问卷法的优点是可以在较短时间内获得大量资料，所得资料便于统计，较易作结论。但是编制问卷表并非容易的事情。即使是较好的问卷，也容易流于简单化形式，其题目也可能被回答者误解。此外，儿童心理的复杂情况，有时难以从一些问卷题目上充分反映出来，因此，也不能过高估计由此得出的统计结论。

（五）谈话法和作品分析法

谈话法是通过和儿童交谈，来研究儿童的各种心理活动的方法。谈话法是研究儿童心理常用的方法。在运用此方法时研究者应注意：第一，把握谈话方向，内容要围绕研究目的展开；第二，谈话前要熟悉儿童，并与其建立亲密的关系；第三，提出的问题明确，能使儿童容易理解和回答。

作品分析法是通过对儿童作品的分析来了解儿童心理活动的一种方法。比如，通过绘画作品来分析儿童的想象力，往往起到语言和表情动作所达不到的效果。

综上所述，研究幼儿心理的方法是多种多样的，研究者或幼儿工作者在研究过程中，应根据研究目的的不同，以及不同年龄阶段儿童的特点，灵活地使用各种研究方法，也可以把几种方法结合起来，这样会取得更好的效果。

【案例思考】

在一个炎热的夏天，张某工作很忙，特地给3岁的儿子买了一件玩具让他自己玩。张某忙完家务，给孩子准备洗澡水，叫儿子洗澡。连喊几遍，孩子说："爸爸，我不洗澡，我没空。"爸爸给他讲道理，他却说："不，我偏不。"张某生气了，一把抢过玩具，强行把孩子按入浴池。可是，趁张某拿浴皂的时候，孩子跑走了。张某气不过，抓住孩子狠揍了两下屁股，接着强行给他洗澡。孩子大哭大闹……

分析以上案例，回答以下问题：

(1) 这个案例说明了这个孩子什么年龄特点。
(2) 这个阶段的心理特征是什么。
(3) 这位"爸爸"的做法对吗？这种做法对孩子的心理发展有何影响？

【相关资料】

格塞尔（Gesell Arnold Lucius）美国心理学家。

格塞尔最初对智力愚笨的儿童感兴趣，但是由于智力愚笨是一个与其他因素有连带关系的问题，他的兴趣便逐渐转移到研究儿童的智力发展上。格塞尔及其研究小组拍摄了一万二千名儿童的表情照片，对智力发展问题进行了大规模的调查研究。他们的研究成果有助于证明儿童的智力正如体力一样是按照一定的有规律的方式发展的。人们不难相信，智力的发展是与神经系统的日臻健全密切相关的。智力显然是人的机体的一个附属物，绝非与人体无关的自在物。格塞尔关于这些研究成果的著述一直深受那些希望能判断自己子女是否发育正常的父母们的欢迎。

格塞尔在研究中使用最新技术。他对许多儿童进行了研究，包括狼孩卡玛拉。他也研究幼小的动物，包括猴子。

作为一名心理学家，格塞尔认识到自然与教育都极为重要，他警告其他人不要过早将心理无能归因于特殊原因。他相信人类行为的许多方面，如用左右手的习惯和气质是由遗传获得的。

格塞尔的观点源自于他的双生子爬楼梯的研究。1929年，他首先对双生子T和C进行了行为基线的观察，确认他们发展水平相当。在他们出生第48周时，对T进行爬楼梯、搭积木、肌肉协调和运用词汇等训练，而对C则不做训练。训练持续了6周，其间T比C更早地显示出某些技能。到了第53周当C达到爬楼梯的成熟水平时，对他开始集中训练，发现只需少量训练，C就赶上了T的熟练水平。进一步观察发现，55周时T和C的能力没有差别。格塞尔断言，儿童的学习取决于生理上的成熟，成熟之前，学习和训练难有显著的效果。

格塞尔认为，支配儿童心理发展的因素很多，但主要是"成熟"。格塞尔认为，儿童心理的发展过程是有规律、有顺序的一种发展模式。这种模式是由物种和生物进化顺序决定的，是由生物体遗传的基本单位——基因决定的。所谓"成熟"就是"给予通过基因来指导发展过程的机制一个真正的名字"。在格塞尔看来，所有儿童都毫无例外地按照成熟所规定的顺序或模式发展，只是发展速度可在一定程度上由每个儿童自己的遗传类型或其他因素所制约。

成熟和环境的关系。在格塞尔看来，成熟是一个由内部因素控制的过程，正是这种内部因素决定机体发展的方向和模式，但格塞尔不排除环境对儿童发展的影响。主要表现在：环境可能暂时影响儿童发展的速度。良好的环境可以提供一定的条件，从而有助于儿童发展其生命中最积极、最宝贵的资源；不良的环境，则可能阻止和压抑其自然潜能的顺利发展。但环境的作用仅仅如此而已。在他看来，发展的速度最终还是由生物因素决定和控制。

他把两者的关系归纳如下：环境因素对儿童的发展起支持、影响及特定化作用，但并不能产生基本的发展形式和个体发展的顺序。只有当结构与行为相适应的时候，学习才可能发生；在结构得以发展之前，特殊的训练及学习收效甚微。

第二单元　学前各年龄段儿童心理发展的特征

> **学习目标：**
> 1. 了解幼儿心理发展的规律与一般特征。
> 2. 新生儿与婴儿心理与生理发展的主要特征。
> 3. 学前儿童心理与生理发展的主要特征。

模块一　新生儿与婴儿的心理与生理发展

一、幼儿心理发展的规律

经过长期、大量的研究，心理学家揭示出幼儿心理发展历程的基本趋势，具体如下。

（一）从简单到复杂

幼儿最初的心理活动，只是非常简单的反射活动，以后越来越复杂。这种发展趋势又表现在以下两个方面。

1. 从不齐全到齐全

我们知道，幼儿的各种心理过程在出生的时候并非已经齐全，而是在发展过程中先后形成。比如，出生头几个月的婴儿不会认人，1岁半之后才开始真正掌握语言，与此同时，逐渐出现想象和思维。

2. 从笼统到分化

幼儿最初的心理活动是笼统而不分化的。无论是认识活动还是情绪，发展趋势都是从混沌到分化。也可以说，最初是简单和单一的，后来逐渐复杂和多样化。例如，幼小的婴儿只能分辨颜色的鲜明和灰暗，3岁左右才能辨别各种基本颜色。又如，最初婴儿的情绪只有笼统的喜怒之别，以后几年才逐渐分化出愉快、喜爱、惊奇、厌恶以至妒忌等各种各样的情绪。

（二）从具体到抽象

幼儿的心理活动最初是非常具体的，以后越来越抽象和概括化。幼儿思维的发展过程就典型地反映了这一趋势。年龄小的幼儿对事物的理解是非常具体形象的。例如，他认为儿子总是小孩，他不理解"长了胡子的叔叔"怎么能是儿子呢。成人典型的思维方式——抽象逻辑思维在学前末期才开始萌芽发展。

（三）从被动到主动

幼儿心理活动最初是被动的，后来才发展为主动的，并逐渐提高，直到成人所具有的极大的主观能动性。幼儿心理发展的这种趋势主要表现在以下两个方面。

1. 从无意向有意发展

幼儿心理活动是由无意向有意发展的。新生儿的原始反射是本能活动，是对外界刺激的直接反应，完全是无意识的。例如，新生儿会紧紧抓住放在他手心的物体，这种抓握动作完全是无意识的，是一种本能活动。随着年龄的增长，幼儿逐渐开始出现自己能意识到的、有明确目的的心理活动，然后发展到不仅意识到活动目的，还能够意识到自己的心理活动进行的情况和过程。例如，大班幼儿不仅能知道自己要记住什么，而且知道自己是用什么方法记住的。这就是有意记忆。

2. 从主要受生理制约发展到自己主动调节

年龄小的幼儿的心理活动，在很大程度上受生理局限，随着生理的成熟，心理活动的主动性也逐渐增长。例如，两三岁的孩子注意力不集中，主要是由生理上不成熟所致，随着生理的成熟，心理活动的主动性逐渐增长。四五岁的孩子在有的活动中注意力集中，而在有的活动中注意力却很容易分散，表现出个体主动的选择与调节。

（四）从零乱到系统

幼儿的心理活动最初是零散杂乱的，心理活动之间缺乏有机的联系。比如，年龄小的幼儿一会儿哭，一会儿笑，一会儿说东，一会儿说西，这都是心理活动没有形成系统的表现。正因为不成系统，所以其心理活动非常容易变化。随着年龄的增长，幼儿的心理活动逐渐组织起来，有了系统性，形成了整体，有了稳定的倾向，出现每个人特有的个性。

二、胎儿的生长发育

（一）怀孕一个月

这个时候胎儿还不能叫胎儿，叫胚胎期，其受精卵叫胚芽或者胚胎。由于这个时候的受精卵还在不断地分裂中，还没有形成一定的形状，故这个时候只能通过B超看到胚芽，如图2-1所示。

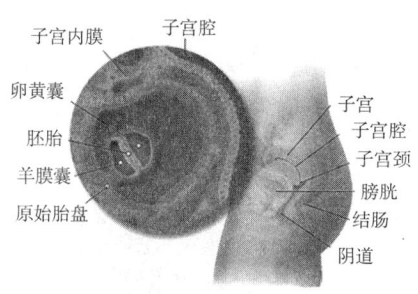

图 2-1 胚胎期

（二）在怀孕两个月

胎儿的胚胎看起来已经很像宝宝了。当两个月要结束的时候，胎儿的手和脚已经成型，眼睛、耳朵、鼻尖和舌头等也已经成型了，如图 2-2 所示。

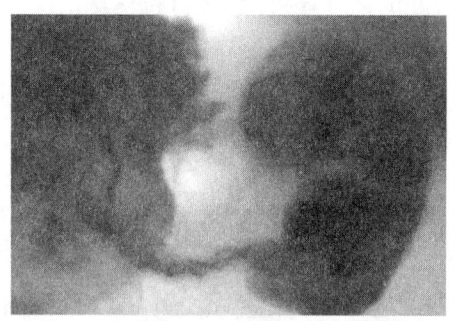

图 2-2 胎儿

（三）怀孕三个月

可以看到胎儿手指甲，并且有清晰的手指和脚趾。这个时候胎儿头部长大了，颈部也长长了。眼睛移到面部的前面，全身覆盖一层绒毛，并且外生殖器开始分化。这个时期胎儿骨骼开始加快发育，骨骼变硬，为今后的发育做准备，如图 2-3 所示。

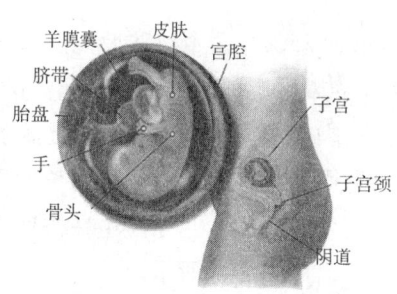

图 2-3 怀孕三个月

（四）怀孕四个月

胎儿的皮肤非常薄，并且是透明的，可以看到皮下的血管。四肢的关节已经形成，骨骼进一步发育。这个时候胎儿的腿已经超过了胳膊的长度，手指甲也已经成型了，关节也可以活动，如图 2-4 所示。

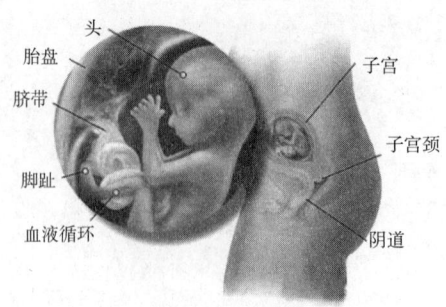

图 2-4 怀孕四个月

这个时期的胎儿性器官已经发育得足够成熟，用肉眼就能辨别其性别了，当然，B超更能查出。胎儿开始用胸来进行呼吸，他开始吸吮自己的拇指，胎儿这个时期已经有了胎心。如果妈妈细心的话，还可能感受到胎动。

（五）怀孕五个月

怀孕五个月的时候，妈妈的情绪可能会不稳定。乳房急速增大，尿液颜色呈较深的黄色，如图 2-5 所示。

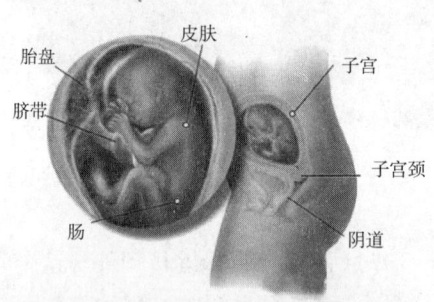

图 2-5 怀孕五个月

（六）怀孕六个月

胎儿身子大概有 19cm 长，重约 350g。这个时候胎儿的皮肤是皱皱的，别以为这是什么不好的现象，其实这是胎儿为以后皮下脂肪的生长留下的余地。六个月的胎儿，过了 22 周后，胎儿看起来会是滑滑的感觉，好像皮肤上覆盖了一层滑腻的物质，其实，这个就是胎脂。胎脂的主要作用是保护胎儿在羊水的长期浸泡下不受到伤害。胎脂一般会从六个月的时候出现。这个时期的胎儿牙齿也在快速发育，主要是恒牙的牙胚在快速发育，为胎儿长牙做准备，如图 2-6 所示。

（七）怀孕七个月

胎儿的身子已经有 36cm 了，体重大约有 900g～1300g，这个时候胎儿的内耳和大脑已经完全接通，对声音的分辨能力提高很多，对声音也很敏感。七个月的胎儿虽然视网膜还没有完全发育好，但是已经能够感受到光了，并且对光线很敏感，如图 2-7 所示。

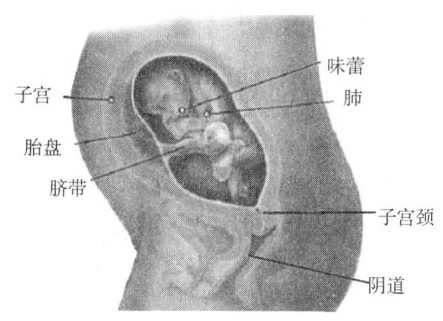

图2-6 怀孕六个月

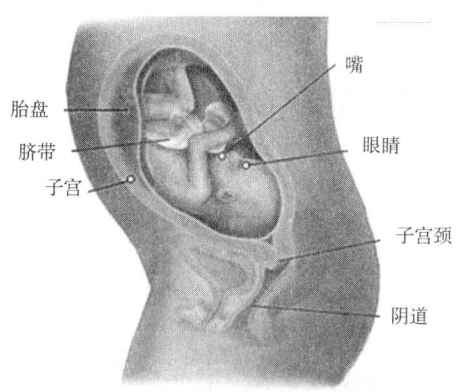

图2-7 怀孕七个月

（八）怀孕八个月

胎儿身长为42cm～46cm，体重为2kg～2.7kg，胎儿不断长大，骨骼发育更加强健。这个时候的胎儿已经能听到母体外的声音了。随着胎儿的成长，胎儿的皮肤看起来已经不再是那么褶皱了，而是显得很丰满，如图2-8所示。

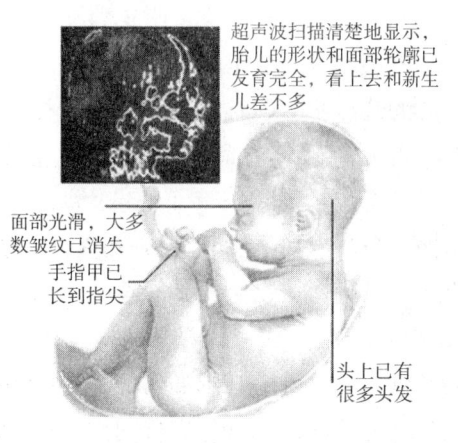

图2-8 怀孕八个月

(九) 怀孕九个月

胎儿大脑已经非常发达,对于外部刺激,不仅身体会有反应,而且面部也会有反应,通过胎儿的表情,我们可以判断他是喜欢还是讨厌。胎儿眼睛发育得已经完全成熟,对母体外的光反应很明显。胎儿体内的器官也都已经发育成熟,皮肤有光泽。九个月后,胎儿便已落到下腹部,为出生做准备了,如图2-9所示。

怀孕九个月后,由于胎儿已经很大,致使孕妇的腹部胀满,所以孕妇吃东西一次不要吃太多,要少食多餐。并且孕妇的消化功能会有所减退,也因此容易引起便秘,要多吃些薯类、海草类及含纤维素多的蔬菜。

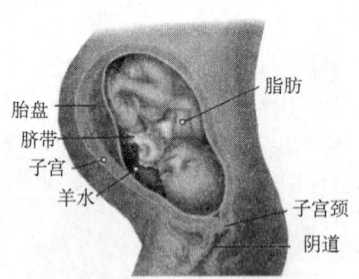

图 2-9 怀孕九个月

(十) 怀孕十个月

现在孕妇步入了怀孕的最后阶段,胎儿在子宫内的发育也基本上都已成熟了,从42周周末,胎儿成为足月儿了,同时也意味着宝宝随时都有降生的可能,所以这个时候孕妇一定要做好产前准备,包括分娩的知识、接生的医院、待产包,等等。

三、胎儿的心理发展

(一) 胎儿的感知觉

生理学家的研究证实胎儿具有五种感觉:听觉、视觉、嗅觉、味觉和触觉。正是胎儿具有了这五种感觉,才使胎教具有了可行性。

妊娠第四个月,胎儿的耳、眼等感觉器官逐渐形成和发展起来,此时胎儿对外界的声音、光线和动作已不再无动于衷,而是逐步有了反应。

1. 听觉的发展

实验结果显示:从怀孕六个月开始,胎儿对外界的声响,开始有了不断地"凝神倾听"的动作。研究人员曾把一只微型的话筒经阴道插入子宫,听里面的声音,结果吃惊地发现,胎儿生活的空间竟是一派喧哗和吵闹的空间。首先,大家可以想象,怀孕期间母亲腹腔内的子宫是一个非常吵闹的环境。子宫内有波动的羊水,子宫壁上附着巨大的胎盘,在胎盘和胎儿之间又有包裹着两根动脉和一条静脉的脐带,当血液从胎盘流至胎儿时势必会不时发出微微的湍流声;其次,母体的腹腔内还可产生从胸腔传来的有节奏的心音,有来自胃、肠不断发出的蠕动声;最后,母亲生活的外界环境，更充满了各式各样的声音，其中，既包括音响里播放出悦耳的音乐声、电视里传播出各种故事情节的对话，也包括街道上嘈杂的汽车喇叭声、摊贩的叫卖声，还包括家庭里的各种对话和开门、关门的声音，等等。这些大量的声音都将传入胎儿的耳内。如果加以分析、比较，在这些声音中，最为嘈杂的当属母亲胃肠道发出的咕噜咕噜的蠕动声；最为动听并能支配胎儿所处环境的声音，却是母亲那富有节律的心脏搏动声。如其节奏正常，胎儿就会知道一切正常，就会因感到所处环境安全而无忧无虑。可见，在胎儿的整个发育过程中，听觉给胎儿带来的影响最大。因此，在我们的胎教内容中，利用胎儿的听力对胎儿实施教育也相应占据重要的地位。借助声音，对胎儿进行良好的指导，也是我们实施胎教的有效途径。

用什么方法能够证明这些观察和看法呢？下面介绍四项实验结果：

用仪器监测。用先进的彩色多普勒测定仪对胎儿进行监测时发现，在各种声响出现时，胎儿的心跳数目出现变化；如果发出的只是超声（测定仪本身发出的，并无可听见的声音），则胎儿的心率依然如故；如果胎儿听不到声音，其心脏是不会出现反应的。

听母亲心音。由于胎儿听惯了母亲的心音，等他出生时，母亲把他抱在左侧胸前，使孩子的耳朵紧紧地贴在母亲心脏跳动的区域，孩子就会安静下来。

唤胎儿名字。在孕妇妊娠期间，让父母给胎儿起一个小名（"明明"），并让父亲经常面对母亲的腹部呼唤孩子的小名"明明"，天长日久，待宝宝出生后，当他听到呼唤他的小名时，会突然停止吃奶或在哭闹中安静下来，有时甚至会露出即兴的表情。这项实验结果在一定程度上说明，胎儿不但具有听力，而且对声音有一定的领悟能力。

播放心跳录音。在新生儿室内播放心脏跳动录音时，一部分新生儿听到这种录音比没听到这种录音表现得活泼、饮食和睡眠状况良好、体重迅速增加、呼吸能力不断增强，而且不爱哭闹、不易生病。

以上的观察和研究都说明，胎儿对母体及母亲的声音具有依赖性与敏感性，这与胎教有着直接的关系。众所周知，耳朵是胎儿与环境保持联系的主要器官，也是进行听力训练特别是音乐胎教的基础。因此，近年来人们对音乐胎教和听觉功能的研究越来越重视了。20世纪80年代以后，人们用现代科学技术对胎儿听力进行测定，除证明胎儿有完整的听力外，进而提出胎儿在子宫内能接受"教育"，进行"学习"，并形成最初的"记忆"。这种新的认识，为胎教提供了科学的依据。

随着对胎儿听觉系统的研究，专家们发现，胎儿如果患先天性耳聋，在子宫内就可能被诊断出来。当他出生后，可进行早期听觉训练，为避免部分儿童失去听觉提供了可能。

2. 视觉的发展

过去的研究认为：胎儿的视觉比其他感觉器官的发育缓慢。这一结论似乎很容易理解，因为母体子宫内基本上没有光亮。其实不然，经过专家们进一步研究发现，胎儿的视觉在妊娠 13 周就已形成。按说，在这个时候胎儿应该能看到东西了，但胎儿并不去看。虽然胎儿不去看，但胎儿对光线很敏感。实验观察表明：妊娠 4 个月起，母亲进行日光浴时，胎儿就可能有所察觉，表明胎儿已经对光线很敏感了。用胎儿镜观察发现，当胎儿入睡或有体位改变时，他的眼睛活动次数就会增加。在妊娠后期，如果将光线送入子宫内，胎儿的眼睛活动次数会明显增加；多次强光照射，胎儿还会安静下来。光照射后用脑电图监测，可见脑部对光照射有反应；用电光一闪一灭地照射腹部，用 B 超监测会发现胎儿心率出现剧烈变化。出生后胎儿不到 10 分钟，就能发挥视觉作用。检查发现：新生儿的视力只关心距离自己 30～40 毫米以内的东西，这恰好也与他在子宫内位置的长度相等。

3. 触觉的发展

触觉的发展要比视觉的发育相对早一些。

妊娠早期胎儿尚小，他就能在羊膜内滑动；当自己的手触到嘴时，他的头会歪向一侧，并张口。表明触摸他的体表后，他有感觉的反应。

妊娠后期胎儿长大后，当隔着母体摸出孩子的头部、臀部和身体的其他部位时，孩子的反应与早期的表现相比有较大进步，他可以用嘴去吮手，表明胎儿对触觉有着灵敏的反应。用一根小棍接触胎儿的手心时，用胎儿镜直接观察发现，孩子的手指会紧握拳头做出反应；碰足底时，脚趾也会动，膝和髋还可以弯曲，有时连嘴都会张开。

这些结果表明：胎儿不仅有触觉，而且接受刺激后会有不同反应。这种能力为开展胎教奠定了基础。

4. 嗅觉、味觉的发展

胎儿在子宫内似乎用不上嗅觉，但他一出生，马上就会用了，表明嗅觉在子宫内已经发育起来。

胎儿的味觉神经乳头在妊娠第 26 周形成，胎儿从 34 周开始喜欢带甜味的羊水。

(二) 胎儿的记忆

研究人员使用超声波来观察胎儿的反应。第一次感受到这种刺激的时候，胎儿被震到了。每隔 30 秒，数次重复同样的刺激后，胎儿习惯了这种声音，不再对它有反应。尼库斯说："在经历十三四次刺激后，30 周、32 周或者 34 周左右的健康胎儿对这种刺激不再有反应。"

这种对重复出现的刺激反应减弱的情况叫适应，是人和动物都会经历的一个过程。尼库斯说："适应是一种学习形式和一种记忆形式。"他和同事通过适应测试检查了 30 周到 38 周的胎儿的记忆力。他们发现，30 周大的胎儿有 10 分钟的记忆力，如果胎儿隔 10 分钟再次感受到同一种声音刺激，那么胎儿适应这种噪声的时间会更少。几次刺激之后，胎儿就适应了这种声音。

研究人员还发现，34 周的胎儿能"存储信息，并在 4 周后找回该信息"。研究人员开始对 34 周的胎儿进行适应测试，然后在 38 周再次对胎儿进行测试。之后，研究人员把之前接受过测试和没有接受测试的胎儿的反应进行了比较。

尼库斯说："我们看到了这一惊人差别，之前接受过测试的胎儿在两次或者三四次刺激后就适应了，其他 38 周的胎儿的反应和之前没有做过测试的 32 周的胎儿相同。"这意味着如果胎儿在 34 周没有经历过这种测试，那么到 38 周需要更多刺激才会适应。他说："这说明胎儿有 4 周的短期记忆。"

（三）胎儿的性格

随着早期教育研究的不断深入，人们已深刻认识到健康的心理是儿童健康发育不可少的因素，而儿童早期心理的重要组成部分——性格，也越来越受到人们的重视。现代科学已经证明：胎儿期的性格对其今后的发展起着至关重要的作用，而胎儿的性格在很大程度上受其生活环境及其他因素的影响。影响胎儿性格形成的因素有：

（1）性激素的影响。20 世纪 70 年代初期，很多国家用雌激素、黄体酮或它们的化合物来防止流产。但到了 20 世纪 80 年代后期，人们越来越认识到这类药物产生的不良影响。

美国纽约州立大学的一项报告表明：如果孕妇使用雌激素或黄体酮，那么，所生的孩子具有明显的女性特征。如果是男孩子，便有女性化的趋势，表现为性格懦弱，很少具有攻击性；如果生的是女孩子，则比一般的女孩子更加女性化。

此外，孕妇服药与胎儿的行为也有密切关系。同时使用了黄体酮、雌性激素的孕妇所生的孩子与只注射黄体酮孕妇所生的孩子相比，则更具有明显的女性特征。

（2）母亲情绪的影响。调查表明，婚后家庭不和睦的夫妇所生的孩子因恐惧心理而出现神经质，比婚后生活美满的夫妇所生的孩子神经质的发生率要高 4 倍。由此可见，母亲以愉快、舒畅、甜蜜的心情欢迎孩子的到来，并经常保持健康的心理状态，不仅对胎儿的身体发育有重大影响，还可以使孩子在性格及其他方面健康地发展。

（3）思想行为的影响。比如，当孕妇处于口头上表示不愿意要孩子，但内心却又想生的矛盾状态时，胎儿因接受不同的情感信息而引起精神上的混乱，出生后大多感觉迟钝、体弱乏力。因此，孕妇应根除这种矛盾心理。

又如，美国的托马斯·伯尼曾分析了一个典型的案例：一个乳名叫克里斯蒂的女孩子出生后拒绝吸母亲的乳汁，而对别人的乳汁却不厌恶，后经专家多方面研究才确定，她不愿与母亲"交流"，因为当初母亲不愿生她并想过堕胎。可见，母亲的思想行为影响着孩子的性格。

（4）精神状态的影响。科学家研究表明：孕妇的精神状态，如孕妇的情感、行为、思维等均可引起激素内分泌量的改变，从而对胎儿的性格形成起着间接的作用。

热爱胎儿的母亲所生的孩子与厌恶胎儿的母亲所生的孩子在身心发展等各方面，尤其是在性格上相比，前者都明显优于后者。厌弃胎儿的母亲早产、流产和出生时体重低于标准体重的概率很高，尤为严重的是，这种婴儿精神异常的较多，这样的孩子长大后，往往情绪不稳定。

（四）胎教

8个月的胎儿，能在羊水中自由自在地活动，并迅速地成长，大脑发育也日渐复杂、成熟，这时母亲可以通过讲故事、弹琴、听胎教音乐等形式提高胎儿的智力。研究表明此月份的胎儿能通过声音的波长和频率，产生直接的记忆，接受母亲的情感。所以，这个时期是全部吸收时期，可谓胎教的"尖峰时刻"。

1. 对话胎教

到了怀孕的第8个月，生活在母亲腹中的胎儿已经是一个能看、能"听懂"话、能理解父母的有生命、有思想、有感情的人了，父母对胎儿说话绝不是"对牛弹琴"。凝聚着父母深情的呼唤和谈话，一定会使胎儿聚精会神地倾听，父母应不失时机地加紧与胎儿之间的语言沟通与交流，对他施以良性刺激，以丰富胎儿的精神世界，这对开发胎儿的智力是有极大好处的。

2. 音乐胎教

到第8个月时，和大脑连接的神经回路更加发达，这时母亲的腹壁和子宫壁会变薄，所以，胎儿更容易听到外界的声音，而且，此时的胎儿可以区别声音的差异，对声音的强弱和旋律的变化都能做出不同的反应。

除了放乐曲给胎儿听之外，父母还可以给胎儿唱歌，这种形式的音乐胎教效果更好，是任何形式的音乐所无法取代的。一方面，母亲在唱歌时，陶冶了性情，获得了良好的胎教心境；另一方面，母亲在唱歌时产生的物理振动，和谐而又愉快，使胎儿从中得到感情上和感觉上的双重满足。此法还可使胎儿熟悉父母的歌声，加强感情交流，一直保持到出生以后，在音乐的气氛中，父母与子女间会更和谐、融洽。唱歌时心情要舒畅，富有感情，如同面对着你可爱的小宝宝，倾诉一腔柔情和母爱，这时母亲可想象胎儿正在倾听你的歌声，从而达到母子心音的谐振。

另外，还可以教胎儿唱儿歌，虽然胎儿不能真正地唱歌，但胎儿已经有听觉，母亲应充分发挥自己的想象力，让腹中的宝宝随着自己的音律和谐地唱起来。母亲可先按音符或简单的乐谱发音，每次唱歌都留出复唱时间，想象胎儿在跟着自己唱。

3. 光照胎教

胎儿的视觉比其他感觉功能发育缓慢。但从怀孕第24周开始，每天可定时在胎儿觉醒时用手电筒（弱光）做光源，照射孕妇腹壁胎头方向，每次5分钟左右，结束前可以连续关闭、开启手电筒数次，以利胎儿的视觉健康发育。但切忌强光射，同时照射时间也不能过长。

4. 联想胎教

联想胎教可以贯穿于所有胎教方法中。母亲在阅读文学作品、欣赏绘画作品时，也可以展开场景的联想和画面意境的联想；母亲在欣赏音乐时，就可以借助乐声，对乐曲所描述的画面展开联想；孕妇在大自然中也可以展开对美景诗情画意的联想。通过联想，孕妇把这些意识的信息传输给胎儿，达到对胎儿影响的作用。

联想胎教要求，孕妇联想的内容一定是比较美好的，那些不好的千万不要想，因为联想坏的事物不仅起不到胎教的作用，还有可能起到相反的效果。孕妇所听的音乐、所读的作品、欣赏的画面都要保证是美妙的。只有这样，胎儿才能接收到良好的意识信息，从而促进意识的萌芽和心智的发育。

5. 美育胎教

到第8个月份，胎儿初步的意识萌动已经建立，所以，对胎儿心智发展的训练可以较抽象、较立体的美育胎教法为主。

美育胎教要求孕妇通过看、听来体会生活中一切的美，将自己美的感受通过神经传导输送给胎儿。

看，主要是指阅读一些优秀的作品和欣赏优美的图画。孕妇要选择那些立意高、风格雅、个性鲜明的作品阅读，尤其可以多选择一些中外名著。孕妇在阅读这些文学作品时一定要边看、边思、边体会，强化自己对美的感受，这样胎儿才能受益。有条件的话，孕妇还可以看一些著名的美术作品，比如中国的山水画、西方的油画，在欣赏美术作品时，调动自己的理解力和鉴赏力，把美的体验传导给胎儿。

听，主要是指听音乐，孕妇在欣赏音乐时，可选择一些富含主题、意境饱满、主题鲜明的作品，它们能促使自己美好情怀的涌动，有利于胎儿的心智成长。

体会，既指贯穿看、听活动中的一切感受和领悟，也指孕妇在大自然中对自然美的体会。孕妇在这个阶段也要适度走动，可到环境优美、空气质量较好的大自然中去欣赏大自然的美，这个欣赏的过程也就是孕妇对自然美的体会过程，孕妇通过饱览美丽的景色而产生美好的情怀。

四、新生儿与婴儿心理与生理发展的主要特征

婴儿出生后，前30天被称为新生儿期。新生儿为了适应与母体大不相同的新环境，必须建立各种心理活动，以维持他们生存和发展。那出生前，胎儿是如何在母体中生存和发展的？具体地说，就是胎儿是如何摄取营养、排泄废物、吸取氧气的？胎儿在母体内，通过脐带从母体获取营养，通过脐带排泄废物，通过脐带吸收氧气。这一切维持生命的活动，胎儿都要借助母亲来完成。而新生儿，与母体分离后，必须能够自己吃、消化和排泄，自己呼吸空气。

总之，从胎内生活到胎外生活，新生儿需要付出极大努力。那么新生儿如何适应外界环境呢？首先，新生儿要借助各种无条件反射来维持生存，在此基础上形成

条件反射,实现发展。我们先了解一下无条件反射。无条件反射是指不用学习,天生就能对某些刺激进行反应,而引起反射的刺激。比如,当食物放进口中,就会有唾液分泌。我们生来就能对放在嘴里的食物,进行分泌唾液的反应,这就是一种无条件反射。我们看看新生儿所具备的无条件反射。有刺激物触碰新生儿的嘴边,新生儿会把头转向刺激物,这是一种定向反射,这种能力使得新生儿可以找到嘴边的食物。当母亲喂奶时,新生儿可以找到奶头,并进行吸吮反射,随后做吞咽反射。这连续的反射活动,可以使新生儿获取营养。如果环境中的强光刺激眼睛,或者用手指触摸新生儿的眼睫毛,新生儿会有眨眼反应。当新生儿的消化系统出现问题,吃的奶水过多,会使他们出现呕吐现象。这里的眨眼和呕吐,是新生儿自我保护的无条件防御反射。以上这些无条件反射与生俱来,是维持个体生存的基本条件。新生儿还具备一些与个体生存无关的无条件反射。行走反射、巴宾斯基反射、抓握反射,在出生后一年就消失了。

无条件反射可以使个体适应固定不变的环境,却不能使机体适应变化的生活环境。为了实现发展,主动地适应环境,个体需要建立条件反射。

条件反射是在后天学会的反射。引起这种反射的刺激是条件刺激。例如,"谈虎色变"这个成语。我们知道老虎的凶残,不用亲眼见到,只要听到有关虎的事情,我们就会有害怕的感触。当我们看到水煮鱼,闻到它的香味后,我们会有分泌唾液的反应。老虎和香味,是条件刺激,我们学会对它们进行反应,也就是说条件刺激的形成,是在条件刺激和反应之间建立暂时神经联系。说是暂时,是因为条件反射只有在强化时,才能巩固,否则将消失。如果我们长时间不吃水煮鱼,渐渐忘了它的味道。当再次闻到香味的时候,我们不会形成对它的条件反射。条件反射是由俄国生物学家巴甫洛夫依据自己的实验提出的概念。人的一切活动方式都是通过条件反射建立的,新生儿学会条件反射,意味着,人的心理现象开始发生,为他们的发展提供了可能。

满月后,婴儿的能力快速提升,但因为不能坐,不能爬,活动范围和视野范围都受到限制。但他们还是可以通过身体的简单活动与视觉、听觉的协同合作,探索环境。满月的婴儿视觉发展主要体现在以下几个方面:①两个眼球可以集中到一点;②注视时间加长;③注视距离增加;④追视。并且伴随着相应的躯体动作:比如,一个月大的婴儿可以抬头跟踪移动物体,可以盯着妈妈看。到三个月大的时候,头可以随视线转动,寻找声音的来源。第四个月,能够翻身的婴儿,可用双手支起身体,这样就可以看到4~7米远的物体。与视觉协同发展的听觉也有较快变化。这些能力都展示了满月后婴儿的快速发展,但对于探索周围环境所需的能力,视听觉还远远不够,还需要手部动作的参与,能够形成手眼协调,能够抓到看见的东西,它的意义在于加深对客观事物的认识。手眼协调的发展有四个阶段:

第一阶段,是一到两个月的无意抚摸阶段。这个时期的婴儿对于手无意碰到的东西会抚摸，这种摸没有目的，也没有方向。比如用自己的一只手摸另一只手。

第二阶段，是三到四个月的无意抓握阶段。此时的婴儿可以把握在手里的玩具弄出声音，抓住一角往嘴里送。这些是典型的抓握动作，但还没有眼睛的参与。

第三阶段，是手眼开始共同协作的阶段，但手还没达到准确抓住眼前物体的能力。通常婴儿的手是在物体周围打转。而四个月大的婴儿，就可以看到什么抓什么了，比如婴儿手里有一个东西，当看到其他东西，就会去拿。

第四阶段，手眼协调能力形成。婴儿的感知不止于此，他们可以分辨熟悉和不熟悉的声音，并对不熟悉的人采取躲避的态度。这种认生能力体现了感知觉的发展更完善，并为婴儿与养育者建立联系，提供了条件。经过半年的发展，新生儿具备了一定活动能力，但活动范围还是有限。

这些动作的发展遵循动作发展的四种规律。一是从整体的到局部的、准确的、专门化的。例如手的动作，婴儿最初看见物体是一把抓，不会用手指，到后来用食指、拇指准确地捏拿物体。二是从上到下。先是抬头，然后是坐、爬、站、走。这与婴儿肌肉发展的顺序有关。三是大动作到小动作。比如先发展用胳膊、腿的动作，爬、站，然后是精细的手指动作。四是从无意到有意。比如无意抚摸、无意抓握，能够把不喜欢的东西，用手推开。这些躯体动作和手动作的发展，让婴儿的自主性更大，能发现更多新事物，对环境中各种刺激能够积极地反应。语言作为一种对人类有特殊意义的刺激，会促使婴儿积极地理解、学习语言。婴儿的语言是从练习发声开始的。最初的发声是哭声，然后是一些非哭声的变现。

【案例思考】

分析以下案例，你认为新生儿的心理表现出什么特点。

有一位母亲，在孩子出生后8天时，患了感冒，于是她戴上口罩。当她同往常一样地抱孩子，喂奶的时候，孩子频繁地看她的脸。妈妈发现，孩子吃奶少了，变得入睡困难，睡觉也不那么安稳，睡眠时间也短了。看来，新生儿发现了母亲的异样，受到了不小的影响，因而心神不定。

模块二 学步儿心理的发展

学步儿即在6～12个月的儿童，这一期间，儿童的动作发展较之6个月前的儿童更加灵活多样，活动范围也不断扩大，儿童坐、爬、站、走等动作都是在这一期间学会的。由于他们已经有了一定的独立活动的能力，儿童开始从成人的怀抱中摆脱出来。

一、动作迅速发展

7个月的儿童能用双手扶东西站立，能用一个玩具敲打另一个玩具，开始用前肢、腹部匍行，能独自坐稳。8个月的儿童会爬，会自己坐起躺下，会对别人给的东西表示不喜欢，会用手往外推，动作开始有意向性，会两只手拿东西。9个月的儿童，双手扶着东西能走步，试着独自站立；自己玩的时候，能从抽屉中把玩具拿出来。此时的儿童能由卧位坐起，然后再躺下，前后爬行，很灵活。儿童双手玩积木的动作很熟练，会把一块积木搭在另一块积木上，还能把瓶盖打开再盖上。10个月的儿童，能扶着东西站稳，拇指和食指能协调地拿起小的东西。到12个月时，儿童不仅学会站立，有的儿童还能走几步，会用点头或摇头的动作表达自己的意思。

二、语言的发展

六七个月的儿童能够发出声音以引起成人的注意。儿童这时发出的声音和以前相比，音节比较清楚，他可以发出许多重复连续的音节，如 ba-ba-ba，ma-ma-ma，da-da-da 等，7个月的儿童还会用不同的声音招呼别人。招呼别人时，常用"唔—唔""唉—唉"等声音，10个月左右能听懂成人讲的简单句子，大约12个月，听到"妈妈"一词，知道寻找自己的妈妈。这时儿童开始掌握具有信号作用的词语。

三、依恋关系日益发展

依恋是儿童情感发展的一种基本表现形式。儿童大约在一周岁的时候，会对亲近的人产生依恋，对妈妈的依恋更为明显，更加注意妈妈，喜欢与妈妈在一起，与妈妈在一起会感觉很愉快，离开妈妈时会哭闹，当身体不舒服或生病时，婴儿的依恋情感表现得更强烈。研究表明，婴儿与依恋对象在一起，会有安全感。有依恋对象在婴儿的身边，婴儿很少有害怕的表现；婴儿感到恐惧时总要寻找依恋对象。研究还表明，父母及亲近的人能否给孩子以足够的爱抚，对儿童心理的发展有着直接的影响，甚至影响他（她）日后个性的形成。

四、视知觉进一步发展

6~12个月的婴儿视觉有了进一步发展，主要表现在这一阶段婴儿已经有了深度知觉。为了证实6~12个月的婴儿具有深度知觉，美国的心理学家沃克和吉布森设计了一种用来观察婴儿深度知觉的实验装置。装置的中央是一个能容纳会爬婴儿的平台，平台的两边厚玻璃上铺着同样黑白相间的格子布料。其中一边的布料与厚玻璃紧贴，视觉上感觉不到深度，叫作"浅滩"，另一边的布料与厚玻璃相隔数尺距离，造成视觉上的深度，形成"悬崖"。在做实验时，把婴儿置于平台中间，让母亲分别站在"浅滩"一边和"悬崖"一边诱导婴儿爬过来。结果显示，能够自由爬行的婴儿几乎都勇敢地爬过"浅滩",但拒绝爬过"悬崖"。婴儿对"悬崖"表现出害怕、恐惧的心理,说明婴儿能够对不同对象之间的距离有所判断,即具有深度知觉的能力。深度知觉的形成与发展又说明婴儿具有对物体特性的认识能力,如认识到实验平台形成"浅滩"的一侧是坚硬的,能够支持他,而另一侧则不是。

【案例思考】

[案例1] 在长沙生活的孩子,有的在5岁时既可以说长沙话,也可以学父母说其他的方言,还可以在幼儿园说普通话,而许多大学毕业后从外地来的成年人在长沙工作或生活了几十年却说不好长沙话。这是为什么?

[案例2] 长沙某幼儿园教师在组织幼儿"科学认识风"的活动中,问幼儿:"一位老爷爷挑着一担粮食走在路途中,天气很热,你们帮老爷爷想想办法,怎样才能让老爷爷凉快凉快?"结果,幼儿的答案只有三个,即电风扇、空调和吃冰激凌。请分析出现这一现象的原因。

[案例3] 当教师向幼儿出示一个圆形中央有一个小点的图案并问幼儿像什么时,幼儿会有不同的答案。这说明了什么?

【相关资料】

依恋的发展和需要

依恋行为是直觉活动的极佳例子。Bowlby认为此行为与进食和性活动不同。依恋行为在婴幼儿由内部条件如疲劳、饥饿、疼痛、疾病、寒冷与外部条件如黑暗、噪声、突然运动所激发。当依恋行为被激发时,婴幼儿寻找他已经习惯的特殊依恋对象。

婴幼儿在其出世时已熟悉了一些特殊照料者的信息。如,他们认识母亲的声音,2~3天已能分辨母亲和陌生人,5天已熟悉母亲的气味。尽管自出生起,他们对母亲的某些特征就有明显偏好,婴幼儿的依恋行为在6个月以后才显示。

当依恋行为在低水平激发时,母亲用语言等亲近行为就可以使孩子平静;但是,当孩子很不安,只有密切躯体接触才能终止不安。所有依恋行为的目标都是亲近和接触,主观目标是感到安全。当婴幼儿受到仇恨环境的威胁或失去依恋对象时,会体验到焦虑。作为成人,当遇到急性焦虑、创伤或失落时,还是需要依恋对象和寻求躯体接触。

简而言之,Bowlby把婴儿看成有前验的,在正常可预测的环境中发展依恋行为来降低危险和增加安全。在陌生的环境中,一个幼儿粘着母亲被认为是一种合适的行为,而非一些精神分析理论暗示的贪婪的表现:性的占有或全能控制。

在儿童出生后的第一年中,评估儿童个体特征并试图预测其发展过程是非常困难的，但是儿童对父亲或母亲的依恋性质在儿童一周岁时已经显示具有可预测的因素，这是因为依恋模式是相互关系的一种体现，不仅在儿童本身，只要儿童持续在同一种关系模式中，依恋模式的稳定性就比较高。

然而，依恋模式的转变确实会发生，特别是在不稳定的人群中，这些转变被发现与父母的有效功能有关。例如，对母亲来说，如果母亲得到更多的支持，这些支持无论是来自丈夫、她的母亲、朋友或者专业人员，儿童的依恋模式可能更安全。如果母亲外出工作、另一个同胞的出生、母亲患抑郁症或母亲被剥夺，儿童对母亲的依恋就会变得不安全。然而，随着儿童的成长，他的依恋模式会逐渐呈现个体属性，而对养育环境的变化较少出现反应。

有一些研究显示，在儿童出生后的第一年中增加对母亲的支持，可以增加儿童安全型依恋发展的可能性。另一个研究通过母亲使用一个放在身前的婴儿袋（类似于袋鼠育儿袋）表明对儿童安全型依恋有明确的作用，并且也具有实用价值。使用这种婴儿袋的母亲，比对照组的母亲对婴儿更敏感、更关注，结果非常有益。Main 相信这个结果不仅是身体靠近的结果，也是婴儿持续地接触母亲胸前的结果。母乳喂养的次数和持续时间对婴儿袋的使用没有影响，结论是在婴儿出生后的第一个月中将婴儿抱在胸前对母婴关系的发展具有正性作用，其作用比母乳喂养更好。

模块三　幼儿心理的发展

一、1～3岁婴儿心理的发展

1～3岁这一阶段的儿童学会了走路，活动范围不断扩大，感知觉不断丰富。开始学说话，借助于语词刺激可以形成复杂的条件联系，出现表象、思维、想象等人所特有的心理活动，为儿童心理发展的复杂化奠定了基础。

（一）躯体动作的发展

周岁左右的儿童，在成人帮助下，开始学会走步，待到十三四个月，能够独立行走。开始时，儿童身体各部分不能协调配合，很容易摔倒。这种现象的出现是由于头和身体的比例不平衡造成的，成人头和身体的比例是 1：8，儿童出生时是 1：4，2 岁时是 1：5，如图 2-10 所示。

儿童的胸围比较小，在一岁半以前，儿童的头围大于胸围，大约一岁半胸围才赶上头围，见表 2-1 所示。2 岁前儿童身体发育头重脚轻的特点，决定了儿童在刚学走路时，整个身躯前倾，两臂不会自然摆动，两脚不会交替前进，蹒跚易跌倒。

之后在成人的帮助、鼓励下，并经过反复练习，儿童慢慢地能够控制身体重心，保持身体各部位协调，且身体平衡，姿势自然，速度加快。2 周岁左右时，儿童还学会了跑、原地跳、上下台阶、单足站立、跨越简单障碍、弯腰从地上捡东西等,这期间有时儿童的一些活动动作比较笨拙。

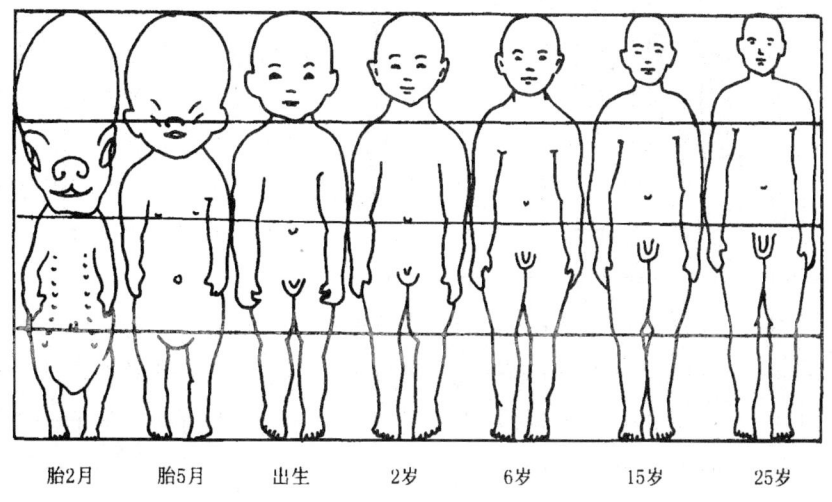

图 2-10 头和身体的比例

表 2-1 儿童头围、胸围尺寸表

年龄	体重（kg）		身高（cm）		头围（cm）		胸围（cm）	
	男	女	男	女	男	女	男	女
出生时	3.32	3.25	50.56	49.91	33.73	34.38	33.32	33.08
1月	4.9	4.63	56.64	55.25	38.08	37.33	38.05	37.20
2月	5.92	5.55	58.98	58.38	39.88	39.21	40.28	39.28
3月	6.53	6.02	61.59	60.24	40.16	40.48	40.70	40.33
4月	7.1	6.51	64.00	62.52	41.90	40.89	42.51	41.31
5月	7.43	6.9	65.69	64.39	42.90	41.86	43.04	41.85
6月	7.77	7.16	67.39	65.56	43.61	42.56	43.32	42.22
7月	8.03	7.45	68.43	67.92	44.15	43.01	43.94	42.67
8月	8.37	7.98	69.70	68.70	44.66	43.68	44.18	43.50
9月	8.6	8.17	71.54	69.86	45.11	43.97	44.60	43.56
10月	9	8.36	72.74	70.89	45.32	44.30	45.31	44.18
11月	9.07	8.96	73.78	72.35	45.71	44.65	45.39	44.25
12月	9.54	8.96	75.61	73.99	46.25	45.09	46.35	45.25
15月	10.21	9.55	77.64	76.41	46.90	45.74	47.26	46.28
18月	10.69	10.05	80.02	78.71	47.83	46.38	48.43	47.04

续表

年龄	体重（kg）		身高（cm）		头围（cm）		胸围（cm）	
	男	女	男	女	男	女	男	女
21月	11.17	10.78	82.90	81.50	48.04	46.83	49.27	48.19
24月	11.79	11.28	85.14	83.70	48.27	47.09	49.83	48.72
27月	12.08	11.58	86.83	85.56	48.41	47.27	50.26	49.25
30月	12.76	12.22	88.56	87.49	48.89	47.84	51.04	50.16
33月	13.21	12.56	90.84	89.50	49.03	48.11	51.55	50.31
3岁	13.87	13.26	93.35	92.06	49.34	48.22	51.70	50.68
3岁半	14.73	14.3	96.93	95.81	49.74	48.50	52.48	51.67
4岁	15.64	15.06	100.34	99.71	49.83	49.09	53.03	52.12
4岁半	16.29	16.02	103.52	102.44	50.22	49.46	53.74	52.80
5岁	17.47	16.93	107.02	106.43	50.95	49.79	54.57	53.62
5岁半	18.22	17.86	109.53	109.39	50.95	49.92	55.22	54.28
6岁	19.29	18.96	113.09	112.72	50.98	50.24	55.83	55.14
6岁半	19.87	20.08	116.04	115.82	54.25	50.53	56.65	55.93
7岁	21.36	21.04	119.30	119.06	51.64	50.57	57.31	56.49

（二）双手动作的发展

儿童双手的动作在成人的指导练习中不断得到提高，一岁儿童能够准确地拿各种东西。研究表明，两三岁的儿童在游戏中喜欢摆弄各种物体，能够做出各种动作，有的儿童用手反复抓握物体，有的儿童对物体敲敲打打或不断地用手掌在物体上拍打，有的儿童使劲把物体举过头顶，然后再放下来，有的儿童对手中的物体上下摇晃或双手推送，有的儿童把物体抱在胸前。对物体做出各种摆弄动作的出现，进一步促进了儿童各种感觉器官的发展。

一岁半以前的儿童对物体做出各种动作，往往是出于好奇，如有的儿童拿着有盖的小盒子，会反复把盖打开、盖上、再打开。再如，一个一岁四个月的女孩，把门一会儿打开，一会儿关上，不厌其烦，听到开关门发出的吱吱嘎嘎的响声，觉得其乐无穷。大约一岁半以后，儿童对手里的物体不再单纯地停留在摆弄阶段，而是根据物体的功用来加以使用，如能用手里的笔来画画，能用手里的小匙子吃饭。这是儿童把物体当作工具使用的开端。

需要注意的是，一些儿童在七个月大的时候就表现出更多地喜欢用某一只手来抓东西的倾向，即利手的发展。一周岁以后这种现象更为明显。研究表明，右利手的儿童约占90%，左利手不会给儿童的发展带来任何影响，不要强迫改变儿童使用左手的习惯。

1~3岁儿童双手动作的发展，一方面提高了儿童独立生活的能力，他们在成人的帮助指导下学会了自己吃饭、穿衣、洗手、收拾玩具；另一方面，儿童双手动作发展促进了儿童动作协调性的发展，增强了动作的敏捷性、随意性。以使用匙子吃饭为例，开始时儿童把盛有食物的匙子斜着往嘴边送，还没送到嘴边食物就翻洒掉了，以后儿童慢慢地学会拿着匙子的柄，盛满食物以后，平端起来，达到嘴的高度，才向嘴里送。儿童双手动作的发展，对儿童心理具有积极的影响，为儿童进入幼儿园学习，掌握复杂的知识技能做了准备。

（三）语言、表象、想象、思维的发生和发展

语言、表象、想象和思维是人类所特有的活动，对于这些活动，儿童是在两岁左右形成的。

一岁以前是儿童语言发生的准备阶段。一至一岁半这一阶段的儿童对成人的语言处于理解阶段，并做出应答反应。最初的应答反应，多数时候是用转头、倾身向前等身体姿态或简单动作应答，如听到成人说再见时，儿童能把小手举起来摆动；当成人说欢迎时，儿童会拍手；还会按着成人的语言要求，指出眼睛、嘴等部位。他们能听懂许多话，大概能听懂十个以上词语。但能够说出的不多，一周岁的儿童只能说两三个词，所发出的语音不是很正确、很清楚，常把"唱歌"说成"唱多"。一岁半以后，儿童的词汇迅速增加，能用两三个词组成的句子来表达自己的意思。研究表明，两周岁儿童已掌握200~300个词，喜欢模仿成人说话。三岁儿童已掌握300~700个词，他们和人交往时，已经能够运用一些合乎日常语法的简单句，说明三岁儿童已经有了初步运用语言表达自己思想的能力。

一岁以前的儿童，当眼前的事物离开时，过一会儿就忘了。如一岁前儿童在妈妈离开时，会哭得很厉害，但过一会儿就忘了。当妈妈重新出现时，他（她）看见了，又想起叫妈妈。这说明一岁以前的儿童在头脑里还没有建立起关于事物的表象。一至一岁半的儿童，当眼前的事物离开时，他们能够在大脑中形成关于该事物的表象。如当妈妈离开时，即使妈妈不再重新出现，他（她）也要找妈妈，与此同时，儿童的表象也发展起来。当听到别人提妈妈两字或当他（她）看见了和妈妈有关的东西，也会想起要妈妈。儿童头脑中表象的建立，使儿童的认识活动出现重大的变化，从记忆方面看，儿童的记忆水平不仅仅停留在再认知那些重新出现的事物，还可以回忆过去感知过的事物。

表象的产生为儿童想象的发展奠定了基础。一岁的儿童只能胡乱摆弄物体，两岁左右的儿童已经能够拿着物体进行想象的活动。比如，他们会把手里的小椅子放倒当小马骑，拿着玩具小汽车，把它想象成真的小汽车，嘴里一边模仿小汽车嘀嘀叫的声音，一边移动小汽车。这说明儿童已经出现了游戏的思维萌芽。两岁左右的儿童，能拿着笔画近似圆形的东西，并想象成太阳或"大饼"，出现了最初的绘画活动。

两岁以后的儿童能够区分性别和年龄，知道称呼岁数大的男性为"爷爷"，岁数大的女性为"奶奶"，称小男孩为"小哥哥"，称小女孩为"小姐姐"。这些表现说明，两岁以后的儿童已经有了对事物的概括能力，出现了人类典型的认识活动的方式——思维。但这个时期儿童的思维是具体而直观的，并且是伴随着活动思维的，儿童大约到三岁时，其认识过程从感知到思维才初步形成。

（四）独立性的发展

儿童大约在一周岁之后，有了自我意识的萌芽，不再像以前那么听话，常常看到刚学会走路的儿童，摇摇晃晃，还走不好就想跑，看到啥摸啥，见到东西就扯，见到有洞的地方就抠。有时走在路上，看见了好奇的东西，停下不走，总要看个究竟。有时会把一根小木棍当枪玩，还有时在地上捡块小石子拿着玩，这是儿童出现独立性的行为表现。独立性的出现，儿童自我意识的发展有了明显的表现，儿童知道把"我"和他人区别开来，在成人指导下学会了使用人称代词，从原来说"宝宝要喝水"逐渐学会说"我要喝水"，这个时期儿童独立活动的愿望特别强烈，家长和老师对儿童的这种行为要因势利导，促进儿童心理发展。

独立性的出现是儿童心理发展非常重要的一步，也是人生头两三年心理发展成就的集中表现。它说明儿童有了自我意识，具备了人类的一切心理特点。自我意识发展具有很复杂的内容，要经历很长的过程，这个时期儿童自我意识虽然是刚刚开始发展，但只有发展到这个阶段，才真正开始形成人类的全部心理机能。

二、3～4岁婴儿心理的发展

3～4岁的儿童，正是进入幼儿园学习的时期，可称这一时期为幼儿期。在这一时期，儿童心理发展变化很大，以下分别从三个阶段来描述幼儿心理发展的年龄特征。

（一）生活环境的改变提高了儿童的活动能力

这一时期的儿童离开家庭进入幼儿园小班接受有计划、有目的的幼儿园教育。生活环境的变化，生活范围的扩大，儿童生活的圈子从只在和亲人接触转向和更多的同龄人及成年人接触。即使3～4岁没有进入幼儿园的儿童，由于独立性的增强，活动能力的提高，也能够在各种场合和更多的人接触。这些变化对儿童心理的发展产生了极大的影响，表现在以下方面：

一是儿童体质的增强，使身体的组织结构和器官的功能不断完善。儿童不再像以前那样容易生病，体重也有所增加，身体比以前更加结实。神经系统的发育，表现在大脑皮层细胞在形态上的组织分化功能逐渐成熟，并且在3岁时基本定型。儿童可以有更多的时间连续活动，每天大约有5.5小时，为保证儿童更好地参与活动奠定了基础。

二是骨骼肌肉系统的发育较婴儿期有了进一步发展，控制肌肉的能力不断完善，大脑调控能力有所增强。儿童躯体动作发展与婴儿阶段相比，灵活性与协调性也都有所提高。这个时期的儿童保持正确的行走姿势，如上体正直，摆动双臂，学会两臂曲肘在身体两侧。在幼儿园教学中看到，他们在音乐的伴奏下，会踩着"蒙氏线"走，还会采用正确的姿势跑步等。

三是在幼儿园的教育和训练下，3～4岁幼儿双手动作的协调性与灵活性有了进一步发展。他们在幼儿园教师的帮助下，能穿脱衣服、鞋、袜。在美术课上，能够使用彩色笔绘一些简单的图形，如他们把"下雨"的情景，画成由上向下的直线条，把"大马路"画成从左到右的横线条，把"皮球"画成圆圈等，但他们的绘画动作还很不熟练。从儿童动作发展规律来看，手的动作发展较之躯体动作要晚一些。在促进手的动作发展活动中，教师要注意控制时间，不能让儿童运用手腕、手指等小肌肉群的活动时间太长。

（二）认识活动伴随着行动进行

3岁以前的儿童不能在行动之外思考，只能在行动中思考。3～4岁幼儿在一定程度上还保留着婴儿期的这些特点，即他们的认识活动还是要借助动作和运动。例如，让幼儿园小班儿童说出盘子里有几个苹果，他们要用手一个一个地数，才能弄清（4岁左右的孩子可以在心里默数）。

再比如，在捏橡皮泥之前，幼儿初期往往说不出自己想要捏什么，当捏好之后，才突然有所发现，说像"太阳"或"大饼"。这说明，幼儿初期不会计划自己的行动，更不能预见行动的结果，只能先做再想，或边做边想，不会想好再做。

3～4岁幼儿在听别人讲述时，往往也要借助具体的动作。比如听故事时，当听到"大象突然用长长的鼻子一下子把大灰狼卷了起来"时，他会用小手在自己的鼻子面前做卷的动作。儿童自己在讲述某件事情时，经常会把手里东西放下，边讲边比划。

3～4岁幼儿的注意力和具体的动作也紧密联系在一起。当儿童注意看图中的某个小动物或某个画面时，总是用手去指点着看。在幼儿园活动中，为了集中儿童的注意力，老师往往要求他们用眼睛看着老师，并把小手放在腿上，尽量使他们在活动时减少周边的无关刺激，否则会分散儿童的注意力。

3～4岁幼儿的认识特点，从整体上看具有明显的直观、具体、形象的特点，而在幼儿初期这一特点更为突出，如他们认为"早晨"就是起床的时候，晚上就是妈妈下班的时候。他们的认识活动总和具体的事物相联系，只能理解具体或正在活动的事物。幼儿初期不具备对复杂事物分析、综合、判断的能力。因此，无论在日常生活中，还是在幼儿园组织的活动中，教幼儿认识事物，要尽可能借用具体、直观、形象的手段。对幼儿提出的要求一定要简单、具体、明了，切忌向幼儿提出过于笼统的要求，更不能使用反话。

（三）心理活动直接受情绪的左右

3～4岁幼儿心理活动常常受情绪支配，不受理智控制。在各方面活动中难以控制住自己的情绪，表现出很强的情绪色彩。高兴时听话，表现很乖；不高兴时，什么也听不进去，情绪很不稳定，容易受外界环境影响。在幼儿园小班里常看到，一个小朋友哭，其他的小朋友都跟着哭。还有的小朋友看见别的小朋友手里拿着吃的东西，就想起让妈妈也去给自己买，其实他在家里根本就不愿意吃这种东西。

在各种心理活动中，儿童的认识和行为更多的是由无意性支配的。比如，3～4岁幼儿在外面玩，妈妈怎么说也不肯回家，这时对他一味地讲道理，是很难奏效的。如果妈妈设法转移他的兴奋点，用有趣的方式吸引他，如对孩子说："来和妈妈比一比，看谁先能跑回家。"孩子一下就会高兴起来，痛痛快快地跟着妈妈往家跑。总之，3～4岁的幼儿在注意力、记忆力、想象力等方面所表现出来的情绪色彩，都受到外界事物的影响与左右，他们很容易被其他事物所吸引，放弃正在进行的活动。

3～4岁的幼儿仍然保留着在婴儿期对亲人或家庭的依赖，如刚入园时哭闹。有的孩子刚入园时虽不哭闹，但情绪压抑，既不听老师指挥，也不参加活动，只是自己独坐。儿童的这种依恋现象，会随着对幼儿园生活的慢慢适应而改变。

（四）爱模仿

儿童在3岁以前，就具备了模仿的能力，但受心理发育水平的限制，这个时期的模仿水平较低，能够模仿的对象很少。3～4岁的幼儿动作和认识能力都比以前有所提高，模仿的对象也明显增多。他们看见别人做什么，自己就想做什么，看见别人有什么，自己就想要什么，他们想要别的小朋友手里拿着的东西，想做别的小朋友正在做的事情。因此，幼儿园小班教师在投放玩具材料时，要注意投放足够数量的同类玩具，玩具的种类不要太多。

3～4岁幼儿学习的主要方式就是模仿。周围人特别是父母、教师和同伴的言行、举止、表情、动作、待人接物的方式都是他们模仿的对象。在家庭或幼儿园中，家长和老师要多为儿童提供相应模仿的样板。3～4岁幼儿独立性还比较差，教师对某些小朋友的表扬，能够为儿童的模仿提供导向。如老师表扬某个小朋友坐得直，像解放军叔叔一样精神，其他小朋友都会跟着学，马上把小胸脯挺起来，并向被表扬的小朋友投去羡慕的眼光。3～4岁幼儿良好的行为习惯往往是通过模仿学习并得以巩固的。

三、4～5岁婴儿心理的发展

4～5岁幼儿正是在幼儿园中班学习的年龄，也称幼儿中期。这个时期的幼儿心理发展比3～4岁幼儿迅速，并且主要表现在认识活动的概括性和行为的有意性方面。

（一）活泼好动

4～5岁幼儿一方面大脑皮质的兴奋过程与抵制过程发展不平衡，兴奋过程占优势，抑制机能则相对较差。坐久了，幼儿会感到疲劳，表现为：打哈欠、伸懒腰、左右摆动、不断搞小动作，让他们安静下来比较困难。另一方面幼儿的骨骼比较柔软，有弹性，脊柱的弯曲还没有定型，肌肉的收缩能力比较差。如果让4~5岁的幼儿长时间保持同一种姿势或动作，就会使有关肌肉群负担过重，影响骨骼的生长发育。4~5岁的幼儿骨骼肌肉生长发育的特点，决定了幼儿只有不断地活动，促进机体的血液循环，才能满足骨骼肌肉系统发育营养的供给，达到更好的发展。

4~5岁幼儿活泼好动的特点在整个幼儿期特别突出。幼儿中期的儿童不再像幼儿初期的儿童那样听话、顺从，他们有了自己的主意，让教师觉得不像小班孩子那样"好带"。产生这种现象的原因，一是由于这个时期儿童动作的发展比幼儿初期的儿童灵活自如，认识客观环境的能力提高，做事情有了自己的想法；二是这个时期的儿童已经有一年的幼儿园生活经历，习惯了幼儿园生活环境和基本的作息制度等，掌握了一些与人交往的生活经验，不再像以前那样胆小，敢于对周围的事物进行大胆地探索。因此这一时期，无论教师还是家长，在教育过程中要注意加强对幼儿的引导。

（二）思维活动带有明显的具体形象性

具体形象思维是幼儿期思维的基本特点，幼儿中期这个特点表现最为典型。幼儿中期儿童在活动中很少依靠行动来思考，他们的整个思维过程要依靠实物的具体形象做支柱。幼儿中期的儿童能说出2个苹果加3个苹果是5个苹果，也知道7块糖给小弟弟3块，还剩4块，如果直接问2加3等于几，7减4等于几，他们很难回答出来，因为幼儿中期的儿童只能凭借头脑中有关事物的具体形象来计算物体的数量，还不能运用抽象的数字概念对物体的数量进行计算。他们的思维方式非常直观，如果让他们把床、桌子、椅子、被子这四样东西加以归类（问哪三样东西应放一起），他们当中的很多小朋友会选择把床、椅子和被子放在一起，他们这样选择的原因，是按照在日常生活中这些物品的摆放位置来确定的，即被子放在床上，椅子在床旁边，而不是按照某种概念（家具）加以归类。

4~5岁幼儿对语言的理解受具体的生活经验制约，如唱《小燕子》这首歌，当唱到"我问燕子为啥来，燕子说，这里的春天最美丽"这句歌词时，很多孩子都把"为啥来"和"春天"两句分别唱成"飞下来"和"春节"。产生这种错误的原因，一是因为他们的发音相近，二是对于幼儿中期的儿童来讲，"飞下来"和"春节"要比"为啥来"和"春天"具体得多。

具体形象的特点不仅表现在幼儿中期的思维活动中，在儿童的注意、记忆等方面都能够反映出这一特点，因此，在幼儿园教学中教师要尽可能采用直观教具，创设教育情境，运用儿童能够理解的语言进行教学。

（三）开始接受任务

4~5岁幼儿的思维概括性和心理活动有意性的发展，使他们理解任务意义的能力也不断地增强。心理学者在实验室分别对3岁组和4岁组儿童做了一项实验：要求他们看见"红灯"出现时按手里的电钮；看见"绿灯"出现时，不能按手里的电钮。实验结果是，3岁组儿童不论看见红灯还是绿灯出现，都去按手里的电钮，他们不能根据老师的要求去形成对红绿灯的分化反应。4岁组儿童大多数能够按照老师的要求去做，形成对红绿灯的分化反应。实验表明，幼儿中期儿童初步具备理解成人的要求和接受任务的能力。同样进行的坚持性行为的实验也表明，4～5岁幼儿的坚持性与3岁组儿童相比发展迅速，也提高了执行任务的能力。

4～5岁幼儿在日常生活中对他们所承担的任务有了最初的责任感。在执行任务的过程中对自己和他人完成任务的质量有了一定要求，并能给予相应的评价。总之，幼儿中期的儿童心理活动的有意性有了发展，幼儿执行任务过程的目的性、方向性和控制性都有所提高。

（四）初步具有规则意识

4～5岁幼儿心理控制能力增强，对自己的行为有了一定的约束能力，能够初步遵守一些日常生活中的基本规则，如在教室不乱喊乱叫，进餐前洗手，上厕所排队，集体活动时知道听从老师的安排，上课时不随便离开座位，发言前举手等。规则意识的建立，有助于培养儿童的合作意识和社会性的发展，特别是对提高幼儿的游戏水平有着重要的影响。

（五）自己组织游戏，并结成同伴关系

游戏是幼儿的主要活动方式，幼儿初期的儿童还不会玩，需要老师指导，游戏的内容比较简单。4岁左右是幼儿游戏快速发展的时期。4～5岁幼儿不但爱玩，而且也会玩，他们能够自己组织游戏，自己确定游戏的主题，自己分配任务，安排分工。不仅如此，他们在游戏中还逐渐结成伙伴关系。他们不再像幼儿初期那样总是跟着成人转，他们更多的时候是跟小朋友在一起游戏，共同活动。尽管幼儿在这一时期结成的伙伴关系还很不稳定，只是初级形态，却标志着从这个时期开始，幼儿的人际关系开始发生重大的变化。

四、5～6岁婴儿心理的发展

5～6岁是在幼儿园大班接受教育的年龄，这个年龄阶段称为幼儿晚期。如果说4～5岁幼儿心理发展有较大的飞跃，那么5～6岁则是新的心理特点继续巩固和发展的时期，心理活动的概括性和有意性的发展更为突出。

（一）好问、好学

5～6岁的幼儿不再满足于通过直接的感知和具体的操作了解事物的外部特征与联系，开始尝试探索事物的内部联系，并表现在智力活动的积极性上。他们对周围事物的探索总是追根问底，提出一连串的为什么，表现出强烈的求知欲望和认识兴趣。

这个年龄阶段的幼儿提出的问题各种各样，如，他们看见结婚的场面，会问妈妈"那里为什么有那么多人？"妈妈告诉他，因为那里有结婚的，他会问"什么叫结婚"；

当看见着装漂亮的新郎和新娘出现时，又会说"我也要结婚"。当妈妈告诉他："你还小，等长大了，才能结婚"时，他又会问"现在为什么不能结婚？为什么等长大了才能结婚"。总之他会不停地问下去，常常把大人问得无可奈何。对于这个年龄阶段的幼儿，老师和家长既要有足够的知识满足他们，又要掌握回答问题的技巧。

这时的幼儿已经能从事时间稍长一些的智力活动。他们喜欢学习，愿意上课，对于学习新知识，有一种满足感，喜欢动脑筋，如做计算题、编故事或做其他的创造性活动，喜欢把自己学会的知识或技能，讲给别人听。在课外对下棋、猜谜等智力活动也非常感兴趣。

幼儿的好奇心开始指向事物的内部结构，当他们得到一件新异物品时，会翻来覆去地摆弄个不停，之后就要东拆西卸以便从里到外看个明白。例如，他们想知道收音机为什么能说话，电视机里的小人躲在什么地方。儿童的一些探索活动总要造成一些破坏，家长和老师要注意引导，既要保护儿童的好奇心，又要发展他们的求知欲。

（二）抽象思维能力开始萌芽

5~6岁幼儿的思维虽然仍以具体形象思维为主，但抽象的逻辑思维能力已经开始萌芽。主要表现在幼儿对熟悉的物体能加以简单分类，实验表明幼儿能把一些画有车、船、桌、椅、苹果、梨、西红柿、茄子等物体的图片，按交通工具、家具、水果、蔬菜加以分类，而4岁以前的孩子往往不具备这个能力。这个年龄阶段的幼儿会对事物的关系做出判断并正确排序，有了初步的顺序的概念。如5~6岁的儿童能理解年龄大小和出生顺序的关系，4~5岁的儿童则不能理解。5~6岁的孩子还知道车辆包括卡车，卡车是车辆的一个组成部分，懂得了整体与部分的包含关系，即思维有了逻辑思维的基本成分。

5~6岁幼儿能初步掌握"左""右""坚强"等一些抽象词的概念。对"坚强"一词有了初步的理解，知道"打针不哭是坚强的表现"；初步理解数的概念，知道具体数字在实际生活中的意义，能说出数字"3"代表三个物体。这个年龄阶段的幼儿，对一些简单事物的因果关系也有了初步的理解，明白"之所以打针或吃药，是为了治病"，在语言的叙述中能借助"因为……所以……"之类的连接词，并条理清晰地加以讲述。

幼儿能根据图片上的内容进行简单的逻辑推理。如给幼儿园大班的孩子展示一幅穿着不同的人物画面，他们会根据画面中人物所穿的衣服来判断季节。这说明幼儿不仅能观察事物的细节，还能依据这些细节加以判断推理。

大班儿童已经有了抽象思维能力的萌芽，在教育内容上要增加科学性的知识，并给予科学启蒙教育，引导他们去发现事物间的各种内在联系，促进智力发展。

（三）开始掌握认知规律

5~6岁幼儿初步具有调控自己心理活动的方法，在认知活动中，表现在观察、注意、记忆、思维、想象等方面。

幼儿在观察图片时，能沿着一定的方向和顺序，从上到下，从左到右，有规律地看，不再像以前那样胡乱地看。他们能按老师的要求对两幅图形加以对比并找出两幅图形一一对应的部分，说明他们已经掌握了一定的对比方法。

幼儿在各项活动中，为使自己更好地集中注意力，会主动采用一定的方法。如他们能自觉把眼睛盯在注意对象上，把手放在腿上或用双手捂住耳朵防止杂音干扰。在读书时，感到周围环境吵闹，自己会找安静的地方。在一项"跟读数字"实验中，幼儿会采取边听边跟着默念或边做各种联想等方法帮助记忆。

在解决问题时，幼儿会事先想好怎样做，再按照自己的想法行动，即他们做事有了计划性，有了自己的方法。

总之，5~6岁幼儿在各项活动中，都表现出一定的认知方法，为他们进入小学接受系统化的学习奠定了基础。

（四）个性初具雏形

5~6岁幼儿对事物有了比较稳定的态度。个人的兴趣、爱好有所显露，对人对事表现出相对稳定的行为方式，如有的儿童热情大方，有的儿童寡言少语，有的儿童活泼好动，有的儿童文文静静，有的儿童喜欢唱歌，有的儿童喜欢跳舞等。幼儿园自由活动时，有的小朋友总愿意去"娃娃家"，有的小朋友喜欢踢球，有的小朋友喜欢凑在一起讲故事。幼儿的活动表现出一定的兴趣倾向。

幼儿情绪变化比以前小得多，在一定情形下能够克制自己，情绪的冲动性、易变性和外露性逐渐减弱，稳定性和内隐性逐渐增强，愉快和不愉快情绪持续时间都较长。比如，有的孩子早上受到批评，半天都会闷闷不乐。

幼儿在活动中表现出一定的责任意识，对自己的行为后果有所思考。比如有客人来幼儿园参观时，有的幼儿想起老师的事先叮嘱，会对自己的行为表现担忧等。

以上事实说明，5~6岁幼儿的个性开始形成，但只是处于初步形成时期，还具有相当大的可塑性。家庭、幼儿园等教育因素对幼儿个性的形成还起着相当大的影响作用。

【案例思考】

一天，一位年轻的妈妈心急如焚地来找心理医生。心理医生招呼她坐下，她急不可待地对医生说："医生，我的孩子4岁半了，近来的表现一反常态。前几天，有位同学来到我家，问他：'爸爸喜欢你还是妈妈喜欢你？'他说：'爸爸喜欢你'弄得这位尚未结婚的朋友（女）满脸尴尬。昨天在公园玩滑梯，我让他回家，他却说'让我替小狗玩一次'唉！这孩子这么小就……真急死人啦！"心理医生说："不用急，不是小孩有问题，而是大人有问题，这是正常现象……"这位年轻妈妈听后，顿时开朗了许多。

根据上面的案例，回答下面的问题：

(1) 年轻妈妈从紧张到开朗说明了什么？
(2) 材料中反映的情况说明了孩子的什么特征？
(3) 医生应对这位妈妈说些什么？

【相关资料】

教育和发展心理学巨匠——让·皮亚杰（Jean Piaget，1896—1980），瑞士心理学家，发生认识论创始人。1918年获得瑞士纳沙特尔大学博士学位，其论文题目为《阿尔卑斯山的软体动物》。皮亚杰于1921年任日内瓦大学卢梭学院实验室主任，1924年起任日内瓦大学教授。先后当选为瑞士心理学会、法语国家心理科学联合会主席，1954年任第14届国际心理科学联合会主席。此外，皮亚杰还长期担任联合国教科文组织领导下的国际教育局局长和联合国教科文组织助理干事之职。皮亚杰还是多国著名大学的名誉博士或名誉教授。为了致力于研究发生认识论，皮亚杰于1955年在日内瓦创建了"国际发生认识论中心"并任主任，集合各国著名哲学家、心理学家、教育家、逻辑学家、数学家、语言学家和控制论学者研究发生认识论，对于儿童各类概念以及知识形成的过程和发展进行多学科的深入研究。

一、儿童思维发展阶段

皮亚杰将儿童思维的发展划分为四个大的年龄阶段。这四个阶段分别是：

第一阶段：感知运动阶段（从出生到两岁左右）。这一阶段是思维的萌芽期，是以后发展的基础。皮亚杰认为这一阶段的心理发展决定着未来心理演进的整个过程。

第二阶段：前运算阶段（两岁左右到六七岁）。这一阶段又称前逻辑阶段，这时儿童开始以符号作为中介来描述外部世界，表现在儿童的延缓模仿、想象或游戏之中。

第三阶段：具体运算阶段（从六七岁到十一二岁）。在这个阶段，儿童已有一般的逻辑结构。

第四阶段：形式运算阶段（十一二岁到十四五岁）。此时儿童的智慧发展趋于成熟，思维能力已超出事物的具体内容或感知的事物，思维具有更大的灵活性。

皮亚杰早期研究儿童语言和思维等认识的发展，并从此入手，最后创立了发生认识论，给后人留下了许多珍贵的文献。因其学识渊博和贡献卓越，他于1968年获得美国心理学会的心理学卓越贡献奖，1972年于荷兰获得荣誉地位相当于诺贝尔奖的"伊拉斯姆士"奖，1977年又获桑代克奖以表彰他对教育心理学的贡献。

二、道德认识发展阶段

皮亚杰根据儿童对规则的理解和使用，对过失和说谎的认识和对公正的认识的考察和研究，把儿童道德认知发展划分为三个有序的阶段：

第一阶段：前道德阶段（从出生到三岁）。皮亚杰认为这一年龄时期的儿童正处于前运算思维时期，他们对问题的考虑都还是以自我为中心的。他们不顾规则，按照自己的想象去理解规则。他们的行动易冲动，感情泛化，行为直接受行动的结果所支配，道德认知不守恒。例如，同样的行动规则，若是出自父母就愿意遵守，若是出自同伴就不遵守。他们并不真正理解规则的含义，分不清公正、义务和服从。他们的行为既不是道德的，也不是非道德的。

第二阶段：他律道德阶段或道德实在论阶段（三岁到七岁）。这是比较低级的道德思维阶段，具有以下几个特点：第一，单方面地尊重权威，有一种遵守成人标准和服从成人规则的义务感。也就是说，他律的道德感在一些情感反应和作为道德判断所特有的某些显著的结构中表现出来。其基本特征是：一是绝对遵从父母、权威者或年龄较大的人。儿童认为服从权威就是"好"，不听话就是"坏"。二是对规则本身的尊重和顺从，即把人们规定的规则，看作是固定的，不可变更的。皮亚杰将这一结构称为道德的实在论。第二，从行为的物质后果来判断一种行为的好坏，而不是根据主观动机来判断。例如，认为打碎杯子数量多的行为比打碎杯子数量少的行为更坏，而不考虑有意还是无意打碎杯子。第三，看待行为有绝对化的倾向。道德实在论的儿童在评定行为是非时，总是抱极端的态度，或者认为完全正确，或者认为完全错误，还以为别人也这样看，不能把自己置于别人的地位看问题。皮亚杰与英海尔德在谈到这个时期的儿童特点时说："道德实在主义引向客观的责任观，而对一种行为的评定是看它符合法律的程度，而不管是出于恶意的动机违反这个原则，还是动机好却无意违反了规则。例如，儿童在理解不准撒谎的社会价值之前（因为缺乏充分的社会化），在对有意的欺骗与游戏或纯粹的愿望有失真实区别之前，成人就告诉他们不要撒谎。结果说真话就成了儿童主观人格之外的东西，并引起了道德实在论和客观责任观，从而使儿童认为一切诺言的严重性似乎并不是看有意欺骗的程度，而是看实际上跟真实性相差的程度。"第四，赞成严厉的惩罚，并认为受惩罚的行为本身就是坏的，还把道德法则与自然规律相混淆，认为不端的行为会受到自然力量的惩罚。例如，对一个7岁的孩子说，有个小男孩到商店偷了糖逃走了，过马路时被汽车撞倒，问孩子"汽车为什么会撞倒男孩子"，回答是因为他偷了糖。在道德实在论的儿童看来，惩罚就是一种报应，目的是使过失者的遭遇跟他所犯的过失相一致，而不是把惩罚看作改变儿童行为的一种手段。

第三阶段：自律或合作道德阶段（七岁到十二岁）。皮亚杰认为儿童在7～12岁期间进入道德主观论阶段，这个阶段的道德具有以下几个特点：第一，儿童已认识到规则是由人们根据相互之间的协作而创造的，因而它是可以依照人们的愿望加以改变的。规则不再被当作存在于自身之外的强加的东西。第二，判断行为时，不只是考虑行为的后果，还考虑行为的动机。研究表明，12岁的儿童都认为，那些由积极和动机支配但损失较大的儿童，比起怀有不良动机而只造成小损失的儿童要好些。由于考虑到行为的动机，因而在惩罚时能注意照顾弱者或年幼者。第三，与权威和同伴处于相互尊重的关系，儿童能较高地评价自己的观点和能力，并能较现实地判断他人。第四,能把自己置于别人的地位,判断不再绝对化,看到可能存在的几种观点。第五,提出的惩罚较温和,更为直接地针对所犯的错误,带有补偿性,而且把错误看作对过失者的一种教训。达到自律性道德阶段的儿童,在游戏时不再受年长者的约束,能与同年龄儿童平等地参加游戏,彼此明白自己的立场与对方的立场,共同制定规则,遵守规则,独立举行游戏比赛。

皮亚杰认为儿童道德发展的这些阶段的顺序是固定不变的,儿童的道德认识是从他律道德向自律道德转化的过程。他律道德阶段的儿童是根据外在的道德法则进行判断,他们只注意行动的外部结果,不考虑行为的动机,他们的是非标准取决于是否服从人的命令或规定。这是一种受自身之外的价值标准所支配的道德判断。后期儿童的道德判断已能从客观动机出发,用平等或不平等、公道或不公道等新的标准来判断是非,这是一种为儿童自身已具有的主观的价值所支配的道德判断,属于自律水平的道德。皮亚杰认为只有达到了这个水平,儿童才算有了真正的道德。

第四阶段:公正阶段(十二岁以后)。这个阶段,儿童的道德观念开始倾向于公正。皮亚杰认为,当可逆的道德观念从利他主义角度去考虑时,就产生了关于公正的观念。公正观念不是一种判断是或非的单纯的规则关系,而是一种出于关心与同情的真正的道德关系。也就是说,儿童不再刻板地按固定的规则去判断,在依据规则判断时隐含考虑到同伴的一些具体情况,从关心和同情出发去判断。皮亚杰认为公正观念是一种高级的平等关系,这种道德观念已经能够从内部对儿童的道德判断起着决定性的作用。

第三单元　学前儿童注意的发展

学习目标：

1. 掌握注意的概念、注意的分类。
2. 了解幼儿注意发展的特点。
3. 理解注意的生理机制。
4. 掌握幼儿注意分散的原因及防止的手段。

模块一　学前儿童注意的规律及其在幼儿园活动中的应用

一、关于幼儿注意的解释

注意（Attention）是一个心理学概念，属于认知过程的一部分，是一种导致局部刺激的意识水平提高的知觉的选择性的集中。

它是心理活动对一定对象的指向和集中，是伴随着感知觉、记忆、思维、想象等心理过程的一种共同的心理特征。注意有两个基本特征，一个是指向性，是指心理活动有选择地反映一些现象而离开其余对象。二是集中性，是指心理活动停留在被选择对象上的强度或紧张度。指向性表现为对出现在同一时间的许多刺激的选择；集中性表现为对干扰刺激的抑制。它的产生及其范围和持续时间取决于外部刺激的特点和人的主观因素。注意，通常是指选择性注意，即注意是有选择的加工某些刺激而忽视其他刺激的倾向。它是人的感觉（视觉、听觉、味觉等）和知觉（意识、思维等）同时对一定对象的选择指向和集中（对其他因素的排除）。人在注意着什么的时候，总是在感知着、记忆着、思考着、想象着或体验着什么。人在同一时间内不能感知很多对象，只能感知环境中的少数对象。而要获得对事物的清晰、深刻和完整的反映，就需要使心理活动有选择地指向有关的对象。人在清醒的时候，每一瞬间总是注意着某种事物。通常所谓"没有注意"，只不过是对当前所应当指向的事物没有注意，而注意了其他无关的事物。

二、幼儿注意的分类及特点

（一）分类

1. 根据注意目的性和意志努力程度分类

根据注意时有无目的性和意志努力的程度，把注意分为无意注意和有意注意。

（1）无意注意。无意注意也叫不随意注意，是指事先没有预定目的，也不需要意志努力的注意。例如，上课时，一个幼儿的文具盒掉在地上，大家会不由自主地转头朝向他。

引起无意注意的因素主要有两个方面：一是刺激物本身的特点；二是人本身的状态。刺激物本身的特点包括：①刺激物的强度。强烈的刺激，如强烈的光线，巨大的声响，浓郁的气味，较易引起人的不随意注意。刺激物的强度有相对强度和绝对强度之分。刺激物的相对强度在引起不随意注意时更具有重要意义。②刺激物的新异性。新异刺激物易引起人的无意注意。新异刺激物不仅是指从未见过的事物和信息，还指熟悉对象间的奇特组合，如教师的新装。③刺激物的运动变化。运动的刺激物容易引起人的无意注意。例如，闪亮的霓虹灯、教师上课时突然放慢声音或突然停顿，都会引起幼儿的注意。④刺激物的对比性。刺激物之间在形状、大小、颜色或持续时间等方面的差异特别显著或对比特别鲜明，容易引起人的不随意注意。例如，"鹤立鸡群""万绿丛中一点红"等。

人本身的状态特点包括：①人的需要和兴趣。②情绪、情感。人在心情好的时候，容易注意周围事物的发展与变化；而人在情绪不佳的情况下，无心注意周围的一切。③有机体状态。当个体处于极度疲乏和困倦时，常常无法注意周围的事物。

（2）有意注意。有意注意也叫随意注意，是指一种自觉的、有预定目的、必要时需要一定意志努力的注意。例如，在教室做作业时，旁边有同学在聊天，你就会不自觉地听别人聊天（无意注意）。而当意识到做作业必须专心，才会有高效率时，就断然不去听别人的谈话，而是聚精会神地做作业。

有意注意有两个特征：一是有预定的目的；二是需要意志的努力。有意注意受意识的调节和支配。引起和保持有意注意的因素有很多，主要表现在以下四个方面：①明确的活动目的与任务。活动任务越明确，对活动的意义的理解越深刻，就越能引起和维持有意注意。②间接兴趣的培养。对活动的间接兴趣有助于保持有意注意。间接兴趣是个体对活动结果的兴趣。间接兴趣越浓厚，就越能集中注意。③用坚强的意志与干扰做斗争。一个具有认真负责、吃苦耐劳、坚毅顽强个性特征的人易于克服各种不良刺激的干扰，抵御各种诱惑，长时间保持有意注意。反之，保持有意注意则比较困难。④合理地组织活动。对活动的精心组织有助于保持有意注意。尽可能把智力活动与实际操作、技能练习联系起来，很好地组织各种活动可以防止因单调而产生疲劳、分心。

2. 根据注意的对象存在于外部世界还是个体内部分类

根据注意的对象存在于外部世界还是个体内部，可以把注意分为外部注意和内部注意。

（1）外部注意。注意的对象存在于外部世界，即心理活动指向集中于外界刺激的注意。幼儿的外部注意常常占优势。

（2）内部注意。注意的对象存在于个体内部的感觉、思想和体验等。注意指向自己的心理活动和内心世界，良好的内部注意使人能清楚地评价自己，对自我意识的发展有重要意义。

（二）幼儿注意的特点

1. 注意的选择性

幼儿对事物的认识具有一定的选择性，表现为对某一类自己喜欢的刺激注意得多，对另一种不喜欢的刺激注意得少。幼儿的注意随年龄的增长而发展，6岁左右的幼儿与3岁左右的幼儿相比，注意的选择性有了明显发展。幼儿注意的选择性在很大程度上是幼儿的兴趣和情绪引起的，幼儿在选择某一注意的对象时主要是因为对其感兴趣。在同一情境下，同一活动中，每个幼儿的注意对象不同。对于放在游戏区内的玩具，男孩与女孩所选择的就不同，同样女孩之间选择的玩具也是不一样的。

2. 注意的稳定性

注意的稳定性是在同一时间内学前儿童把握对象时间的长短，注意的稳定性随着幼儿年龄的增长而逐渐提高。教师在活动中注意培养幼儿注意的稳定性，例如，鼓励幼儿完整地听完一个故事；在规定时间内完成一件手工作品；在体育游戏中完成某项任务，等等。

3. 注意的分配性

同一时间学前儿童把注意集中分配到两种或两种以上的对象上，这就是注意的分配，幼儿注意的稳定性受外界因素的影响较大，其注意的分配能力比较差。成人可以在吃饭时谈笑自如且不会影响进餐，而幼儿如果处在这种环境里要么只是吃饭要么只是听别人说话，如果幼儿要想表达一下自己的看法，他会放下碗筷甚至站立起来手舞足蹈。因此幼儿在吃午饭时教师应要求幼儿专心吃饭，不能随便说话以保证幼儿更好地吸收食物，促进幼儿健康成长。

4. 注意的广度

注意的广度就是同一瞬间学前儿童把握对象的数量，幼儿把握对象的数量一般是在2~3个；成人一般在4~6个。"一目十行"就是注意广度的很好说明，在活动中注意对象如果排列有规律，幼儿的注意范围就会变大，而对于无规律排列的其注意的范围就会变小；幼儿对颜色相同的注意对象其注意的范围要比颜色复杂的大；幼儿对于注意对象大小一致的注意范围比大小不一致的注意范围要大。所以，教师在准备活动材料时要考虑是否对培养幼儿的注意力有益。

三、注意规律在幼儿园活动中的应用

（一）注意的分散

幼儿在课堂上注意分散的表现：做小动作，出怪声，发呆，两眼无神，交头接耳，随意走动，东张西望。

注意的分散和注意的转移的区别：转移是主动的，是自觉地把注意指向新的对象或新的活动。而分心是被动的，是受到无关刺激的干扰而使注意离开活动任务。比如，大家在听课，而这时候有几个其他班的同学在教室外面喧哗，大家就转过头去看这些同学。这是注意的分心，是一种被动、消极的过程。而如果大家正在课上看着PPT，这时老师让大家翻开书。于是大家就把目光转向书本。这就是注意的转移，是按照老师的要求进行的一种主动、积极的过程。

（二）学前儿童注意力不集中的原因

生理因素：容易分心。由于儿童正处于学前期，其大脑和神经系统发育不完善，身体平衡能力差、协调能力差，易冲动。我们应当尊重幼儿的身心发展规律和学习特点。另外，幼儿的注意以无意注意为主，比如说，班里有位同学过生日，妈妈在幼儿上课期间将蛋糕送入班内，此时注意力不集中的那些幼儿就会发现这些事情，然后大喊："谁谁谁，你妈妈给你带蛋糕来了。"此时你再怎么让幼儿把心收回，安静上课，幼儿也会不自觉地回头望一眼蛋糕。这样，幼儿就不能集中注意力上课，从而影响学习效果。

自控能力差。幼儿上课时注意集中的时间短，容易东张西望，做一些小动作去打扰其他小朋友，尤其是幼儿在看书时，特别喜欢看《植物大战僵尸》和《走迷宫》的书，而这些书又很少，幼儿都争吵着要看，不时地就有小朋友喊："老师，我想看《植物大战僵尸》的书。"没过几分钟又开始喊。这表明幼儿自控能力差，不能延迟满足。

情绪波动大。由睡眠不安、生病、饥饿、轻微的脑组织损伤、攻击性行为等引起的幼儿身体状况不佳，会影响幼儿情绪，引起幼儿的多动。如因争抢其他小朋友的玩具，继而动手打人，或因睡眠不足、疾病等引起的情绪不稳定导致注意力减弱。

无关刺激的干扰。幼儿处于学前期，其注意力不稳定性，如教师在上课或者游戏时避免穿着过于花哨甚至奇装异服；在使用教具时尤其是使用幻灯片，其背景不宜过于刺激，否则会引起幼儿的无意注意，导致幼儿上课注意力分散。幼儿在家玩游戏时家长时不时地打扰幼儿，如一会儿送水果，一会儿送果汁等。在参与幼儿游戏时以自己的想法指导幼儿，一会儿说应该这样做，一会儿说应该那样做，这样容易导致幼儿注意力不集中。

疲劳。很多家长晚上看电视时间过长，其中许多幼儿跟随家长，导致幼儿睡眠不足引起疲劳，因而影响幼儿上课的质量。家长的功利主义及应试教育的压力使得许多家长利用周末幼儿休息的时间为其报各种辅导班，比如舞蹈、钢琴、美术，等等，其中不少是幼儿根本就不感兴趣的，加上这种辅导班一般课时在一个小时或两个小时，幼儿注意力根本不能集中这么久，导致幼儿疲劳，影响幼儿上课时的注意力，以致影响其学习成绩。

另外，由于家长受教育程度不同，对幼儿要求不一致，特别是长辈与家长之间存在严重的分歧，幼儿判别力差，无所适从，在这种教育观念不一致的环境下成长的幼儿没有定性，从而导致幼儿注意力不集中。

活动过多。幼儿下午的时间几乎都是活动课，活动过于集中，尤其幼儿刚上完体育课回来后还要上其他的课时，幼儿多数表现为注意力不集中，多动。幼儿多动是由于学前儿童注意力缺陷和活动过度而引起的行为障碍。

缺失兴趣。幼儿的学习内容应符合其年龄特点，适合其理解力，学习内容过深过浅、教育方法过于单一，会导致幼儿失去对学习内容的兴趣。

（三）防止幼儿注意分散的措施

防止无关刺激的干扰。教师的装束整洁大方，不要有过多装饰。教室的布置不要太繁杂。

制定合理的作息制度。晚间别让幼儿看太久电视，让幼儿早睡。周末不要让幼儿外出玩得太久、太累。保证幼儿有充分的睡眠和休息时间。

培养幼儿良好的注意习惯，让他们在活动时不要漫不经心，鼓励他们做事要有始有终。幼儿在注意集中的时候成人不要随意干扰打断。

控制玩具和图书的质量。

不要反复向幼儿提要求。教师家长向幼儿提要求时，唯恐他们没听见没记住，就不断重复。这不利于培养幼儿注意听的习惯，会让他们以为这次没有注意听也没关系，反正老师和家长还会再讲。如果成人没有唠叨的习惯，幼儿反而会更认真注意。

灵活地运用无意注意和有意注意。用新颖、多变、强烈的刺激激发幼儿的无意注意，向幼儿讲明学习本领的重要性，说明必须集中注意的道理，培养有意注意，交替运用两种注意。

提高教学质量。

合理饮食。

【案例思考】

[案例1] 某幼儿园大班在室内组织语言教育活动，正当大家聚精会神地听老师讲故事时，外面有一群其他班的孩子在玩耍，喧闹的声音马上把孩子们的注意力吸引了过去，大家开始相互交谈，老师大声提醒保持安静，也没有吸引孩子们的注意，这

时老师突然停止说话，孩子们安静了下来，继续听老师讲故事。试分析这次活动中幼儿教育的有意注意和无意注意。

[案例2] 请对以下案例进行评析。

1. 2岁的跑跑正撕开装有花生米的包装袋，把花生米倒了一地，又一粒粒捡到自己的小鞋子里，再把鞋子往卫生间有水的脸盆里放……妈妈进来看到，连忙呵止。跑跑头也不抬，一本正经地说："这是我的小船，这是小朋友（指花生米），看，在'大海'里开起来喽！"妈妈没好气地说："也不能这样玩呀！"啪啪啪，小屁股挨打了。"哇……"跑跑一阵号啕大哭。

2. 虹虹的同学晓晓来到虹虹家。两人在沙发上你一言我一语，比赛"吹牛"。"我爸爸明天要给我买电飞车。""哼，我爸爸会给我一架飞机呢！""那有什么了不起，我伯伯是空军，他会给我买一架宇宙飞船……""我……"这时妈妈进来，说："你们俩真有意思，快别瞎说了，两个小家伙吃饭了。"两个孩子中止了对话。

3. 傍晚，妈妈领着小明散步，走在林荫小道上。妈妈走了好远，突然发现小明没跟上来，回头一看，小明正蹲在一米远的地上看什么。妈妈走回去才知道，小明在观察地上一只蠕动的小虫。妈妈一只手拉起小明,说："走了,没什么好看的,快走呀！"小明不情愿地跟着妈妈走了。

4. 一岁半的彤彤正在地板上专心拼积木。她把积木堆起来，又推掉，然后再堆再推。奶奶一会儿过来说"宝贝，喝水了"，一会儿又说"宝贝，饿不饿"……不停地嘘寒问暖，本来玩得好好的彤彤于是发起飙来。

【相关资料】

鸡尾酒会现象

当你在喧闹的聚会上正与一个人深入交谈的时候，可能完全注意不到其他人在说些什么。但是假如在房间另一边的某个人提到你的名字，你或许就会觉察到。这说明未被注意的交谈并非完全被阻断，如果它们的内容变得与你有明显相关时，它们就能捕捉到你的注意力。安妮·特雷斯曼将之称为鸡尾酒会现象。她指出，未被注意的信息实际上已被注意，并未丢失，而且根据信息对我们的可能的重要程度，我们的注意会有不同的阈限值。

模块二　学前儿童注意发展的特征

一、学前儿童注意的产生和发展

（一）胎儿注意的发展

在胎儿时期，个体就开始对声音有了定向反射。胎儿在母体内收到多种复杂的、不同强度的声音刺激。比如，来源于母亲的呼吸、心跳、肠胃蠕动等内部声音和来源于自然界和生活环境中的各种外界的声音。大量的研究表明，胎儿在母体内已经会对不同分贝的声音刺激做出不同的反射，即对不同的声音刺激有选择性注意。所谓选择性注意就是指儿童偏向对一类刺激物注意得更多，而在同样情况下对另一类刺激物注意得少的现象。选择性注意是胎儿期注意发展的一种主要表现形式。

（二）新生儿注意的发展

婴儿出生后就表现出一些注意现象。随着儿童的生长发育，注意也在不断地发展。新生儿的注意发展主要表现在以下两个方面：

1. 原始的注意行为

新生儿有一种无条件反射。高强度的声音刺激会使他暂停吸吮动作；明亮的物体会引起他的视线片刻停留。这种无条件定向反射可以说是原始的、初级的注意，即定向性注意，主要是由外界事物的特点引起的。

2. 选择性注意的发展

虽然新生儿的注意大都是由外界刺激引起的，但他们并不是被动地等待刺激，也不是对外界所有的刺激都做出反应，而是主动探索、发现信息，然后做出选择的反应。

（三）婴儿注意的发展

满月以后的婴儿，每天清醒的时间迅速延长，觉醒状态和昏睡状态之间的转换也变得有规律，此时婴儿的注意也迅速发展，并且表现为注意选择性发展。

1. 1～3个月

神经系统的迅速成熟使婴儿对外界事物的反应更加积极和主动。

到了3个月，婴儿已能保持较长时间的清醒，搜索活动的机会增多，变成了一个积极的搜索者。这一时期的婴儿对新奇、熟悉、对称、不规则、复杂的刺激物更感兴趣。

2. 3～6个月

3～6个月的婴儿，对外界事物的探索活动更加主动积极。

各种基本感知觉能力日趋成熟并且在很多方面已达到成人水平。

在身体运动技能的成熟方面，虽然受到限制，但已足以提供婴儿探索外部世界的可能性。

3. 6～12个月

半岁以后,婴儿觉醒时间的正常是大脑成熟的标志。此时的婴儿有更长的时间去探索事物,获得更多的信息。同时,婴儿有更多的机会出去玩耍和进行社会交往,他们经常处于警觉和积极探索的状态。

婴儿能够独立坐、爬行、站立和试图行走,其活动的范围和视野明显扩大,注意的对象更加广泛。这个时候的他们通过抓取、吸吮、倾听、操作和运动等活动,更广泛地选择自己注意的对象。

婴儿注意的选择性受经验的支配。6个月以后,婴儿对熟悉的事物更加注意,这在社会性方面更为突出。比如,婴儿对母亲特别注意。

(四) 学前儿童注意的发展

1. 1～3岁

1岁以后,婴儿开始逐步掌握语言,表象开始发生,客体永久性概念日趋完善,记忆和模仿能力迅速发展,这一系列认知方面的发展使婴儿注意的发展更进一步。

(1) 客体永久性:即客观物体永久存在。大约在儿童15个月以前,当客观物体被藏起来时,他们会认为这个物体就不见了、消失了。

在儿童15～18个月,他们开始慢慢发现,这个物体在自己看不见的地方也是永久存在的,没有消失。

(2) 注意时间延长,注意的事物增加。3岁前儿童的注意时间是非常短暂的,随着儿童活动范围的扩大,接触事物的增加,儿童在活动中注意的时间有所延长,最多能集中注意20～30分钟。

对自己喜欢的电视节目,基本能坚持看完,对周围生活出现的各种事物都能表现出明显的关注。

(3) 有意注意开始萌芽。随着儿童年龄的增长,注意逐渐带有预期性。研究发现,6个月大的婴儿不会追踪或寻找在他视线下消失的物体。婴儿七八个月以后,能够注视物体藏匿的地方,甚至能把它找出来。

注意预期性的出现,使婴儿的无意注意开始带有某种目的性。在与成人的交往中,对言语的掌握和使用,使他们的有意注意逐渐产生了。

2. 4～6岁

中国心理学工作者研究4岁和6岁幼儿注意范围的结果表明:①幼儿在1/20秒钟速视条件下正确辨认点子数的百分比随年龄增长而加大。②73.5%的4岁幼儿只能辨认2个点子;而66.6%的6岁幼儿已能正确辨认4个点子。③4岁幼儿不能辨认6个点子;6岁幼儿能正确辨认6个点子的达44.6%。由此说明幼儿期注意范围在扩大。

(五) 学龄儿童的注意

学龄初期儿童已初步发展了的注意,为接受学校教育准备了有利条件。但因注意的随意性和稳定性都还不高,很容易被其他感兴趣的事物吸引开,所以刚入小学的儿童在上课时往往开始时可以集中注意学习，随后就出现东张西望、讲话、做小动作或对学习漠不关心等现象，但对有兴趣的事物则可以保持较长时间的集中注意。

二、影响学前儿童注意发展的因素

个人注意什么、不注意什么，取决于个人本身的特点，也取决于刺激物的客观特征，这就是引发幼儿注意的主观和客观条件。

（一）主观条件

幼儿的身心需要和兴趣倾向是引发注意的重要条件。

1. 需要

人的各种生理需要能引发他们对相关事物的注意，如一个饥饿的人会对食物产生注意。人的心理需要也同样引发注意。例如，一个人有对亲情的需要，所以会对自己亲人的言行、活动格外注意，而对他人的活动则不太注意。一般来说，生理需要越是得不到满足，越能增强人对与之有关事物的注意，而某些心理需要得不到满足时，人们会对相关的事物经历一个从格外关注到渐渐淡漠，最后不再关注的过程。在这个过程中，人们往往会寻找一些其他对象来转移注意力。

2. 兴趣、爱好

一个喜欢音乐的人，会格外注意有关音乐的事物，如乐曲的旋律、音乐演出的消息、新出版的唱片等；而一个不大喜欢音乐的人，则可能对上述内容置若罔闻。同样，"影迷""球迷""书迷"们各有各的兴趣、爱好，他们注意的对象也不大相同。儿童时期，孩子们似乎对一切新鲜的事物都感兴趣，这使他们能够很快了解周围各种人与物的基本知识，也使他们更有可能参与各种学习活动。所以，培养和保护孩子们的学习兴趣是非常重要的。

3. 生理状态和情绪状态

除需要和兴趣之外，人的生理状态和情绪状态也是引发注意的条件。人在疲劳时的注意状况与精神旺盛时不同；心情愉快与愤怒抑郁时的注意对象也不相同。

上述幼儿的身心需要、兴趣、爱好，以及其生理状态和情绪状态是引发他们注意的几个主要的主观条件。

（二）客观条件

引起注意的刺激物所具有的一些特点，构成了引发注意的客观条件。事物如具有下列特点，比较容易引起幼儿的注意。

1. 刺激的强度大

很大的声音、鲜明的色彩、剧烈的振动等，都易引起幼儿的注意。

2. 新奇的刺激

与众不同的事物总是引人注意的，大到某项新的发明或理论，小到一盏白天亮着的路灯，与同类事物相比，必会引起人们更多的注意。

3. 适度的重复

我们周围转瞬即逝的事物太多，以至于我们习惯于每天看到、听到、遇到不同的人和事。例如，幼儿每天在上学的路上会遇到不少陌生人，但不会去注意。但如果连续好多天，他们在同一时间、同一地点都遇到同一个人，他们就会注意一下这个人。这就是重复引起的注意，因为这种"重复"使得这个人"与众不同"。而一旦这种重复继续下去，不久他就变得不新奇了，幼儿也就不再去注意这个人了。所以，重复是有一定限度的，过多的重复反而不能再引人注意。这时，这个刺激物的"消失"（如那个每天固定出现的人突然不再出现），则可引起注意，因为这又是一种"变化"。

三、学前儿童注意力对其发展的作用

知觉是认识的开始，注意则是知觉的前提。幼儿对同一场景进行观察时，不同的儿童观察到的事物不同。这是因为每个幼儿的注意不同，会影响幼儿的记忆水平，幼儿对某一感兴趣的事物会进行细致的观察，从中获得对事物的认识，促进幼儿认知的发展。幼儿对过去感知过的事物，基本上能识记在头脑中。有一次午饭后给幼儿放动画片，画面刚出现，有幼儿便喊："老师，这个我们以前看过了。"因此，感知觉的发展与幼儿注意力的发展相互作用。

幼儿行动的坚持性常常与注意分不开，学前儿童的注意力会影响他们的各种活动以及在活动中的坚持性的发展，没有幼儿注意的参与，教学活动就不能顺利地进行，也不能使活动坚持到最后。因此，幼儿注意力集中时间越长越有利于发展幼儿的自我约束能力，而幼儿良好的自我约束能力能增加幼儿注意力的时间，促进幼儿坚持性的发展。幼儿在板凳上老老实实坐着的时间很短，一会儿就乱动。当老师维持课堂纪律时说：小嘴巴闭闭言。但幼儿还是张着嘴巴说话，这说明幼儿的自我约束能力差。教师应慢慢训练幼儿的自我约束能力，以提高幼儿的注意力。

【案例思考】

根据注意规律对以下案例进行分析：

今天和往常一样，早上8点钟来到操场上进行晨练，大多数幼儿都能在老师的引导下进行活动。可我发现有一个幼儿的注意力不在活动上，他的眼睛一直四处看，脸上一点表情也没有，站在那什么也不干，我就上前提醒他："怎么了心心，你为什么不玩啊？"他没有说话，又四处看看，才去拿器械，我以为他要去玩了，可我一看，心心拿了个球，还是站在那里不动，注意力根本不在玩球上，做操时也是，手脚不怎么动，眼睛不知道在看什么，注意力就是不在做操上。后来，我就跟他的妈妈交流了一下，才知道他不仅在这一个环节中注意力差，在其他活动中注意力也不集中。在家里妈妈和他谈话时他的眼睛也不看着妈妈，但当他妈妈说道："就是看动画片的时候眼睛一直看着电视叫他他都听不见。"听到这，我就知道了，心心在看动画片时注意

力最集中，说明他对这件事很感兴趣，所以他想去做。我就在想怎样让他对每个活动都感兴趣呢？在第二天晨练活动中，我走到心心面前说："心心，在这些玩具中你喜欢玩什么？"我让他选择他喜欢玩的，这样他会感兴趣一点，我又说："想想它可以怎样玩？你喜欢怎样玩？我来看看心心棒不棒，会不会玩这些器械，心心你想不想身体变得棒棒的？如果想的话，你就要多做运动，多动动手和脚，知道吗？"当我说完，心心没有再站那发呆，而是拿着他喜欢的器械开始和小朋友们一起玩游戏了。

【相关资料】

不同年龄段儿童的注意力时间

心理学家观察、研究后，得到了下面的统计数据：儿童注意力的稳定性持续时间为：

5~6岁时，儿童注意力集中时间为10~15分钟；

7~10岁时，儿童注意力集中时间为15~20分钟；

10~12岁时，注意力集中时间为25~30分钟；

12岁以上能超过30分钟。

这个时间是指孩子从事学习、写作业等"费神、费劲"的事情的时间。

学习是"费神、费劲"的事情，它需要孩子主动、持续地注意他们并不感兴趣的目标，而看电视、玩新奇的游戏是不需要"费劲"的，主要是被动注意起作用，所以能"坚持"很久。由此很多家长认为，孩子能长时间地看电视和玩游戏就不存在注意力问题，其实并不是这样的。

严格来说，注意力集中时间长短受到很多因素的影响，同一年龄段的孩子，注意不同的事物，也会有差别。就算是同一个孩子，在不同的环境下，对待不同的事情，注意力时间也是不一样的。

一般来说，在良好的教育环境下，3岁幼儿能集中注意力3到5分钟；4岁幼儿能集中注意力10分钟，5到6岁幼儿能集中注意力15分钟左右。（幼儿园里的活动大多是这么安排的。）

但是在游戏的条件下，2至3岁孩子的注意力持续时间可以达到20分钟，5至6岁孩子可达到96分钟。

模块三 学前儿童注意力的培养

注意力好的幼儿，能从环境中接受很多的信息，能发现环境微小的变化，从而及时调整自己的动作和心理，应付新的情况。那么，怎样才算注意力好呢？这就要看注意的有意性和选择性、注意的稳定性和集中性、注意的范围、注意分配与转移能力以及注意的方法。

虽然早在婴儿期，幼儿就有了视觉和听觉集中的特点，而且对喜欢看什么有了自己的选择，甚至能稳定、持续地注意某一事物。但是，直到三四岁时，幼儿注意力的水平还是很低的，基本上都是无意注意，很容易受外界环境的干扰。强烈的声音、鲜明的颜色、生动的形象、突然出现的刺激或事物发生了显著的变化，都会引起幼儿的无意注意，影响原有的注意；这时的幼儿还常因自己的兴趣和需要而转移注意，稳定性较差，如图 3-1 所示。

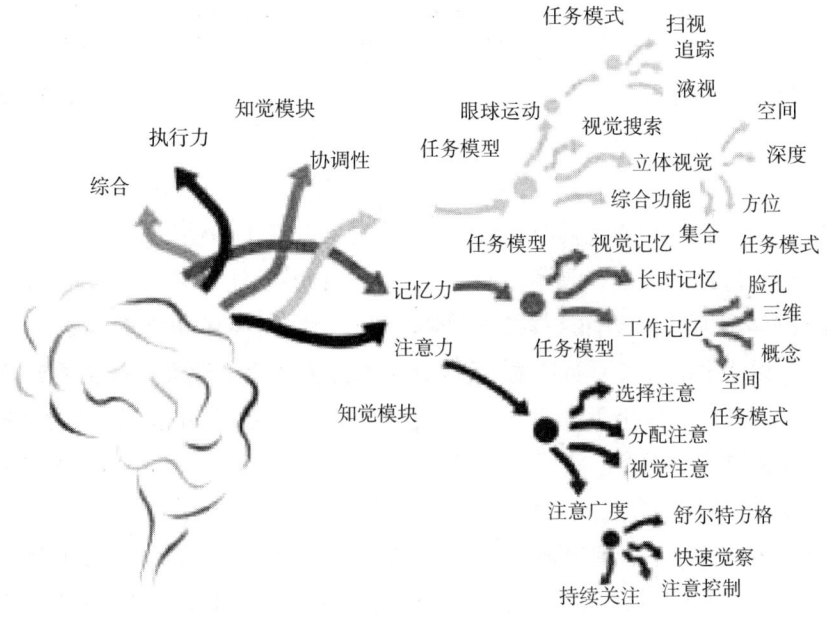

图 3-1 注意力

随着幼儿年龄的增长，他的注意力的水平也逐渐提高，主要表现在以下五个方面。

第一，注意的有意性增强，有了一定的选择性。在成人的组织和引导下，幼儿不再是漫无目的地东瞧瞧、西看看，而是能选择某些事物，带有一定的目的去观察、记忆、思考，并且努力不受外界刺激的干扰而分心，如：四五岁的幼儿能观察大象。

第二，注意的范围扩大，能在一定时间内把握较多的事物，从更多的维度认识事物。例如，让孩子看一幅图画，注意力差的幼儿看一遍后只能说出两三样东西，而注意力好的则能比较全面地描述图画。

第三，注意的集中程度提高。这一方面表现为幼儿注意保持的时间延长，稳定性增强，另一方面则是注意的强度增大。

第四，注意的分配和转移能力也有所提高。例如，三岁的幼儿学画画，只能先看教师示范，然后再自己动手画，如果让他一边看一边画，那幼儿就会只注意自己手中的画笔了，而五六岁的幼儿就能同时进行这两项活动。再如，当幼儿刚进行完一项激烈的活动后，要转向下一个活动，年龄大的幼儿就比年龄小的所用的时间短，转移更容易、更迅速。

第五，由于有意注意的产生，幼儿逐渐学会了一些注意的方法，如用语言来组织注意，用手指着书看，用手捂着耳朵避免别人的吵闹声等。

从以上几个方面测评，就能使家长和教师比较准确地了解幼儿注意力的发展水平。那么应该如何培养幼儿的注意力呢？

有些幼儿很聪明，可是由于上课不专心听讲，说悄悄话，做小动作，磨磨蹭蹭，做事情总是有始无终，注意力非常不集中，从而影响了学习成绩。那么，怎样培养幼儿的注意力呢？我们认为，父母及教师培养幼儿的注意力可从以下几个方面入手。

（一）创造一个良好的环境

幼儿对自己的控制能力是比较差的，所以要想使他们集中注意地学习，就要排除各种可能分散其注意的因素，事先做好各种准备，让他们吃好、喝好、穿得适当。学习前也不要让幼儿玩新颖的玩具或有趣的游戏，使幼儿在平静愉快的心情中开始学习。创造一个安宁、舒适的环境，是集中幼儿注意力的必要条件。有条件的最好能让幼儿有一个固定的学习地方，没有条件的学习环境也要力求单纯。幼儿在学习时，如果大人走来走去，说这讲那，甚至听广播、看电视，就会严重地分散他们的注意力。所以，幼儿学习时，家长也最好坐下来，看点书、读点报或做一些不引起幼儿注意的事情。

（二）适宜的教学内容

人的需要、兴趣和经验，直接影响人的注意。如果让幼儿学习的内容与他的需要无关，或是教的内容太深，超出他的经验范围，幼儿不能理解，就不能吸引他的注意；如果内容太浅，也不能引起他的注意。只有那些"跳一跳能够得到"的内容，才能引起幼儿的注意。所以，家长和教师要善于从纷杂的现实中，选择幼儿尚未掌握但经过努力能理解的内容，其注意力自然会集中。还有，幼儿坐下来刚学习时，家长和教师可以让他们学习最感兴趣和较容易的东西，待集中精力后，再学习其他东西，这样效果会更好。

（三）安排好学习、休息、活动的时间

家长和教师给幼儿安排学习任务，时间不宜太长。根据心理学的研究表明，5~7岁的幼儿能够集中注意力的时间为15分钟，7~10岁的幼儿为20分钟，所以学习一段时间后，应让幼儿放松或休息一下。幼儿疲劳了就让他们动一动，喝点水，吃点东西，切忌一整天强迫幼儿坐着一动不动，越是这样，他们就越不专心。

（四）明确目的

如果在窗台上种一盆大蒜，幼儿不一定会注意它。但如果大人对他说："这些大蒜不久会长出绿色的、长长的叶子，你要是看到它长出了绿芽，就赶紧来告诉我。"

这样幼儿就会经常注意它。如果这个任务是给两个以上幼儿布置的，而且先发现者就是优胜者，或者还能得面小红旗，那幼儿就会更经常地来察看这盆大蒜。为什么呢？因为注意是为任务服务的，任务越明确，对任务的理解越深刻，完成任务的愿望越迫切，注意力就越能集中和持久。所以，要想使幼儿的注意力持久，就不能只要幼儿做什么，甚至强迫他做什么，而要让他知道为什么要这样做，讲明意义，激发他做好这件事的兴趣。任务明确，兴趣强烈，注意力就能持久。如果幼儿完成任务后还想再学，也可根据情况适当增加一点，但一定不能因为幼儿情绪高，就无限增加，那会引起幼儿厌倦、疲劳、失去学习的兴趣，注意力不集中，记忆效果也不好。要在幼儿兴趣正浓或刚开始降低时及时停止，使其留有余兴，下次还愿再学，这样注意力就能持久不衰。

（五）游戏是培养幼儿注意力的好方式

在幼儿园和家庭活动中，教师和家长要有意识地让幼儿做些集中注意力的游戏，如玩拼图、搭积木等，使幼儿在浓厚的兴趣中，养成专注的习惯。此外，幼儿在玩游戏时常会全身心地投入进去，在其聚精会神时家长和教师切不可随意打扰、干涉，因为此时不断地干扰他，不仅会使他玩得不开心，而且不利于他养成专心致志做事的习惯。

【案例思考】

[案例1] 请分析以下案例是如何发展幼儿注意的。

1. 开火车（集体游戏）

参加开火车游戏的小朋友围坐成半圆形，最前面的是司机。游戏开始集体唱儿歌："我的火车好，我的火车快，运粮食、运钢材，运到全国各地来。找个好伙伴和我一起开，谁是你的好伙伴，快快把他请出来。"然后司机说："××，请你快出来。"被请到的小朋友与司机对换座位。游戏周而复始。

2. 看谁串得最多（桌上游戏）

材料：木珠若干，根据不同年龄，可在色彩、大小、数量上有所区别。年龄越小的幼儿木珠色彩鲜艳漂亮，木珠可大些，数量相对减少。年龄越大的幼儿木珠色彩可稍单一，木珠小些，数量相对要多。

要求：参加游戏的幼儿尽量串得快、串得数量多。可以在同一单位时间内看谁串得多，也可以要求同数量的木珠看谁串得快。

3. 听指令做动作

（1）听词拍手

听到动物就拍手：猫、桌子、钱包、狗、老虎、苹果、大象、台灯、茶杯、螳螂、麻雀……

听到能装水的词就拍手：盆、电灯、桶、棍子、碗、壶、桌子、盘子、铅笔、书、瓦罐……

听到水里的动物就拍手：鲤鱼、老虎、青蛙、鸡、鸭、长颈鹿、鲸鱼、鲨鱼、海豹……

听到可以写字的东西就拍手：钢笔、尺子、橡皮、铅笔、球、毛笔、钱包、手表、硬币、电笔、三角板、蜡笔……

听到食物拍一下手，听到动物拍两下手：巧克力、铅笔、蛋糕、企鹅、电灯泡、连环画、马、骆驼、冰棍儿、汽车、玩具手枪、苹果、兔子、花生、鸡、眼睛、碗、盘子、米饭、孔雀、狼、手表……

(2) 听命令做动作

选一名幼儿做队长，站在教室的一边，其余幼儿面对面站在另一边。队长在发命令（如"鞠躬""立正""踏步""拍手""跺脚"等）时，自己既可以做相应的动作，也可以做不相干的动作。其余的幼儿则必须按照队长的口头命令做动作，不应受队长动作的影响。未根据队长命令而做错动作的幼儿即离开游戏。最后离开游戏者为胜，可接任"队长"。为加大难度，还可要求幼儿做相反动作。

[案例2] 试用注意的规律分析下面的例子。

实录一：

"强强，你起来回答老师的问题。"一阵沉默。"你在往外看什么呢？""什么东西让你看得这么认真？""其他小朋友都在认真地听、认真地回答问题呢？""上课不认真听，那么你学到的本领就没有其他小朋友多，知道吗？""要认真地听和思考好不好？""嗯"，"老师帮你和××小朋友换个座位。"

实录二：

"强强，你起来回答老师的问题。"一阵沉默。"厕所那里没有什么好看的，你怎么一直在注意着那里呀！""上课的时候要认真地听，你看旁边的小朋友听得多仔细。""注意点好不好？"

实录三：

老师：（下午放学的时候）强强爸爸，强强在幼儿园里各方面表现得都比较好，特别是运动的时候敢于挑战。生活上许多事情都能做得很好，只是最近上课的时候我们两位老师都发现强强注意力不是很集中，老师对他进行了位置的变动，但是效果不是很明显。坐在靠窗户的座位上看外面，坐在教室靠里面的时候眼睛喜欢盯着厕所那里。不知道他在家里最近的表现怎样？

强强爸爸：是的，我们在家里的时候也发现他有注意力不集中的情况，经常提醒他做事情要集中精力，可是效果不明显。

第四单元　学前儿童感知觉的发展

学习目标：

1. 掌握感觉与知觉的概念和联系。
2. 了解感觉与知觉的种类。
3. 了解幼儿感觉、知觉发展的特点。
4. 掌握幼儿观察力的培养方法。
5. 理解感知觉规律在幼儿教育中的运用。

模块一　学前儿童感觉的发展

一、感觉的概念

感觉是人脑对直接作用于感觉器官的客观事物个别属性的反应和感官系统的察觉情况，是其他一切心理现象的基础，没有感觉就没有其他一切心理现象。感觉诞生了，其他心理现象就在感觉的基础上发展起来，感觉是其他一切心理现象的源头和"胚芽"，其他心理现象是在感觉的基础上发展、壮大和成熟起来的。感觉是其他心理现象大厦的"地基"，其他心理现象都是建立在感觉的基础上的。

二、感觉分类

我们可以把感觉分成两大类。

第一类是外部感觉，有视觉、听觉、嗅觉、味觉和肤觉五种。这类感觉的感受器位于身体表面或接近身体表面的地方。

视觉，人类可以看得到从 0.39～0.77 微米的波长之间的电磁波。

听觉，人类能听到物体振动所发出的 20～20000 赫兹的声波，可以分辨出声音的音调（高低）、音强（大小）和音色（波形的特点），通过音色我们可以分辨出哪是火车的声音，哪是汽车的声音，能够分辨出熟人的说话声，甚至走路声。还可以确定声源的位置、距离和移动。

嗅觉是挥发性物质的分子作用于嗅觉器官的结果。通过嗅觉我们也可以分辨物体。

味觉是溶于水的物质作用于味觉器官（舌）产生的。味觉有甜、酸、咸、苦等不同的性质。

肤觉也称触觉，是具有机械的和温度的特性物体作用于肤觉器官，引起的感觉。分为痛、温、冷、触（压）四种基本感觉。

第二类感觉是反映机体本身各部分运动或内部器官发生的变化，这类感觉的感觉器位于各有关组织的深处（如肌肉）或内部器官的表面（如胃壁、呼吸道）。这类感觉有运动觉、平衡觉和机体觉。

运动觉反映我们四肢的位置、运动以及肌肉收缩的程度，运动觉的感受器是肌肉、筋腱和关节表面上的感觉神经末梢。

平衡觉反映头部的位置和身体平衡状态的感觉。平衡觉的感受器位于内耳的半规管和前庭。

机体觉反映机体内部状态和各种器官的状态。它的感受器多半位于内部器官，分布在食道、胃肠、肺、血管以及其他器官。

三、学前儿童感觉的发展

（一）视觉的发展

从孩子睁开眼睛的那一刻起，视觉启蒙亦同步启动了。视觉功能良善与否，除了与先天构造有关，后天培养及刺激更是重要无比。建议爸妈结合孩子的发展，将启蒙游戏带进生活中，培养视觉能力，奠定整体发展的基础。

没有人能否定视觉的重要性，因为不管是一个简单的动作，或复杂的认知，都需依赖"视觉"的辅助。家长别以为只要孩子的眼睛看得见，就轻忽其视觉发展，要先了解孩子的发展及行为背后的含意，才能适时提供足够的刺激，提高孩子"看"的品质及能力。

比起自胎儿时期就已经开始运作的听觉系统，视觉几乎可以说是从宝宝出生才开始有机会接受大量的刺激。如同所有的感觉系统一样，视觉系统必须在接受信息，输入大脑，大脑指挥身体针对信息做反应的过程，加速活化及往外联结。因此婴幼儿时期如能接触丰富的视觉刺激，不仅有助于建立良好的视觉通路，之后随着年龄增长，还能结合其他能力发展，去做更精准而复杂的表现。反之，宝宝在早期缺乏足够的刺激，除了会妨碍视觉通路形成，甚至可能使大脑的视觉能力慢慢退化丧失，严重的还可能妨碍其他官能的发展。

小朋友的学习发展，一向是家长关注的焦点，而视觉在其中又扮演何种角色呢？某国际文教机构婴幼儿教育顾问、心理咨询所主任梁仲怡及儿童发展教育公益协进会理事许翠端表示，其影响层面约可分以下两个方面：

第一，人和动物最大的不同处之一，在于人类依赖视觉的比例远超过其他感官。

大脑掌管各种感官输入的区域中，负责视觉功能的范围总和最大，而人每日透过感觉神经系统输入大脑的信息，更有八成以上是透过视觉而来。因此我们可以说，唯有丰富且品质优良的视觉刺激，方能提高其视觉敏感度，同时促进大脑其他功能区域的开发。

第二，视觉影响的层面涵盖一般生活操作及多项发展、学习能力。如以多元智能中的运动、语言、人际、自然观察为例，都和视觉有着密不可分的关系。而视觉跟其他智能的搭配，更是生存及一切学习的基础，所以家长在进行视觉启蒙时，别忘了同时按照孩子的年龄，做整体性的观察。

对大人来说，"看"是件再简单不过的事，但却是孩子多阶段的学习历程。小宝宝的视觉是所有感觉中发展最慢的，虽然出生时，眼睛及大脑的构造已接近完成，但仍需要后天的刺激及培养，让双眼能够协调运作，并随着身体肌肉能力的发展，提升整体能力。

视觉神经到孩子五至六岁，才能发展完整。视觉发展可分为七大阶段，各有其启蒙重点。

第一阶段：模模糊糊的世界。宝宝还在妈妈肚子里时，听觉就已经有了一定的发展，一出生，触觉便派上用场，唯有视觉通路尚未形成，且双眼不能对焦，以致外面的世界对出生没多久的小宝宝而言，就像是一张张模糊的画面。须待后天的刺激及培养，建立良好的视觉通路，配合肌肉等各方面发展，才能启动视觉功能向上提升。

第二阶段：区别明暗、黑白及轮廓。不到一个月的小宝宝，虽然看什么还是模模糊糊，但已能感受到空间内有无光线，而出现转头看光源的动作。一个半月至两个半月时，他对黑白对比强烈、亮度高的图案或物品，会出现明显反应，及能够感受所处环境中的光源与背光的暗区，但尚无法清楚地区分其边界；他所看到的物品，也仅是粗略的轮廓。

第三阶段：辨认内部细节及色彩。六个月前的宝宝对物品的形状、颜色感受越来越强烈，家长可以从他表现出对某些颜色及亮度的喜好，察觉其视觉功能的进步。虽然孩子还不认识何谓红色、黑色，不过能够更清楚地知道这些颜色是不同的，所以如果孩子对色彩反应不错，家长平时不妨多和他玩色彩游戏。至于什么颜色效果最好呢？根据研究指出，红、黄、蓝、绿及黑白对比强烈的玩具，最能吸引小朋友的注意，而粉红、粉蓝等色彩刺激不足且不易区分，不适合于视觉启蒙初期使用。而六七个月大的孩子，看别人的五官越来越清楚，不像之前只能感觉到模糊的轮廓，因此爸妈应增加和孩子互动的机会，提供视觉刺激的机会！

第四阶段：深度知觉逐步提升。深度知觉即所谓的立体知觉。在视觉发展初期，孩子眼中呈现的均为平面影像，之后慢慢发展出远近、左右、高矮等立体影像。立体知觉究竟从何时萌芽，每个孩子的情况都不太一样，不过平均约至一岁后确立成型。

人之所以能视物，在于利用眼部的感觉接收器吸收光源，聚焦至视觉中枢，再呈现出影像。立体观念的确立，代表双眼运作正常且更为协调，相反地，如果深度知觉不能顺利发展，可能会影响孩子的动作、立体感、方向感等，重要性不容小觑！

第五阶段：分辨两个相似物的异同。一岁半左右的孩子，对于生活中常见且相似的物品，已具有一定分辨异同的能力，并且随着练习次数的增加及各方面能力的提升，能分辨的部分更多、更细微。家长一开始可以将简单的图片，或者将两个设计略有不同的娃娃作为道具，请孩子找出两者的不同，训练他视觉的精辨能力。

视觉的精辨能力，深深影响孩子的发展。想要妥善地学习，或处理生活中的大小琐事，都需要精辨力来帮忙。值得庆幸的是，视觉的灵敏度不只和先天构造有关，能否看得更快、更精准，后天的练习绝对是关键，而这都依赖家长带着孩子一同进行。

第六阶段：认识文字符号。认识文字符号，是一岁半至三岁孩子视觉的启蒙重点，不过这个时期的"认字"，和大人想象中的不同。因为三岁前孩子就像是照相机，不管是文字或图像，在他眼中同样是一幅画面，识字指的是看出字和字的不同，只不过孩子会感觉文字符号不如图片丰富罢了！

认字不是为了提早学会写或认知，而是为了启发他对文字的兴趣，为将来培养阅读习惯打基础。建议家长采取比较趣味化的方式，教导孩子认识千变万化的文字，同时结合生活，将文字自然地存放于脑海里。不过进行认字游戏有两点不能忽略，一是字要够大，小朋友才能看得清楚；二是不要加入注音符号，以免孩子误以为注音符号也是该文字的一部分。

第七阶段：阅读累积学习。针对三至六岁的孩子，最好的视觉启蒙及观察孩子各方面能力发展的方式，莫过于阅读了；尤其通过亲子共读，带领孩子认识书上的文字、图片，有助于加强观察力、认知、口语表达能力，并增进彼此的感情。从小培养孩子阅读的习惯，随着年龄增长，更能理解书中的内容，获得许多宝贵的知识。

（二）听觉的发展

宝宝的听力开始得很早，甚至起始于胎儿期。近年来，儿童早期教育研究者认为，胎儿在母腹内已有听觉，早期听觉刺激是胎教的主要方法之一。宝宝在有了听觉之后，他就要不停地听，只要落在他的听觉范围内，他便收入耳内产生听觉，传入大脑，留下痕迹，一直到入睡为止。听觉不仅使宝宝辨认周围环境中的多种声音，而且凭此掌握人类的语言，婴儿期是儿童语言发展最迅速的时期，因此，听觉的发展在这个时期具有更重要的意义。

婴儿的听觉感受性有巨大的个别差异，有的儿童感受性高些，有的则低些，但这种个别差异不是一成不变的，实际上，婴儿的听觉也是在生活条件和教育影响下不断发展的。

三个月以内的宝宝，妈妈可以每天给他哼唱摇篮曲，或是反复播放一段优美的乐曲，声音不要太大，孩子醒着时，父母可用较缓慢的速度、柔和的声调讲话给孩子听，内容要丰富，比如说："你睡好了吗？饿不饿？想不想吃奶？"

三个月以后的宝宝已能将听觉和视觉结合起来，当他听到声音时，头就会转向发音的方向，寻找声源，你或许觉得这种动作是很自然的，但它会直接产生重要结果，这是智力活动的进步。父母或家里人应经常有意识地走到孩子面前，逗引孩子注视自己的脸，然后把脸移到一侧，并轻声叫孩子的名字，逗引孩子的视线随父母的脸移动。也可用摇铃或能捏响的橡皮玩具发出声音，逗引孩子一面听声音，一面让视线随玩具移动。

六个月以后还可以每天听几次英语，这样做不仅锻炼他的听觉，还可多学习一种语言。

儿歌是所有孩子都喜欢听的声音。同时，父母还要经常带孩子到公园、商店等处有意识地引导孩子多听、多看。

【相关资料】

"重听"现象给幼儿会带来怎样的消极影响

重听是指听力下降，听音失真，为耳聋之轻症。

"重听"现象会对幼儿的言语听觉产生消极的影响。幼儿的言语听觉有赖于听觉的好坏，"重听"现象使幼儿无法听清楚别人的讲话，或听得不完整，致使言语听觉无法得到训练，久而久之，言语听觉能力就会越来越差，"重听"现象也会愈来愈严重，从而形成恶性循环。

良好的听觉是训练幼儿言语表达能力，特别是口头表达能力的前提，一个人若没有听觉，根本就不能进行言语表达，也无法与人交流，推而言之，差的听觉也会阻碍幼儿言语正常、迅速地发展。

"重听"现象对幼儿智力的消极影响。智力是对外界刺激的综合分析能力。通过听觉，幼儿可以获得大量的外界信息，然后再通过大脑加工分析，从而使幼儿获得丰富的知识，使幼儿的智力在此过程得以提高。幼儿的"重听"现象使幼儿无法通过听觉获得准确、完整、清晰的材料，致使幼儿无法进行科学的加工，智力的发展相应地就会受到阻碍。

（三）触觉的发展

触觉是人体发展最早、最基本的感觉，也是人体分布最广、最复杂的感觉系统。触觉是新生宝宝认识世界的主要方式，多元的触觉探索，有助于促进动作及认知发展。触觉是宝宝最早发展的能力之一，丰富的触觉刺激对智力与情绪发展都有着重要影响。

1. 一岁之前：喜欢被抚触的宝宝

触觉系统比其他感觉神经系统发展要早，当宝宝还在妈妈肚子里孕育时，他的触觉就已经发展得不错了。在两个月大时，其触觉发展主要以反射动作为主，这些反应都是为了觅食或自我保护。这时，胎宝宝的唇部出现了最原始的感觉细胞——末梢神经小体；这时，妈妈就要赶紧行动起来，多多抚摸小精灵。奶嘴可以满足宝宝持续的触觉需求，反复吸吮的动作又能够促进口部肌肉的健全发展，这对宝宝以后的进食及发音都有莫大的帮助。每次当宝宝拿着奶嘴往嘴巴里塞的时候，他并不是靠眼睛来做引导的，而是依靠触觉，看他拿着奶嘴在嘴边打转转，试了一次又一次，最后终于准确地塞进嘴里。如果能让宝宝经常练习拿奶嘴放入口中的动作，不仅能促进其触觉的敏锐度，而且还可以提高其动作的协调能力。到三至五个月大时，宝宝可以将反射动作加以整合，利用嘴巴与手去探索，并感受到各种触觉的不同，开始懂得做简单的辨别。到六至七个月时，他就会吸吮拇指。九个月大时，宝宝的触觉发展已经遍及全身，会用身体各个部位去感受刺激、探索环境。到十个月大之后，宝宝的触觉定位越来越清晰，开始分辨出所接触的不同材质。

2．一至三岁：尝试各式各样的环境和物品

一岁以后的宝宝学会了行走，由于站立而使双手得到"解放"，从而能够从事更多的手工活动。这时的宝宝好奇心强，已有了初步的自我意识，对外部世界充满着求知的欲望。两至三岁的宝宝开始对自己排泄器官的触觉信息敏感，会有意识地用手触摸排泄器官，解便的过程会让宝宝感到快意。这时候，父母就可以开展排便训练了。如果宝宝偶尔疏忽把大小便排到了衣服上，父母切记不要大呼小叫，应该用缓和的语气告诉宝宝，告知他下次要小心，早点告诉父母，去厕所的过程要快速等注意事项。

3．三至六岁：逐步走向规范的活动

这个时期，在人类对触觉刺激的两大反应中，当识别系统的发展终于超越了防御系统时，学习能力将有突破性的进展。

【案例思考】

[案例1] 国外有媒体指出，中国的小孩越来越不会玩了。他们发现，中国的父母总是希望自己的孩子穿着干干净净，不允许他们做那些可能会使衣服弄脏的游戏。同时，中国很多的年轻父母觉得游戏对于孩子的成长意义不大，为了不让孩子输在起跑线上，应该花更多的时间来学习画画、英语、钢琴等。

请结合游戏对成长的作用分析这些父母的做法。

[案例2] 威威不小心摔倒在客厅里，正爬起来的时候，奶奶看到了，连忙大呼小叫地跑过去，一副担心、紧张的样子。看到奶奶后，已经快要爬起来的威威又一屁股坐在地上，撇了撇嘴，哭了起来。你怎么看待这种现象？

【相关资料】

促进宝宝触觉发育的五大方法

1. 抚触

父母可以找专业人士指导，按照一定的步骤给宝宝按摩，做抚触操，或者经常轻柔地捏捏挠挠宝宝的小脚小手小耳朵小脸，摸摸宝宝的身体，根据宝宝的大小以适当的力度将宝宝抱在胸前，这些都是非常好的促进宝宝触觉发育的方式。

2. 物体刺激

使用各种不同柔软度的刷子，或不同质料的布，轻轻地摩擦宝宝的四肢、背部，强化及增加触觉刺激的效果；给宝宝买一些不同质地的玩具，让宝宝抓握或者啃咬；利用家里常用的一些用品，鼓励宝宝用小手摸一摸，用小脚丫踩一踩来发展宝宝的触觉。

3. 地板

铺上不同材质的地板，比如塑胶、布料、木地板、蓬松棉，等等，为宝宝提供一个爬行的小环境，让宝宝在爬行的过程中促进触觉的发育。如果有条件，可以在家里设置一个球池，里面放上大大小小，软硬度、粗糙度不一，材质不一的球，让宝宝在球池里玩耍。

4. 触摸大自然

带宝宝走进大自然，让他摸摸泥土、石块、树干、树叶、小草、小动物的皮毛等等各种纯天然的东西，给宝宝准备一些玩沙戏水揉泥巴的小玩具，增加宝宝玩的乐趣。

5. 涂鸦

给宝宝一些安全的颜料，让宝宝用自己的小手、小脚丫蘸颜料涂涂画画，这也是非常受宝宝欢迎，同时又效果显著的促进触觉发育的好游戏。

模块二 学前儿童知觉的发展

一、知觉概述

（一）知觉的概念

知觉是一系列组织并解释外界客体和事件的产生的感觉信息的加工过程。对客观事物的个别属性的认识是感觉，对同一事物的各种感觉的结合，就形成了对这一物体整体的认识，也就形成了对这一物体的知觉。知觉是直接作用于感觉器官的客观物体在人脑中的反映。

（二）感觉和知觉既有区别，又有联系

感觉和知觉是不同的心理过程，感觉反映的是事物的个别属性，知觉反映的是事物的整体，即事物的各种不同属性、各个部分及其相互关系；感觉仅依赖个别感觉器官的活动，而知觉依赖多种感觉器官的联合活动。可见，知觉比感觉复杂。

感觉和知觉有相同的一面。它们都是对直接作用于感觉器官的事物的反应，如果事物不再直接作用于我们的感觉器官，那么我们对该事物的感觉和知觉也将停止。感觉和知觉都是人类认识世界的初级形式，反映的是事物的外部特征和外部联系。要想揭示事物的本质特征，光靠感觉和知觉是不行的，还必须在感觉、知觉的基础上进行更复杂的心理活动，如记忆、想象、思维等。知觉是在感觉的基础上产生的，没有感觉，也就没有知觉。我们感觉到的事物的个别属性越多、越丰富，对事物的知觉也就越准确、越完整，但知觉并不是感觉的简单相加，因为在知觉过程中还有人的主观经验在起作用，人们要借助已有的经验去解释所获得的当前事物的感觉信息，从而对当前事物作识别。

总之，知觉的产生以头脑中的感觉信息为前提，并且同感觉同时进行。但知觉却不是各种感觉的简单总和。因为在知觉中除了包含感觉之外，还包含记忆、思维和言语活动，等等。知觉属于高于感觉的感性认识。但知觉和感觉一样，都是事物直接作用于感觉器官产生的。离开了事物对感官的直接作用，既没有感觉也没有知觉。

（三）知觉的分类

1. 空间知觉

对物体的形状、大小、远近、方位等空间特性获得的知觉，即空间知觉（Space Perception）。对个体生活而言，空间知觉显然是一种必不可少的能力，因为个体生活在三维空间内，在一切活动中，必须随时随地对远近、高低、方向做适当的判断，否则就难免发生困难甚至遭遇危险。动物的猛虎跳涧、猴子攀登、飞鸟归巢，人的上下台阶、穿越马路、工具操作等，无一不是靠空间知觉的判断。空间知觉是多种感觉器官协同活动得到的产物，包括视觉、听觉、触觉、运动觉等的活动及相互联系，其中视觉系统起主导作用。空间知觉包括形状知觉、大小知觉、距离知觉、深度知觉（立体知觉）、方位知觉等。空间知觉是在人的后天实践中形成、发展和完善起来的。

2. 时间知觉

时间知觉（Time Perception），也称时间感（Time Sense），指在不使用任何计时工具的情况下，个人对时间的长短、快慢等变化的感受与判断。时间知觉的特殊之处是它并非由固定刺激所引起，也没有提供线索的感觉器官。在缺乏计时工具作为参考标准的情况下，获得时间知觉的线索可能来自两方面：①外在线索，比如太阳的升落、月亮的圆缺、昼夜的更替、四季的变化等，或生活、工作中的程序，都为人们判断时间提供了参数；②内在线索，如人体自身的呼吸、脉搏、消化以及生物节律等，也可成为判断时间的依据。

时间知觉也是在人的实践活动中逐渐发展起来的。人类发明了许多计时工具和计时方法。某些自然界的客观现象也存在时间印记，如树木年轮、动物牙齿、化石等。时间估计在日常生活中经常发生。儿童年龄越小，对时间估计的准确性越差。另外，职业不同以及不同的情绪状态也影响对时间估计的准确性。在心情愉快时，感觉时间过得快，在心情烦闷时，感觉时间过得慢。例如，买好票在影院门口等朋友十分钟，会觉得时间很长；朋友来了，一起进场看电影两小时，可能觉得时间很短。

3. 运动知觉

运动知觉（Motion Perception）是人对空间物体运动特性的知觉。它依赖于对象运行的速度、距离以及观察者本身所处的状态。例如，当物体由远而近或由近而远运动时，物体在视网膜上成像大小的变化，向人脑提供了物体"逼近"或"远去"的信息。物体运动太快或太慢都不能使人形成运动知觉。人们很难用肉眼观察到手表上时针的移动或光的运动，因为它们的速度太慢或是太快。物体距离与运动速度直接影响着运动知觉。对以同样速度运动着的物体，远的感知运动慢，近的感知运动快，离得太远就看不出运动。可见，运动是人知觉运动的根本原因，但造成运动知觉的直接原因却是角速度，是单位时间内所造成的视角的改变量。实际上，世界万物都在运动，只是速度不同而已。因此，我们要观察某物体的运动速度，就要与另一物体相比较。这个被比较的物体就是运动知觉的参考系统。选择的参考系统不同，运动知觉也不同。比如，骑自行车者以步行者为参考系统，感知则为快，与汽车行驶相比，感知则为慢。一般规律是，人们倾向于把较大的客体当作静止背景，较小的客体在运动。如薄云与月亮，可视为月亮在走，也可视为云彩在动。这种现象就是诱导运动。在暗室内注视静止的光点，过一会儿就会感到光点在游动，这是自主运动，是由于视野中缺乏参考系统而造成的。

4. 错觉

知觉经验虽系因环境中的刺激物所引起，而知觉经验中对客观性刺激物所做的主观性解释，就真实性的标准来看，显然有很大的距离。单以知觉对比的知觉现象为例，凭知觉经验所做的解释显然是失真的，甚至可以说是错误的。对此种完全不符合刺激本身特征的失真的或扭曲事实的知觉经验，称为错觉（Illusion）。

错觉是比较普遍的，由视觉、听觉、味觉、嗅觉等所构成的知觉经验，都会有错觉。在我们日常生活中，随时会感受到错觉现象。例如，在火车未开动之前，常因邻近车厢的移动，觉得自己车厢已经开动。这种现象称为移动错觉。再如，在火车尾部窗口俯视铁轨时，若火车是开动的，就会觉得铁轨好像是从车底下向后迅速伸出；若火车遽然停止，就会觉得铁轨好像是向车底迅速缩进。当注视电扇转动时，会觉得忽而正转，忽而倒转，甚至有时会有暂时停止不转的感觉。

5. 幻觉

在入睡或醒觉状态的过程中，会发生幻觉。幻觉是心理异常的重要征象，如感觉剥夺、精神疾病、药物中毒、饮酒过量、吸食毒品等，常会产生幻觉。幻觉与错觉不同，它是在没有相应的外界客观事物直接作用下发生的不真实感知。幻觉具有与真实知觉类似的特点，但它是虚幻的。正常人在某些特殊的状态下，如强烈的情绪体验并伴有生动的想象、回忆，或期待的心情、紧张的情绪，或处于催眠状态，都可能出现幻觉。

【相关资料】

人为什么会产生错觉？至今尚不清楚。一般认为：①错觉不是观念问题，而是知觉问题，因为即使知道是错觉也不会改变；②错觉不是发生在视网膜上；③错觉不是视觉器官的活动所引起的。

1. 横竖错觉

横竖错觉（Horizontal-Vertical Illusion）属视错觉现象之一。下图中横竖两等长直线，竖者垂直立于横者中点时，看起来竖者较长。

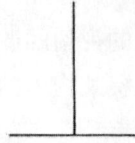

2. 德勒夫错觉

德勒夫错觉（Dolboef Illusion）属视错觉现象之一。下图内的小圆与右图的圆相等，但两者看似不等，居右者看来较小。

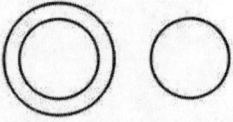

3. 海林错觉

海林错觉（Hering Illusion）属视错觉现象之一。下图两平行线为多方向的直线所截时，看起来失去了原来平行线的特征。

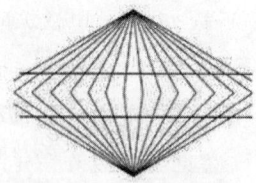

4. 楼梯错觉

楼梯错觉（Staircase Illusion）属视错觉现象之一。注视下图数秒钟，将可发现有两种透视感：有时看似正放的楼梯，有时看似倒放的楼梯。

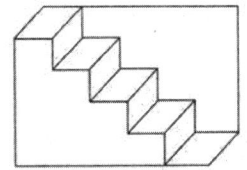

5. 编索错觉

编索错觉（Twisted Cord Illusion）属视错觉现象之一。下图像盘起来的编索，呈螺旋状。实则系由多个同心圆所组成，读者可选任一圆上一点循其线路检验之。

6. 桑德错觉

桑德错觉（Sander Illusion）是视错觉现象之一。左边较大平行四边形的对角线看起来明显比右边小平行四边形的对角线长，但实际上两者等长。

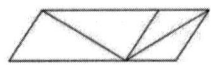

二、学前儿童知觉的发展

（一）视知觉发展

1. 客体知觉和恒常性

（1）客体知觉。斯佩尔克对3个月大的婴儿进行实验，通过他们对客体的惊奇程度确定他们是否察觉出对象违背了客体整体的一般规则。被试先对蓝色平面前的橙色圆柱体形成习惯化，然后分别让整个圆柱体朝向他们运动和让一半的圆柱体与它的相邻背景一起朝向他们运动。结果后面的那些情况下被试表现出明显的惊奇和迷惑（即产生去习惯化）。进一步的研究表明，如果实验中的对象和背景一开始就是同一平面的某个部分，即它们没有深度上的差异时，被试不论在前后哪种运动情况下都没有显著的惊奇差异。这些研究结果表明婴儿能从深度上清楚物体的边界，并确定对象整体。

斯佩尔克等测验4个月大的婴儿，看他们是否能对被物体遮挡的视为一个整体。通过注视习惯化，让婴儿习惯于开始的视觉呈现———一根直杆被一长方体木块遮挡在中间，只有留在外面的两端在木块后左右移动。取走遮挡物体，然后分别给他们呈现单一直杆的运动和先前露在遮挡物外面长度相等的两根直杆的运动。结果，他们对任何一种都没有表现出更长的注视时间。这似乎表明他们没有检测出哪个刺激等同于先前看到的对象，即年幼婴儿不能将中间看不到的物体感知为一个整体。但如果物体各部分前后摆动，则婴儿感知是同一整体。对新生儿来说，即使被遮盖物体的各部分一起运动，仍不能判断为一根直杆。因此，有限的几种运动线索作为整体性知觉的能力出现在婴儿最初4个月的某时期。最近的研究表明，6个月时，婴儿不需要运动线索来判断被遮盖物体的整体性。在后面的半年时间里，婴儿对更多事物的逐渐熟悉，他们开始依靠静止线索来将它们作为整体单元进行辨别。

（2）恒常性。当知觉对象的物理特性在一定范围内发生变化的时候，知觉形象并不因此发生相应的变化。知觉的这种特性称为知觉的恒常性。恒常性对于只有半岁大小的婴儿极为重要，因为在这一时期的婴儿通过它来稳定地认识世界。如果恒常性不存在，看到任何物体都会去重新认识，婴儿将会生活在惊慌之中。客体的位置发生变化，投影在视网膜上的影像也会发生变化，而对客体属性的感知却没有发生变化。视觉的恒常性主要包括大小恒常性、亮度恒常性、颜色恒常性和形状恒常性。

从远到近的客体或从近到远的客体，它们在视网膜上投影的大小在发生变化，但在知觉中仍然保持原有大小，这就是大小恒常性的现象。有研究者指出3个月前的婴儿不具有大小恒常性，但到5～7个月大时，他们有一些知觉大小恒常性的能力。而4个月大小的婴儿是否具备这种能力要看他们双眼线索是否成熟。但是必须认识到，婴儿表现出的只是近似的大小恒常性，真正成熟的能力需要10岁以后才具备。

客体常处在光线亮度不断变化的环境中，色泽暗淡的衣服不论在太阳下还是昏暗的灯光下总是让人感觉它的暗淡，这就是我们称为亮度恒常性的现象。只要物体不是特别小，这种现象可以出现在7周大小的婴儿身上。3～11岁是这种能力的增长期，然后出现微小的衰退。

颜色恒常性是指颜色的知觉不随光照颜色改变而改变。比如国旗不论用什么光去照，我们总把它看成红色。有人认为这种能力部分出现在大约婴儿4个月大的时候。

形状恒常性是指对象在一定范围内的形状变化后，知觉结果还是没有改变，依然是原来的那个对象。最常见于面部知觉上面，不论对象用任何表情，脸部怎么扭曲，我们对它仍然知觉为原先的个人面部。虽然早期婴儿的形状恒常性的能力无法用于不规则对象，但是部分能力出现在他们3个月大小的时候。大小恒常性和形状恒常性看来都是天生的感知能力，它们有助于婴儿出生以后立即对他们的感知经历进行组织和整理。

2. 空间知觉

（1）双眼视觉。研究发现，新生儿没有产生双眼视觉的时候就可以在一定程度上辨别物体方向。也就是说，单眼线索是婴儿早期产生方位知觉的主要原因。班克认为1个月前的婴儿是根据物体在视网膜上的运动来感知物体方向的。

因为在我们两眼的不同位置，同一刺激在我们视网膜上的成像有所区别，协调这些差异就产生双眼视觉。针对同一对象，两眼提供不同的视觉图像给大脑，然后根据经验产生空间性的对象信息。双眼的深度知觉具有突发式的特点。虽然1个月左右的婴儿能够用两眼同时注视同一对象，但是研究表明，双眼视觉的出现是在婴儿3到5个月大的时候。

（2）方位知觉。方位知觉是个体对自身或物体所处的位置和方向的反应，包括对其方向和同主体之间距离的信息认识。其他感觉器官同样能产生方位知觉，这里我们只集中讨论由视觉所产生的这种知觉。

一般来说，儿童5岁时才能以自我为中心进行上下左右的辨别，7~8岁才能以客体为中心辨别左右，左右概念的理解要到11岁前后。还有研究指出，6~7岁是儿童左右方位概念发展的飞跃期，到8岁左右已经能够灵活掌握左右概念。不同年龄的儿童对左右概念的掌握反映出该年龄儿童的思维发展水平。

（3）深度知觉。深度知觉是判断不同对象之间距离的一种能力。直接影响我们理解环境，掌握自己的运动的状态。生命开始时，新生儿通过运动深度线索对深度进行感知；五六个月时，他们通过图示深度线索感知深度；随着双眼线索的有效应用，深度知觉的精细程度增加。

3. 视觉偏好

新生儿已经表现出某些注意的偏好，可能存在的原因有两点。其一是视觉皮层的正常发展需要相应的视觉输入，婴儿运用视觉能力的先天倾向具有高度的适应性。其二是婴儿所倾向注意的对象正是那些对他们的发展重要的刺激，如母亲的面孔。

（1）对象的状态。研究表明，新生儿对运动物体表现出明显的偏爱。虽然无法有效控制两眼的运动，但他们的注视点常在物体运动估计上停留1~2秒后跳向下一运动点。2~3个月的婴儿能够协调眼球追随运动物体。

婴儿对物体的轮廓表现出明显的偏爱。在眼动仪的帮助下，研究者可以对婴儿的视线走动进行观测，发现他们更喜欢注视物体的边缘部分，较少注视中心。早在1966年，研究者对新生儿的研究发现，这个时期的婴儿更倾向注视三角形的周边和顶点。

随着年龄的增长，婴儿对图案复杂程度的偏好逐步增加。研究人员发现，3周大的婴儿注视6×6方格图形的时间长于12×12和24×24的复杂图形；6周大的孩子更喜欢稍微复杂点儿的图形；3个月大的婴儿表现出更喜欢注视最复杂的图形。对此，有观点认为是由于图形复杂时包含轮廓线更多的缘故（即"轮廓密度理论"）。

（2）面孔。通过视觉线索，对面孔知觉的再认帮助早期的婴儿辨认自己的母亲。婴儿知觉能力的不断发展，帮助他们建立早期的社会性关系，有助于他们对环境的适应。新生儿只通过视觉线索就能够辨认出自己的母亲。他们控制其他的运动感觉线索，对两张面孔注视时间的差异，得出新生儿在出生后的几小时内就学会识别母亲面孔的视觉特征。

早在1961年，范茨就揭示出婴儿对有图形结构的对象更感兴趣的结论（即图形视觉理论）。对面孔的注意远高于其他对象。其他研究者以微笑为指标对各种面孔图形和真实面孔做了实验。大约6周的婴儿对着黑色背景的两只眼睛就会微笑，只有随着年龄的增长，到6个月大时他们才会只对完整的面孔发出微笑。3个月大时婴儿能够对不同的面孔特征做出辨别；在7到10个月时，婴儿开始对情感表达做出有序而有意义的整体反应。他们对待高兴的表情不同于悲伤或恐惧的表情，甚至对待采用模型所表现的差异细微的表情也有所不同。

眼动仪的有效运用帮助我们了解了孩子注意的整个过程。大约5周的婴儿更多注视到面孔的边缘，在那些对比较为明显的强刺激处；两个月大的孩子就会把更多的视线集中到面孔的内部特征上来，尤其是对眼睛的注视。对面孔有选择的注视让孩子组织成为一个完整的面部知觉。有实验给了我们一个有趣的结果，婴儿在他人说话时关注的是眼睛，而不是嘴巴。成人喜欢用眼交流，而婴儿更喜欢用这种方法接受，这有助于父母和婴儿间的良性互动。

（二）听知觉的发展

1. 语音知觉

出生只有1天的新生儿对成人的语音和磁带播放的语音都表现出明显的同步动作反应。研究发现，一个月大的婴儿就能分辨"pah"和"bah"的差别，于是有人推测人类在语言方面的某些能力具有先天成分。婴儿可以完成成人所不能的某些语言的音素辨别。可以看出，随着婴儿的年龄增长，他们逐渐失去过去拥有的某些语音的辨别能力，而随着他们经验的增加又形成了某些新的能力。这种能力的下降大概在青春期前后，语言的灵活性也同时下降。元音的敏感性接近6个月大时就开始下降，而辅音在12个月后下降。

婴儿对人类言语特别关注，他们表现出对"妈妈语"的偏好。这种语言形式具有语速慢、声音高和音调夸张的特点，具有强烈的起伏性，特别能引起婴儿注意。由于听觉系统形成于胎儿期，婴儿对母亲声音有特别的偏好，这有助于语言学习和形成对母亲的依恋。3个月的婴儿能够区分成人悲伤的声音和快乐的声音。

2. 音乐知觉

两个月的婴儿就能辨别出由小提琴演奏出的不同音乐。他们对音乐的辨别是以类别划分为基础的。人脑的右半球分管对音乐的感知，这种分化开始于新生儿时期。有研究表明，4~7个月的婴儿能够对摇篮曲和一般的成人乐曲进行辨别，哪怕这些曲调来自于不同语言、文化。5个月大他们可以感受音乐旋律的变化，24个月大时他们表现出随音乐节拍而进行身体运动。

音乐知觉的发展受文化环境的影响。针对西方国家和日本的6个月大的婴儿和成人，研究者让他们分别听不同地区的主流音乐。被试反复听一首旋律时偶然被7个音阶打断，这7个音阶中的第5个音律轻微变化，要求被试如果发现走调给予报告。结果显示，那些非音乐专长的成年人更容易在西方旋律中发现走调；婴儿能发现走调，但是没有表现出对西方旋律和日本旋律判断的明显差异。这表明了人类出生时的音乐知觉能力无文化差异，但它的发展受文化因素的影响。

（三）其他知觉

1. 时间知觉

时间知觉是对客观事物运动的延续性和顺序性的反映。白昼和黑夜的交替物理变化，让 4~5 岁儿童首先使用标识时间的一些简单词汇，如"早上""晚上""今天"。6 岁儿童能掌握一些时间间隔较长的名词，如"周""年"等，但不意味着他们就具有相应的时间知觉。这个时期的儿童能在较短的时间范围内掌握时间关系的逻辑，但有时还会把时间和空间混淆，用空间概念来代替时间概念。有研究表明，在 5~9 岁的儿童中，年龄越小，Kappa 效应（时间知觉受空间事件影响称为 Kappa 效应）越明显。对 5~8 岁儿童估计时间间隔的研究发现，5 岁儿童时间知觉不准确、不稳定，根本不会用时间标尺；6 岁儿童的时间间隔判断变化不大，只是在短时距（3 秒、5 秒）知觉的准确性和稳定性上略有提高；7 岁儿童大多能利用时间标尺，长时距知觉的准确性和稳定性有所提高。各年龄段儿童再现短时距都表现为"错后"多于"提前"，再现长时距则表现为"提前"多于"错后"；随着年龄的增长，"提前"的趋势下降，"错后"的趋势上升。在小学一年级末，儿童具有了时间观念，即在时间顺序的认知上有明显提高。可以认为，7 岁是时间观念发展的"质变阶段"。

2. 跨通道知觉

在实际生活中，通过各种感觉通道同时接受并加工信息所产生的知觉为跨通道知觉。婴儿出生时已具有跨通道知觉的能力，至少他们拥有某种能迅速通过经验获得这种能力的先天倾向。研究者通常应用两种方法了解早期婴儿是否能够运用不同的知觉方式形成对象的抽象表征。第一种方式是研究婴儿是否能够在不同的知觉方式转换中获得经验积累，检测先前的知觉结果能否让婴儿在接下来的检测中得到知觉认识的提高。第二种就是了解婴儿是否知道同一对象的不同刺激方式，婴儿分别用不同的知觉方式感受同一个对象，然后让他们判断先前的对象是否是同一个，可以通过上述方式去研究视觉与触觉和听觉与视觉的关系。

研究认为，视觉和触觉之间的转换发生在 1 个月以后的婴儿身上，而在此之前的婴儿的这种能力很差。实验者先将一个特殊的橡皮奶头给出生 1 个月的婴儿吮吸（一半用光滑奶头，一半用上面有八个小硬块的奶头），然后让他们看两个塑料球体 20 秒，这些球体在视觉上分别和先前吮吸过的奶头相似。结果发现，婴儿更多地注视那些和他们嘴里吮吸过的奶头相似的球体。还有研究发现，6~12 个月大小的婴儿已经能比较清楚地分辨手中的物体和所见的对象，并进行匹配。那些更大的婴儿已明显地表现出他们能够将视觉和触觉信息整合起来，形成完整的知觉能力。

斯佩尔克发现，3~4 个月的婴儿已经表现出将当前的视觉景象和源自特定面孔的声音匹配的能力。沃克等人发现，4个月左右的婴儿能够通过面孔对不同情绪、性别、年龄的语音进行匹配。更有最近的研究表明，新生儿似乎出现了某种类似的读唇能力。随着年龄的增长，这些能力的精细程度会得到提高。

三、观察力的发展

（一）幼儿观察力的特征

观察是一种有计划、有目的、有组织、比较持久的高级知觉过程，是人类对客观世界的主动认识过程。培养儿童的观察力尤其重要。苏联心理学家鲁宾斯坦等将儿童的观察分为比拟的解释阶段、感知属性与外部联系推理解释阶段和内部联系的推理解释阶段。

1. 观察的目的性

观察的目的性是指在观察的过程中儿童需要在观察对象中注意什么，寻找什么，让观察有选择性和针对性。有研究者（姚平子，1985）对3～6岁儿童进行研究，要求他们分别在图片中找出相同的图形、图形中的缺少部分、两张大致相同的图片中的细微差异及在图中找出物体。结果发现，儿童的观察准确性随年龄提高而稳步增加。研究认为，3岁儿童的观察已经带有一定的目的性，但水平低；4～5岁明显提高；6岁时就能够按活动任务进行活动了。

2. 观察的精确性

观察的精确性是指在观察过程中，根据观察目的对观察对象细节部分观察的程度。学前儿童的观察比较模糊，可能是注意无法长时间集中和稳定的原因，通常他们只看到事物的大概轮廓就提出结论，不再深入。随年龄增长，儿童对事物的观察更加仔细、精确，50%以上的6岁儿童在观察精确性的测验中几乎完全正确。

3. 观察的持续性

观察的持续性是指观察过程中稳定观察所保持的时间长短。学前儿童的观察常常不能持久，容易转移注意对象。随着年龄的增长，他们注意的持续时间会随之增加。到6岁时，儿童在活动中的观察持续时间有显著的增长。研究表明，幼儿园小班男生的持续性明显低于同龄女孩，到大班以后男女生的持续性明显提高，男女不存在显著差异。

4. 观察的逻辑性

观察的逻辑性是指针对观察过程来说，从事物的表象发现其相互关系的能力。学前儿童不善于从整个事物中发现内在联系，但是他们具有探索的意识，自觉按自己的认知结构形成个人的对象逻辑。对3～9岁儿童的研究发现，年龄最小的儿童根本没有考虑图画之间的关系；5岁的儿童有时考虑图画间的关系；六七岁的儿童能采用一定的策略，但成绩没有明显提高；到小学中期，处理图画的能力明显提高。随着年龄的增长，儿童观察事物的能力、注意稳定性逐渐提高，他们的概括总结能力也随之增长。

【案例思考】

[案例1] 今天妈妈在厨房做饭，就把快要1岁的佳佳放在床上，让他自己玩。妈妈给佳佳准备了不少玩具，有积木、拼图等。佳佳一个人在床上摆弄这些新鲜的小玩意儿，他拿起一个漂亮的塑料小汽车，在手中摇晃着，一不小心丢到了身后，佳佳转过身，顺着玩具掉落的方向爬了过去并捡起小汽车，他又玩了一会儿其他的玩具。我们发现佳佳玩的都是造型复杂的玩具，而对造型简单的球形、正方形玩具则很少碰触。过一会儿，佳佳开始摆积木，这时一个积木掉到床下，佳佳看了一眼，并没有像刚才捡小汽车那样去捡这块积木，而是开始大声地哭泣。妈妈听到哭声后进屋帮他把积木捡起来放在床上，佳佳拿起玩具，这才停止了哭泣，继续玩起来。

在上面这个日常生活的场景中，表现了幼儿的知觉在发展过程中的哪些特点？

[案例2] 给幼儿一张图片，上面画着几个孩子在溜冰，冰场上有一只手套。向幼儿提出任务，要求他们从画面上找出那个丢了手套的孩子。小班孩子大部分根本不认真去找。他们观察时，胡乱看一些无关的细节，完全忘了观察的目的。中、大班幼儿观察的目的性有所提高，他们能够按照成人规定的观察任务进行观察。

这个案例体现出不同年龄段的幼儿有哪些观察力方面的差别？

[案例3] 一个3岁小孩跟5岁小孩一起看电视，在电视中有一个小孩A。小孩A将自己的糖果放在地上的纸盒子里，然后关门出去了。这时走进来一个大人，他将纸盒子里的糖果转移到了一个衣柜里。问3岁和5岁的小孩：小孩A进来后会在什么地方找糖果？3岁小孩和5岁小孩分别会怎么回答呢？

【相关资料】

促进视觉、听觉发展的活动设计

（一）摆放树叶

活动任务和目的：

通过对树叶的摆放，让幼儿对形状产生一定的认识，提高他们的形状知觉能力和空间知觉能力。

活动用具：

收集到的树叶、胶水、线、纸。

活动过程：

1. 让幼儿按树叶的形状进行分类。
2. 给出一个简单的形状，让幼儿把树叶也摆成这种形状，并把它们粘贴在纸上面。
3. 通过穿孔，用线把树叶串起来。不用穿孔，直接把树叶卷起来。

4. 自由发挥想象，让他们自己按自己的想法安排树叶。

给教师的建议：

要求幼儿描述他们自己摆放的形状。对不会描述的，教师要给予帮助指导，应尽可能诱导幼儿发挥想象力，摆出更多的形状来。注意线的使用，防止幼儿误吞。

活动总结：

今天的树叶摆放形式还有很多，我们可以回去再想一想，这些叶子的颜色、形状不同，可以帮助我们用作手工制品的不同材料。

(二) 搭建积木

活动任务和目的：

通过积木的搭建，提高幼儿手眼的协调能力，触觉、视觉共同发展，锻炼幼儿的肢体控制能力。搭建过程，有利于幼儿观察和模仿能力的提高，促进幼儿形状知觉和空间知觉的完善。

活动用具：

各种积木。

活动过程：

1. 学会积木的搬运。通过手的接触，感受积木的质地；通过观察，能够感受积木的形状和颜色。
2. 把搬运的积木按形状要求放置。
3. 把搬运的积木按颜色要求放置。
4. 按给出图片的形状堆放积木。
5. 自由想象，自由搭建积木，并且表述出搭建结果的意义。

给教师的建议：

支持幼儿努力获得信心，鼓励他们体会操作中的舒适感和成就感，帮助他们克服挫折感。在堆放积木的过程中，应该限定积木的总数，让他们在控制的范围内发挥；鼓励幼儿之间的合作。在表述中，积极鼓励他们运用表示空间关系的词汇。鼓励他们运用想象，使用象征性符号表述。

活动总结：

小朋友们，我们每天看到很多很多的东西，我们是不是可以用我们手中的积木来模仿这些东西呢？答案当然是可以。我们每一个小朋友都是小小的工程师，我们可以搭建我们的房子、我们的车子、我们的电视机等，我们想要什么，就能搭建什么。一切依靠我们对生活的观察认识，充分发挥我们的想象力吧。

(三) 我们都是小小音乐家

活动任务和目的：

通过对乐曲的了解，体会音乐的节拍性，协调幼儿肢体动作。

活动用具：

CD、风铃、音乐盒。

活动过程：

1. 找一些适当的音乐，让幼儿闭上眼睛，随着音乐摆动手臂，也可以跟着节拍摇摆身体。向他们提问，了解他们听到什么、感受到什么。

2. 选择一首他们喜欢的歌曲，要求幼儿用手跟着音乐节拍拍手，并且轻声哼唱。

3. 风铃提供了一种让幼儿注意力集中的轻柔声源。给幼儿提供几种不同的风铃，让他们吹动风铃，感受声音。

4. 音乐盒为幼儿的倾听提供了独特的声音，它的音乐完整，声响适度。把准备好的几个不同的音乐盒让幼儿去探索，鼓励他们说出自己的感受。

给教师的建议：

乐曲是一种很好地让幼儿从一个活动转换到下一活动的方式。当向幼儿介绍乐器时，应该讲明并解释乐器的使用规则。观察并倾听幼儿，他们会让你知道所要表达的意思。教师应该主动加入幼儿的活动中。

活动总结：

声音多美妙，小朋友也是小小的音乐家。我们也可以自己欣赏优美的音乐，我们也能唱出动人的旋律。小朋友，想想我们周围还有哪些好听的音乐？我们能模仿出来吗？我们能跟着唱吗？

模块三　感知觉在学前儿童心理发展中的意义

一、感知觉在学前儿童心理发展中具有重要的意义

在幼儿的认识活动中感知觉占据重要地位。感知与思维相比，可以说3～6岁的幼儿是借助于形状、颜色、大小、声音等来认识世界的而不是依靠语言交往所获得的知识来认识世界的。幼儿的思维此时虽有发展但思维仍然紧紧依靠感知的形象。比如在瑞士著名的心理学家皮亚杰的守恒实验中幼儿对物体的长短、大小，对液体的容量的多少等的判断往往根据直接感知的形象而不是事物的本质。换句话说，幼儿的思维常受感知所左右。同样幼儿的记忆也直接依赖于感知的具体材料。对直接感知过的形象的记忆比对语词记忆的效果好。此外幼儿的情绪和意志行为也常受直接感知的影响而变化。如看到别的孩子闹情绪在哭也会跟着哭起来。幼儿感知觉的发展不仅对整个认识活动有重要作用而且对控制自己的行动有一定的意义。

（1）感知觉是人生最早出现的认知过程，是其他认知过程的基础。

（2）幼儿两岁前依靠感知认识世界。

（3）感知觉在幼儿的心理活动中仍占优势地位。

鉴于上述的分析，我们不难发现感知觉在幼儿的认知过程乃至整个心理活动中影响尤为深远，意义重大。因此，国内外很多教育家提出了幼儿期应注重对幼儿进行"感知教育"。感知教育主要是通过感官的训练（包括视觉、听觉及触觉等），尤其是触觉训练，以达到感觉与动作练习相结合的目的。

比如，意大利著名的幼儿教育家蒙台梭利就曾提出3~7岁是幼儿的感觉敏感期，在这一时期幼儿对刺激物的大小、长短、颜色、形状、声音等会特别敏感。她认为，感知能力与幼儿心智的发展密切相关，因此循序渐进的感觉练习就显得特别重要。她的教具都是代表物体的特征（如大小、轻重、长短、颜色等），从具体到抽象，从简单到复杂。由此可见，在幼儿园对幼儿进行感觉方面的教育是十分重要和必要的。然而，需要大家关注的是，当前大多数幼儿园开展的感知教育情况不容乐观。在信息大潮的冲击下，幼儿园教育越来越注重幼儿知识、技能的学习，而忽视了其素质的基础——感知学习。如何扭转或解决这一问题是值得我们深思的。

二、学前儿童感知觉发展的趋势

（1）感知分化日益细致。

（2）感知过程趋向组合和协调。

（3）感知过程概括化和系统化。

（4）感知过程的主动性不断加强。

（5）感知过程的效率不断提高。

三、学前儿童感知觉发展的主要阶段

（1）原始的感知阶段。儿童最初的感知能力是与生俱来的。

（2）从知觉的概括向定向思维的概括过渡阶段。初生后的一年，知觉的恒常性——知觉的概括，在婴儿认识事物的活动中起主要作用。

（3）掌握感知标准和观察方法阶段。3岁以后，儿童对物体的感知，渐渐和有关概念联系起来。

【案例思考】

[案例1]要求幼儿辨别三角形和正方形时，教师往往让幼儿边看边用手沿着三角形和正方形的边缘摸它们的轮廓，同时每次摸到拐角处的时候，要求说出角的数量，如一个角、两个角等，这样的活动安排，效果往往比较好。请分析这样做的理由。

[案例2]在一次语言活动中，某教师给幼儿讲"小猫钓鱼"的故事。为了加深幼儿对故事的理解，教师利用活动玩具"猫"和"鱼"作为教具。她一边绘声绘色地

讲解故事的情节，一边演示活动的教具，同时伴随相关的轻音乐。假如你旁听了这节课，请用感知觉规律理论对这次活动进行分析、评价。

【相关资料】

感觉统合

感觉统合是指个体在环境内有效地利用自己的躯体，对不同感觉通路（视、听、触、嗅等）而来的空间和时间上的输入信号进行解释、联系和统一。感觉统合是一个信息加工过程，大脑必须以灵活的、不断变换的方式比较、选择、联系、增强和抑制感觉信息，即大脑必须统合信息。儿童的感觉统合功能是在发展的过程中，从单纯的各种感觉发展到初级的感觉统合，即身体双侧的协调、眼手协调、注意力、情绪的稳定及从事目的性的活动，进一步发展到高级的感觉统合，即注意力集中、组织能力、自我控制、学习能力、概括和推理能力。感觉统合能力发展的关键期是8岁以前。

模块四　学前儿童感知觉的培养

一、感知觉规律在幼儿教育中的运用

（一）感知觉适应现象在幼儿教育中的运用

在外界刺激的持续作用下，感受性发生变化的现象叫感觉适应。各种感觉都能发生适应的现象，有些适应现象表现为感受性的降低，有些表现为感受性的提高。例如，在嗅觉方面，古人曾说，"如入芝兰之室，久而不闻其香；如入鲍鱼之肆，久而不闻其臭"，就是经过一段时间的持续嗅觉刺激，人对周围环境中气味的感受性逐渐降低了。

在寒冷的冬季，我们进入幼儿园活动室，有时会闻到一股空气污浊的气味，而在活动室内工作的教师和幼儿毫不察觉，外来人在室内待了一段时间，也不觉得了，这就是嗅觉的适应现象。

（二）感知觉对比现象在幼儿教育中的运用

同一分析器的各种感觉会因彼此相互作用而使感受性发生变化，这种现象叫作感觉的对比。感觉的对比分为先后对比和同时对比两种。先后对比是同一分析器所产生的前一感觉和后一感觉之间的相互作用。例如，吃过甜食后再吃苹果，会感到苹果发酸。因此，教师在为幼儿准备膳食时，要考虑味觉的对比现象。

同时对比是同一分析器同时产生的各种感觉之间的相互作用。例如，灰色的图形，放在白色的背景上，就显得暗一些，而放在黑色的背景上就显得亮一些。因此，教师在制作和使用直观教具时，掌握对比现象的规律，对提高幼儿感受性具有重要的意义。例如，考虑到颜色对比，可以使教室的美术装饰互相衬托；演示的场所利用照明遮光设备，可使幼儿看得更清楚。

（三）知觉中对象与背景的关系在幼儿教育中的运用

感觉器官在同一时间内不能同样清楚地感知所接触的事物，有些刺激物会成为知觉的对象，而另一些刺激物，人们对它们的知觉较为模糊，好像是衬托在知觉对象的后面似的，成为知觉的背景。例如，教师在黑板上画图给幼儿看，作为知觉对象的是教师画的图，而其他如黑板等，就成为知觉的背景。但在幼儿知觉过程中，有时并不是像教师所设想的，可能把对象和背景颠倒过来。因此，教师要掌握知觉中对象与背景的关系规律。

对象从背景中分离出来，会受到以下几种条件的影响。

1. 对象与背景的差别

对象与背景的差别越大，对象越容易从背景中区别出来；反之，对象则容易消失在背景之中。因此，教师要根据一定的教学目的，适当运用对象与背景关系的规律。例如，为了让幼儿观察红花，就以绿树为背景，而为了提高幼儿的观察力水平，就让幼儿从绿草中寻找青蛙。

根据这个规律，教师的板书、挂图和实验演示，应当突出重点，加强对象与背景的差别。对教材的重点部分，应使用粗线条、粗体字或彩色笔，使它们特别醒目，容易被幼儿知觉到。另外，教学指示棒与直观教具的颜色不要接近。

2. 对象的活动性

在固定不变的背景上，活动的刺激物容易被知觉为对象。婴幼儿爱看活动的东西，与此规律有关。

根据这个规律，教师应当尽量多地利用活动模型、活动玩具以及幻灯片、录像等，使幼儿获得清晰的知觉。

3. 刺激物本身各部分的组合

在视觉刺激中，凡是距离上接近或形态上相似的各部分容易组成知觉的对象。在听觉上，刺激物各部分在时间上的组合，即"时距"的接近也是我们分出知觉对象的重要条件。

根据这个规律，教师在绘制挂图时，为了突出需要观察的对象或部分，周围最好不要附加类似的线条或图形，注意拉开距离或加上不同的色彩。凡是说明事物变化与发展的挂图，更应注意每一个演进图的距离，不要将它们混淆在一起。另外，教师讲课的声调应抑扬顿挫，如果平铺直叙，很少变化，毫无停顿之处，幼儿听起来就不容易抓住重点。

4. 教师的言语与直观材料相结合

由于词的作用可以使幼儿知觉的效果大大提高，有些直观材料，光让幼儿自己观察还不一定看得清楚，如果加上教师的讲解，幼儿就能很好地理解。因此，教师对直观材料的运用，必须与言语讲解结合起来，通过讲解，联系幼儿已有的知识经验，调动其学习兴趣，能够收到较好的效果。

二、如何在教育实践中恰当地运用学前儿童的感知规律提高教学效果

要想使直观教学取得良好的效果，应遵循感知觉的规律。

运用被感知的强度规律作用于感觉器官的刺激物必须达到一定的强度，才能被我们清晰地感知。因此，教师在讲课时，声音要洪亮，语速要适中，板书要清晰，要让全班同学听得懂、看得见。教师在制作、使用直观教具时，也要考虑到直观教具的大小、颜色、声音等是否能被全班学生清楚地感知。

当知觉的对象与背景在颜色、形态、声音等方面有较大差别时，知觉的对象容易被感知。如讲课时，对于重要的知识，可以反复几次，可以提高音量；板书时，重要的部分可以用大一些的字，可以在那些字下面加点、画线，可以用彩色粉笔；不要在黑板前演示深色教具；使用挂图时，可以将其中不需要学生看的部分遮住；制作教具时，要注意把知觉对象从背景上突出出来等。

运用静止背景上的活动性对象易被感知的规律，我们知道，在静止的背景上，活动的对象容易被感知，也容易吸引人的注意力。因此，教学中使用活动性教具，演示实验，放幻灯片、教学电影或录像等，可以起到很好的教学效果。

三、学前儿童观察力的培养

观察是幼儿有意的感知活动，发展幼儿感知能力主要是培养其观察力。具体的有效措施和方法如下。

（一）要注意保护和及早训练幼儿的感官

保护感官是发展幼儿感知觉的生理前提，感知觉的产生要靠健康的感官。在活动中要尽可能地让幼儿的耳、眼、口、鼻、手等都参加感知活动，通过看、听、说、尝、摸对事物形成全面的、完整的感知。

（二）培养幼儿观察的兴趣和注意力

只有对观察事物产生了浓厚的兴趣，才会积极主动地观察；只有专注，才会看得仔细，能看到别人看不到的东西，提高观察的效果。

（三）要有目的、有条理地进行观察

目的性是观察的重要品质，条理性是观察的重要方法。教师要根据幼儿的认识特点，发展幼儿感知的有意性，采用符合感知规律的方法，提高幼儿感知的效果，加深

感知的印象。

（四）使用多种方法引导幼儿观察

常用的观察方法有下面几种。

特征观察就是对某种事物的最主要特征或者某一方面特征进行相对静止的观察。这种观察是回答"什么样的""怎么样的"一类问题。任何一种事物都有区别于其他事物的主要特征，抓住观察对象的主要特征，才能认识所观察的对象。

分解观察是对观察对象各部分进行仔细分解观察，然后综合起来，达到清晰地了解全貌的目的。这类观察回答的是"有些什么""有哪几部分"等问题。

比较观察是把两种或两种以上的事物放在一起观察，比较它们的相同点和不同点，主要回答"这两样东西相同吗""哪里不一样"等问题。这种观察是在幼儿认识一定数量事物的基础上进行的，目的在于提高幼儿辨别事物和认识事物间的联系和区别的能力。

追踪观察就是观察事物的发展和变化过程，目的是弄清事物发展变化的来龙去脉。

探索性观察是专指为回答"为什么""什么原因"一类问题而进行的观察。它不是观察事物本身，而是观察事物之间的联系、转化、原因、结果。这种联系、转化、原因、结果往往比较隐蔽，但这是引导幼儿通向科学的门户，如观察"凉水是怎样变热的""热水又为什么凉了"。

四、幼儿感知觉的培养

儿童认识客观世界是从感知觉开始的。因为有了感觉和知觉，人才能获得关于客观世界的知识，从而为进行高级、复杂的心理活动打下基础。而在人的各种感知觉（视觉、听觉、味觉、嗅觉、触觉及空间时间知觉）活动中，视觉占主导地位。研究表明：人从环境中获得的大部分信息（约80%）是通过视觉传递给大脑的，而色彩感知觉（即色觉）在视觉活动中发挥着重要的作用。

心理学家的实验还给我们揭示了这样一些事实：那些对色彩有敏锐感觉的儿童往往对色彩辨认的知觉度也较强。这类儿童在性格上往往表现出热情开朗，对周围世界感受丰富，心理健康；对新事物的认识有强烈的渴望，善于交际；有较强的表达能力、观察能力和自控能力。因此，根据儿童在成长过程中各阶段的心理发展特点，有意识地培养他们的色彩感知觉，对于儿童良好性格的形成和智力的发展都具有重要的意义。

新生儿出生后，对光和色即已能感知。3周后开始对光和色彩有视觉上的反应。2个月后，婴儿的视线开始集中，但他们的视觉神经系统尚未发育健全。因此，3个月内的婴儿，不宜用强烈的色彩去刺激和影响他们。婴儿周围的环境以淡雅、柔和为主，玩具与物品也应该采用粉色系列为好，室内的光、色、音均宜柔和、安静，避免过分强烈的刺激。

4个月后，婴儿能初步分辨出强烈鲜明的色彩。先是对红色，然后对绿色和黄色起分化反应，明显地喜欢色彩鲜艳的玩具，而对杂色玩具不感兴趣。5~6个月时，婴儿已能注视远距离的物体，如行人、飞机、月亮等，色彩鲜艳的物品会使他们兴奋。这样就可以用色彩鲜艳（以红、黄、蓝色为主）并伴有声响的玩具去逗引他们；室内环境也可以开始用较强烈的色彩。8~9个月的婴儿，视知觉进一步增强，这时，把一些色彩鲜艳的玩具放在离婴儿稍远的地方，婴儿被吸引后，会通过翻滚、爬行、站立去获得玩具。

2~3岁婴儿是早期培养色彩感知觉的最佳时期。这段时间对婴儿进行经常性的合适的指导，可促进婴儿的能力得到充分发展。可惜的是这一时期往往被许多父母和托幼机构所忽视，他们仅重视语言及其他能力的培养。这段时间，我们可运用彩色图画故事（挂图或书籍），在让孩子边看边听故事的同时，促使其辨认色彩。利用彩色玩具做同色或异色配对游戏。如给红色娃娃找出红色玩具，用红碗盛白色牛奶，用绿盘子放黄色蛋糕。让孩子说说自己穿了什么颜色的衣服、什么颜色的鞋子，等等。

4岁幼儿已能够分辨色彩的色相和色彩的明度，但仅仅是初步的。5~6岁以后，能逐渐辨认光谱中的全部色相和较明显的色彩明度。这时，幼儿对色彩感知觉已初步形成一定的目的性、持续性和概括性，但自觉地组织和支配色彩的能力还很差；同时，要注意到这个时期同一年龄的幼儿的色彩感知能力存在个别差异，也有性别差异，一般地说，女孩优于男孩。根据以上这些特点，我们可以从以下几个方面来培养幼儿的色彩感知能力。

（一）通过多种玩色游戏，激发幼儿对色彩的兴趣

幼儿往往有很好的直观映象记忆，并对色彩明亮、鲜艳的东西能产生强烈的情绪反应。如我们在幼儿园里常常能看到这样的现象，小班幼儿用他们喜爱的色彩画线条、画圆圈，虽然没有创造什么形象，但孩子们仍乐此不疲。这是因为孩子们对色彩产生了一种情绪表达的需要和欲望。根据这一特点，广州市的流水井幼儿园和科学院幼儿园的老师们让小班幼儿用大号水粉笔在大张纸上画彩条、圆圈及任意涂抹，用手指、手掌蘸色印画；中、大班幼儿在瓷砖墙上用多种材料绘画。这些活动都能激发幼儿对色彩的强烈兴趣，还能了解一些简单的色彩知识。又如在吹画活动中，幼儿会发现两种颜色相混时会产生新的颜色，教师就要引导幼儿思考，观察色彩的变化。让幼儿了解三原色及间色、复色产生的过程，从而使幼儿更好地感知色彩丰富多样的变化。

（二）从大自然中寻找色彩，认识色彩，培养幼儿感受色彩的能力

世界是五彩缤纷的，教师和父母都应十分重视带幼儿去感受这色彩丰富的生存环境。大自然就是一本很好的教科书。蔚蓝的天，白色的云，带上一只漂亮的风筝去放飞，那风筝在蓝天中会变得更生动，更富有美感。又如那雨后挂在天边的七色彩虹，小鸟和蝴蝶带着鲜艳的色彩四处飞舞；在绿绿的草地上，孩子们在奔跑、打滚，草地

与孩子的服装交错在一起形成了色彩斑斓、富有动感的画面。在一年四季的交替过程中，同样会形成各种不同的色调，也都是一幅幅美丽的画面。教师应有效地利用自然素材的美，引导幼儿去感受、去发现，并用彩笔尽情地表现自己的感受，这些都有助于幼儿形成色彩美感。

（三）运用中外名画，提高幼儿的审美能力和色彩的表现力

中外名画首先是作为欣赏对象被我们利用的，这对提高幼儿的审美能力大有好处。开始时可以选择一些色彩饱和鲜明，与幼儿生活较为接近、易懂的名画。如梵高的《向日葵》、马蒂斯的《金鱼》，克利·米罗的充满童趣色彩的作品。在我国的艺术宝库敦煌壁画中，那无数色彩艳丽、体态各异、自由翱翔的作品，都是绝妙的好教材。在欣赏活动中，你会惊奇地发现，这些名画对孩子们的吸引力和感染力会大大超出我们的意料。在欣赏的基础上，可以引导幼儿学习、模仿名画中色彩的搭配关系，并将它们反映到自己的画面上来。这样，既开阔了幼儿的视野，又提高了他们对色彩的欣赏能力和表现能力。

（四）丰富幼儿的生活环境，对幼儿进行感知教育

外界刺激是感知觉产生的前提，只有丰富的外界刺激才能产生丰富的感知内容，提高感知能力。因此，丰富幼儿的生活环境，让幼儿的视觉、听觉、嗅觉、味觉、触觉等多种感官参加活动，不但会促进幼儿感知能力的发展，同时加深了幼儿对客观事物的认识。

（五）充分利用过去的经验，促进感知的发展

提高感知觉的效果，不仅有赖于当前的刺激，同时也有赖于已有的知识、经验。有了过去的经验，往往能正确而迅速地感知周围事物。例如，当我们听别人说"儿童是祖国的希望、民族的未来"这句话时，虽然没有把每个字都认识得同样清楚，却能将全句完整地反映出来，这就是因为有过去经验的补充。因此，教师应该丰富幼儿的经验，并在教学中充分利用过去的经验来理解当前的事物，促进他们感知觉的发展。

（六）保护幼儿的感官，进行个别教育

幼儿感觉器官的健康发育，是发展其感知觉不可缺少的生理条件。因此，我们必须保护幼儿的感觉器官（尤其是视、听觉器官）的健康。教师必须经常教育幼儿注意眼、耳卫生，不要用脏手擦眼；不要在光线过强或过弱的地方看书；不要挖鼻孔、耳朵；不要尖叫等。对有感官缺陷的幼儿，要给予必要的照顾和适当的训练，并与家长配合，采取一定的措施予以治疗，尽可能地弥补由缺陷带来的心理损失。

1. 设立良好的环境

设立良好的环境，防止幼儿分散注意。幼儿注意的分散，常常是因为无关刺激物的干扰，使注意力分散。活动环境不安静，活动室的墙面布置太花哨，教师上课动作过多，不断大声提醒个别幼儿等等都会影响幼儿注意力。我们应当保持活动地点周围

的安静，教室墙面布置要突出主题，教师衣着要大方得体，用眼神或细微的动作提醒个别注意力不集中的幼儿，以免影响多数幼儿的注意。受到其他干扰的影响后，要尽快把幼儿的注意吸引到原来的主题上来。

2. 选用新颖的教具

选用新颖的教具，吸引幼儿注意。幼儿的注意以无意注意为主，新颖的、活泼生动而又富于变化的材料容易引起他们的兴趣和注意，因此，在教育教学过程中应选用新颖的教具吸引幼儿注意。比如拼积木，可让幼儿在玩中认识各种色块，搭拼不同造型，让他们在玩中学、学中玩。内容比较抽象的教学，教具的选择就显得更为重要。十以内数的加减运算，教师可选用恰当的动物图片，以简单的故事形式编成应用题，这可以引起幼儿的兴趣，让他们的注意紧紧围绕教学的主题。

【相关资料】

幼儿园关于视觉艺术的教学案例：奇妙的符号。

活动目标：

1. 使幼儿能根据观察设计并创作图形和符号，恰当地安排空间布局。
2. 培养幼儿的艺术感受和观察能力。
3. 让幼儿感受创作的乐趣。

活动准备：

物质准备：绘画材料、手工材料、原始绘画作品、抽象画。

图例：

（抽象画《梦》）

经验准备：对原始绘画、抽象画的赏析。

活动步骤：

1. 教师让幼儿回忆对原始绘画、抽象画的赏析，找出画中所画的有哪些事物，并启发幼儿绘画作品中常常用一定的简单符号来代表现实中的事物。

2. 教师让幼儿观察幼儿园中或家中的事物，尝试用符号设计的方式表现出自己要表现的事物。

3. 教师就幼儿设计出来的符号和大家一起讨论，想象用这些符号可以组成怎样的一幅完整的画面。

4. 幼儿在教师的指导下通过设计简单的符号来完成绘画作品。

5. 教师与幼儿一起欣赏绘画作品。

6. 运用比例，注意细节特征的描绘及色彩的选用。

第五单元　学前儿童记忆的发展

学习目标：
1. 理解记忆的概念。
2. 掌握记忆过程的相关知识。
3. 掌握幼儿记忆发展的主要特点。
4. 掌握幼儿记忆中容易出现的问题及相应的教育措施。

模块一　各年龄段学前儿童记忆发展的特点

一、记忆的概念

记忆是人脑对经验过事物的识记、保持、再现或再认，它是进行思维、想象等高级心理活动的基础。人类记忆与大脑海马结构、大脑内部的化学成分变化有关。

记忆作为一种基本的心理过程，是和其他心理活动密切联系着的。记忆联结着人的心理活动，是人们学习、工作和生活的基本机能。把抽象无序转变成形象有序的过程就是记忆的关键。

二、记忆的过程

（一）识记

识记是指通过对事物的特征进行区分、认识并在头脑中留下一定印象的过程。对事物的识记有些通过一次感知后就能达到，而大部分内容则需要通过反复感知，使新的信息与人已有的知识结构形成联系。识记作为记忆过程的第一环节，对记忆效果的好坏具有非常重要的影响作用。因此，了解、掌握识记规律，有助于改善记忆。

1. 识记的分类

根据识记是否有目的，可以把识记分为无意识记和有意识记两种。

无意识记是指没有预定目的，在识记过程中也不需要做一定的意志努力，自然而然发生的识记。如看过的电影、戏剧、听别人讲过的故事以及我们所经历过的某些事，感知它们时并没有识记的意图，但这些内容以后能重新出现在脑海里，对这些内容的识记就是无意识记。

无意识记的内容是构成经验的重要部分，对心理活动及行为也有明显的影响。无意中所经历的事情，在我们有意识地面临某些情境、处理某些问题时，能作为已有经验起帮助作用。在日常生活中，人们所处的环境，所接触的人，所做的工作，会使人受到潜移默化的影响，在心理、行为上发生变化。如一个民族的文化传统，会在无形中影响整个民族的心理，使其带有本民族文化的特点。

无意识记带有极大的选择性。一般来讲，进入无意识记的内容有两个特点：一是作用于人们感觉器官的刺激具有重大意义或引人注意，如人们对新异的事物会过目不忘。二是符合人的需要、兴趣以及能产生较深刻情绪体验的内容，如参加高考时的情境，到大学报到第一天的情境等。无意识记对人们知识经验的获得有积极作用，教师应该尽量使学生通过这种方式愉快地学习。但是，无意识记不能保证学生获得系统的文化科学知识。因此，在教学过程中，大量的识记内容应通过有意识记来获得。

有意识记指有预定目的，在识记过程中要做一定的意志努力的识记。有意识记过程是在识记目的支配下进行的。识记的目的性决定了识记过程是对识记内容的一个积极主动的编码过程。这种编码包括"识记什么"和"怎样识记"。"识记什么"确定识记的方向和内容，"怎样识记"是采取什么方法才能更好地记住所要识记的内容。学生在听课过程中的识记就是由这两部分组成的。每节课都有一定的教学目的、任务。教师一般会先做交代，使学生产生识记意图，以一种积极的心态识记新知识。为了更好地记住教师所讲内容，有的学生采取专心致志地听，即用心记的方法，有的学生采取心记与笔记相结合的方法等。

人们的全部知识经验是通过有意识记和无意识记的方式获得的。不过，就识记效果而言，有意识记优于无意识记。作为教师，了解识记的这一规律，有助于在教学过程中加强对学生的学习目的性教育，合理地给学生布置任务，以达到良好的教与学的效果。

根据识记时对材料是否理解，可以把识记分为两种：机械识记和意义识记。

机械识记是指在材料本身无内在联系或不理解其意义的情况下，按照材料的顺序，通过机械重复方式而进行的识记。如对无意义音节、地名、人名、历史年代等的识记。这种识记具有被动性，但它能够防止对记忆材料的歪曲。对于学生而言，这种识记也是必要的，因为有一部分学习内容的确是需要精确记忆的，如山脉的高度、河流的长度等，也有些内容，限于学生的知识经验，不可能真正理解其意义，但这些知识对以后的学习是重要的，也应该进行机械识记。如小学一二年级的学生背诵乘法口诀。实际上，纯粹的机械识记是很少的，人们在识记过程中，总是尽可能地把材料加以意义化。按照信息加工理论的观点，个人对任何输入的信息都要尽可能地按自己的经验体系或心理格局来进行最好的编码。如记电话号码，并不是单纯重复记忆，而会利用谐音或找规律等方式使之意义化。

意义识记是在对材料内容理解的基础上，通过材料的内在联系而进行的识记。在意义识记中，理解是关键。理解是对材料的一种加工，它根据人的已有知识经验，通过分析、比较、综合来反映材料的内涵以及材料各部分之间的关系。由于意义识记需要消耗较多的心理能量，与机械识记相比，它是一种更复杂的心理过程。意义识记应该是学生识记的主要形式。

（二）遗忘

遗忘是指识记过的材料不能回忆和再认，或者回忆和再认有错误的现象。按照信息加工的观点，遗忘过程在记忆的不同阶段都存在。遗忘基本上是一种正常、合理的心理现象。因为感知过的事物没有全部记忆的必要；识记材料的重要性具有时效性。

遗忘虽是一种复杂的心理现象，但其发生发展也是有一定规律的。德国心理学家艾宾浩斯最早进行了这方面的研究。他用无意义音节为实验材料，以自己为实验对象，在识记材料后，每隔一段时间重新学习，以重学时所节省时间和次数为指标。

艾宾浩斯绘制出遗忘曲线，如图5-1所示。遗忘曲线所反映的是遗忘变量和时间变量之间的关系。该曲线表明了遗忘的规律：遗忘的进程是不均衡的，在识记之后最初一段时间里遗忘量比较大，以后逐渐减小，即遗忘的速度是先快后慢的。继艾宾浩斯之后，许多人对遗忘进程的研究也都证实了艾宾浩斯遗忘曲线基本上是正确的。

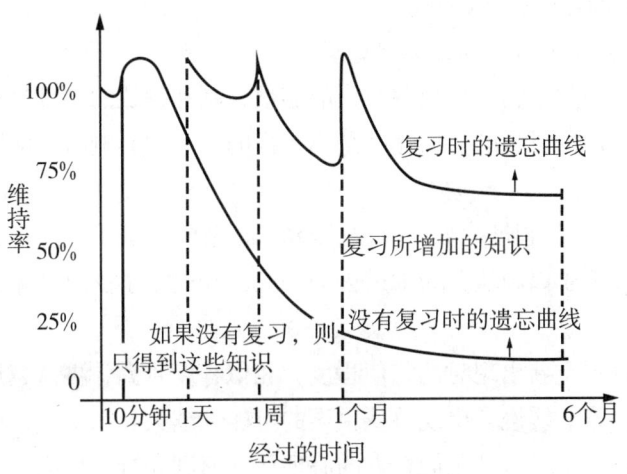

图5-1 艾宾浩斯遗忘曲线图

产生遗忘的原因，既有生理方面的，如因疾病、疲劳等因素造成的遗忘；也有心理方面的。关于这方面的原因，主要有四种学说：

痕迹衰退说。主要强调生理活动过程对记忆痕迹的影响，认为遗忘是由于记忆痕迹得不到强化而逐渐减弱，以致最后消退的结果。从巴甫洛夫的条件反射理论来看，记忆痕迹是人在感知、思维、情绪和动作等活动时大脑皮层上有关部位所形成的暂时神经联系，联系形成后在神经组织中会留下一定的痕迹，痕迹的保持就是记忆。

在有关刺激的作用下，会激活痕迹，使暂时神经联系恢复，保持在人脑中的过去经验便以回忆或再认的方式表现出来。有些没有被强化的痕迹，随着时间的推移而逐渐衰退造成遗忘。记忆痕迹衰退说还没有得到精确有力的实验证明，但它的解释接近于常识，正像某些物理、化学痕迹也会随时间推移而消失一样，很容易为人们所接受。

干扰说。这种理论认为，遗忘是由于所识记的先后材料之间的相互干扰造成的。前摄抑制和倒摄抑制是支持干扰说的有力例证。

压抑说。这种理论认为，遗忘是由于情绪或动机的压抑作用造成的，如果压抑被解除，记忆就能恢复。这种理论用以解释与情绪有关内容的暂时性遗忘是有效的。这一理论是由弗洛伊德在临床实验中发现的，他认为，那些给人带来不愉快、痛苦、忧愁的体验常常会发生动机性遗忘。

同化说。这种理论认为，遗忘是知识的组织和认知结构简化过程。这是奥苏伯尔根据他的有意义言语学习理论对遗忘提出的一种独特的解释。他认为，当人们学到了更高级的概念与规律之后，高级的观念可以代替低级的观念，使低级观念遗忘，从而简化认识并减轻了记忆。在真正的有意义学习中，前后相继的学习不是相互干扰而是相互促进的，因为有意义学习总是以原有的学习为基础，后面的学习则是对前面学习的加深和补充。

（三）再认和回忆

1. 再认

再认是过去经历的事物重新出现时，能够被识别和确认的心理过程。在再认过程中，不同的人对不同的材料的再认速度是不一样的，这和影响再认的因素有关。这些因素有以下几个方面。

（1）原有经验的巩固程度。如果过去的经验被很清晰、准确地保持，当再次出现时，一般能迅速、准确地予以确认。如果过去的经验已经发生了泛化现象，就容易发生再认错误。

（2）原有事物与重新出现时的相似程度。相似程度越高，再认越迅速，准确相似性越差，再认越困难、缓慢，出现再认错误的可能性越大。

（3）个性特征。个性特征不同，人的心理活动速度和行为反应的快慢也不同。心理学家曾通过实验证实，独立性强的人和依附性强的人的再认有明显的差异。当再认出现困难时，人们常常要寻找再认的线索，通过线索达到对事物的再认。线索是再认的支点，如对久别重逢的朋友的再认一般要以身体的某些特征作为再认的线索。

2. 回忆

回忆是在一定诱因的作用下，过去经历的事物在头脑中的再现过程。如在回答教师的提问时，学生要把头脑中所保持的与该问题有关的知识提取出来，这种提取过程就是回忆。

回忆可以分为两大类：根据有无目的性可以把回忆分为有意回忆和无意回忆。有意回忆是在预定目的的作用下对过去经验的回忆，如对考试内容的回忆。无意回忆是没有预定目的，自然而然发生的回忆，如触景生情等。根据有无中介因素参与回忆过程可把回忆分为直接回忆和间接回忆。直接回忆是由当前事物直接唤起的对旧经验的回忆。间接回忆是借助中介因素而进行的回忆。从难度上看，间接回忆比直接回忆难度要大。

三、记忆的分类

（一）根据记忆的内容分类

1. 形象记忆

以感知过的事物形象为内容的记忆叫作形象记忆。这些具体形象可以是视觉的，也可以是听觉的、嗅觉的、触觉的或味觉的形象，如人们对看过的一幅画，听过的一首乐曲的记忆就是形象记忆。这类记忆的显著特点是保存事物的感性特征，具有典型的直观性。

2. 情绪记忆

情绪记忆是以过去体验过的情绪或情感为内容的记忆。如学生对接到大学录取通知书时的愉快心情的记忆等。人们在认识事物或与人交往的过程中，总会带有一定的情绪色彩或情感内容，这些情绪或情感也作为记忆的内容而被存贮进大脑，成为人的心理内容的一部分。情绪记忆往往是一次形成而经久不忘的，对人的行为具有较大的影响作用。如教师对某个学生的第一印象会在很大程度上影响对该生的态度、行为，就是因为这一印象是与情绪相连的。情绪记忆的映象有时比其他形式的记忆映象更持久，即使人们对引起某种情绪体验的事实早已忘记，但情绪体验仍然保持着。

3. 逻辑记忆

逻辑记忆是以思想、概念或命题等形式为内容的记忆。如对数学定理、公式、哲学命题等内容的记忆。这类记忆是以抽象逻辑思维为基础的，具有概括性、理解性和逻辑性等特点。

4. 动作记忆（运动记忆）

动作记忆是以人们过去的操作性行为为内容的记忆。凡是人们头脑里所保持的做过的动作及动作模式，都属于动作记忆。如上体育课时的体操动作、武术套路，上实验课时的操作过程等都会在头脑中留下一定的痕迹。这类记忆对于人们动作的连贯性、精确性等具有重要意义，是动作技能形成的基础。

以上四种记忆形式既有区别，又紧密联系在一起。如动作记忆中具有鲜明的形象性。逻辑记忆如果没有情绪记忆，其内容是很难长久保持的。

（二）按保存时间分类

1. 瞬时记忆

瞬时记忆又叫感觉记忆，这种记忆是指作用于人们的刺激停止后，刺激信息在感觉通道内的短暂保留。信息的保存时间很短，一般在 0.25 ~ 2 秒之间。瞬时记忆的内容只有经过注意才能被意识到，并进入短时记忆。

2. 短时记忆

短时记忆是保持时间大约在 1 分钟之内的记忆。据 L. R. 彼得逊和 M. J. 彼得逊的实验研究，在没有复述的情况下，18 秒后回忆的正确率就下降到 10% 左右。如不经复述大约在 1 分钟之内就会衰退或消失。有人认为，短时记忆也是工作记忆，是一种为当前动作而服务的记忆，即人在工作状态下所需记忆内容的短暂提取与保留。

短时记忆有三个特点：

记忆容量有限，据米勒的研究为 7±2 个组块。"组块"就是记忆单位，组块的大小因人的知识经验等的不同而有所不同。组块可以是一个字、一个词、一个数字，也可以是一个短语、句子、字表等。

短时记忆以听觉编码为主，兼有视觉编码。

短时记忆的内容一般要经过复述才能进入长时记忆。

3. 长时记忆

长时记忆指信息经过充分的和有一定深度的加工后，在头脑中长时间保留下来的记忆。从时间上看，凡是在头脑中保留时间超过 1 分钟的记忆都是长时记忆。长时记忆的容量很大，所存贮的信息也都经过意义编码。我们平时常说的记忆好坏，主要是指长时记忆。

瞬时记忆系统、短时记忆系统和长时记忆系统虽各有自己对信息加工的特点，但从时间衔接看是连续的，关系也是很密切的。

四、各年龄阶段幼儿记忆发展的特点

（一）1 岁前幼儿的记忆

1. 胎儿的记忆

有研究发现，如果把记录母亲的心脏跳动的声音放给幼儿听，幼儿会停止哭泣。研究者解释，这是因为幼儿感到他们又回到了熟悉的胎内环境里。由此认为，胎儿已经有了听觉记忆。关于七八个月胎儿音乐听觉的研究，也得出类似结论。可见，胎儿末期，听觉记忆已经出现。

2. 新生儿的记忆

新生儿时期记忆主要表现在以下两个方面。

（1）建立条件反射。新生儿记忆的主要表现之一是对条件刺激物形成某种稳定的行为反应（即建立条件反射）。比如，母亲喂孩子时往往先把他抱成某种姿势，然后再开始喂。不用多久（1个月左右），幼儿便对这种喂奶的姿势形成了条件反射：每当被抱成这种姿势时，奶头还未触及嘴唇，新生儿就已开始了吸吮动作。这种情况表明，幼儿已经"记住"了喂奶的"信号"——姿势。

（2）对熟悉的事物产生"习惯化"。新生儿记忆的另一表现是对熟悉的事物产生"习惯化"。一个新异刺激出现时，人（包括新生儿）都会产生定向反射——注意它一段时间。如果同样的刺激反复出现，对它注意的时间就会逐渐减少甚至完全消失。随着刺激物出现频率的增加而对它的注意时间逐渐减少甚至消失的现象，心理学家称之为"习惯化"。习惯化可以作为一种方法和指标来了解新生儿的感知能力——看他能否发现刺激物的差别，也可以用来调查其记忆能力——看他能否辨别刺激物的熟悉程度。许多研究表明，即使出生几天的孩子，也能对多次出现的图形产生"习惯化"，似乎因"熟悉"而丧失兴趣。

3. 婴儿的记忆

婴儿不仅很早就存在记忆，而且他们具有相当好的信息保持能力。例如，5个月的婴儿接触一张面部照片仅仅两分钟，在长达两个星期后仍有可能再认照片的迹象。在一项研究中，让婴儿对看到小汽车时做出踢脚反应形成操作条件反射，结果3个月的婴儿能够将这种习得的联系保持长达两个星期的时间。如果在最初的学习与记忆测验期间，为婴儿呈现关于这一联系的提示物，如实验者以婴儿所熟悉的方式轻轻摇晃小汽车，则婴儿的记忆更加持久。婴儿对诸如母亲的面孔这种经常出现的重要刺激的记忆，延续时间更长。

皮亚杰认为，婴儿能再认而不能回忆，因为回忆需要婴儿所缺乏的符号表征能力。但他认为的早于18个月不可能有回忆的主张，近年来也受到了抨击。研究发现，9个月的婴儿已能够模仿24个小时之前看到的某个行为榜样，这种行为似乎需要对以往经验的回忆，而不仅仅是对当前某物的再认。婴儿具有回忆能力的另一个证据来自关于客体永久性的研究。一些研究者认为，婴儿9个月甚至更早时，便已表现出对某种见不到的客体仍继续存在认识。在日常生活中也可以观察到，婴儿往往在经过较长的一段时间后，仍记得熟悉物体通常所处的位置。到第1年末，多数婴儿表现出这种对熟悉位置的长时记忆。

（二）1~3岁幼儿记忆的特点

在1~3岁时，幼儿的记忆以机械记忆为主。在这段时期，幼儿语言发展能力会提升，记忆力也会增强。约在两岁的时候，幼儿能回忆自己去过哪里，自己的小玩具丢在哪儿，等等。但这时再现的事物只是几天内感知过的事物。3岁的时候，则可以保持到几个星期以后。这个时期幼儿记忆的特点如下。

1. 形象记忆占主导地位，以无意识记忆为主

6岁前的幼儿对鲜明、生动、有趣的事物非常注意，能轻松地记住相关事物。

2. 不善于理解记忆，以机械记忆为主

幼儿的大脑就像一架照相机，可以轻易记下周围的一切。机械记忆有利于帮助幼儿掌握更多的知识，在此基础上学会理解记忆。

3. 记忆容易受情绪影响

幼儿成长过程中，自我控制能力比较差，记忆活动很容易受情绪的影响而出现差异。一些伴随动作或能给予较强情绪体验的内容可以强化幼儿记忆，使幼儿记忆的效果更好。

4. 记忆精确性低

幼儿的记忆特点是很容易遗忘，尤其3岁前的幼儿，心理学称之为"人类幼年健忘"。幼儿的回忆往往是片段和零碎的，经常会出现丢失细节、时空倒错或者将人物事件与时空随意组合等情况。

（三）3～6岁幼儿记忆发展的特点

根据儿童活动有无目的，可以把记忆分为无意记忆和有意记忆。没有目的和意图、自然而然发生的记忆，叫作无意记忆。有明确记忆目的和意图的记忆，是有意记忆。学前儿童记忆的基本特点是无意记忆占优势，有意记忆逐渐发展。

1. 无意记忆占优势

（1）无意记忆的效果优于有意记忆。3岁以前的儿童基本上只有无意记忆，他们不会进行有意记忆。而在整个幼儿期，无意记忆的效果都优于有意记忆。在一项实验里，实验桌上画了一些假设的地方，如厨房、花园、睡眠室，等等，要求幼儿用图片在桌上做游戏，把图上画的东西放到实验桌上相应的地方，共15张图片。图片上画的都是儿童熟悉的东西，如水壶、苹果、狗，等等。游戏结束后，要求幼儿回忆所玩过的东西，即对其无意记忆进行检查。另外，在同样的实验条件下，要求幼儿进行有意记忆，记住15张图片的内容。实验结果表明，幼儿中期和晚期记忆的效果都是无意记忆优于有意记忆。到了小学阶段，有意记忆才赶上无意记忆。

（2）无意记忆效果随着年龄增长而提高。由于记忆加工能力的提高，幼儿无意记忆继续有所发展。例如，给小、中、大三个班的幼儿讲同一个故事，事先不要求记忆，过一段时间以后，进行检查。结果发现，年龄越大的幼儿无意记忆的效果越好。

（3）无意记忆是积极认知活动的副产物。幼儿的无意记忆，不是由于幼儿直接接受记忆任务和完成记忆任务而产生的，而是幼儿在完成感知和思维任务过程中附带产生的结果，是一种副产物。事实证明，幼儿的认知活动越是积极，其无意记忆效果越好。幼儿无意记忆的效果依赖以下因素：①客观事物的性质。直观、形象、具体、鲜明的事物，以其突出的物理特点，容易引起幼儿的集中注意，也容易被幼儿在无意中记住。②客观事物与幼儿主体的关系。对幼儿生活具有重要意义的事物，符合幼儿兴趣的事物，能激起幼儿愉快、不愉快或惊奇等强烈情绪体验的事物，都比较容易成为幼儿注意和感知的对象，也容易成为无意记忆的内容。比如，感人的道德故事比空洞的道德说教容易使幼儿记住。③幼儿认识活动的主要对象或活动所追求的事物。如果使识记对象成为儿童活动任务中的注意对象，幼儿在活动过程中始终不能离开对该对象的认知，那么，对这种对象进行无意识记的效果也较好。比如，发给幼儿15张图片，每张图片中央画有幼儿熟悉的物体，图片的右上角画有同样醒目的符号，如△、+、○等。把幼儿分为两组，一组的任务是按物体的特点分类，如把猫和狗放在一起，另一组的任务是按符号分类，如把有△符号的放在一起。分类完毕后，要求幼儿回忆各图片上的物体。结果，按图片所示物体分类的幼儿，平均记住10.6个物体；按符号分类的幼儿，平均只记住3.1个物体。说明由于活动中辨别的主要对象不同，对图形的无意记忆效果也不同。④活动中感官参加的数量。多种感官参加的无意记忆效果较好。比如，将同一年龄班的幼儿分为两组进行实验，学习同一首歌，第一次，甲组边看图片边听歌词，乙组不用图片，只听歌词。第二次，两组交换识记方法，学另一首儿歌。结果，通过利用视听两个通道识记时，儿童平均得分为76.7分，而单纯通过听觉识记的平均成绩仅为43.6分。说明多种感官参加有助于提高无意记忆的效果。⑤活动动机。活动动机不同，无意记忆的效果也不同。有研究表明，儿童在竞赛性游戏中积极性较高，无意记忆的效果也较好。

2．有意记忆逐渐发展

有意记忆的发展，是幼儿记忆发展中最重要的质的飞跃，幼儿有意识记忆的发展有以下特点：

（1）儿童的有意记忆是在成人的教育下逐渐产生的。成人在日常生活和组织幼儿进行各种活动时，经常向他们提出记忆的任务。在讲故事前，预先向幼儿提出复述故事的要求，背诵儿歌时，要求他们尽快记住。这一切，都是促使有意记忆发展的手段。

（2）有意记忆的效果依赖于对记忆任务的意识和活动动机。幼儿意识到识记的具体任务，影响幼儿有意记忆的效果。比如，幼儿在玩"开商店"游戏时，担任"顾客"的角色，"顾客"必须记住应购物品的各种名称，角色本身使幼儿意识到这种识记任务，因而也就努力去识记，记忆效果也有所提高。活动的动机对幼儿有意记忆的积极性和效果都有很大影响。一些专门的实验或测验，把幼儿带到实验室里，简单地要求他们完成记忆任务，幼儿对这种活动缺乏积极性，记忆效果往往比较差。而在游戏中，有意记忆的效果比较好。在实际生活中，如果成人提出的要求恰当，使幼儿明确识记的目的任务，那么，在完成任务时，有意记忆的效果甚至超过游戏的效果。另外，幼儿对理解了的内容记忆保持的时间也较长。为什么意义记忆比机械记忆效果好？其主要原因如下：第一，意义记忆是通过对材料的理解而进行的。理解使记忆的材料和过去头脑中已有的知识经验联系起来，把新材料纳入已有的知识经验系统中。第二，机械记忆只能把事物作为单个的孤立的小单位来记忆，意义记忆使记忆材料互相联系，从而把孤立的小单位联系起来，形成较大的单位或系统。学前儿童的机械记忆和意义记忆都在不断发展。在整个幼儿期，无论是机械记忆还是意义记忆，其效果都随着年龄的增长而有所提高。与此同时，从上述研究材料中可以看到，年龄较小的幼儿意义记忆的效果比机械记忆要高得多，而随着年龄增长，两种记忆效果的差距逐渐缩小，意义记忆的优越性似乎降低了。这种现象并不表明机械记忆的发展越来越迅速，而是由于年龄增长后，意义记忆和机械记忆效果的差异减少，机械记忆中加入了越来越多的理解成分，机械记忆中的理解成分使机械记忆的效果有所提高。比如，幼儿对一些不熟悉的词，有时会按自己的理解来识记。可见两种记忆效果差距的缩小是由于两种记忆的区别越来越减少，两种记忆越来越多地相互渗透，主要是意义记忆渗入机械记忆中。

3. 形象记忆占优势，语词记忆逐渐发展

（1）学前儿童形象记忆的效果优于语词记忆。形象记忆是根据具体的形象来记忆各种材料。在儿童语言发展之前，其记忆内容只有事物的形象，即只有形象记忆。在儿童语言发生后，直到整个幼儿期，形象记忆仍然占主要地位。根据实验材料，幼儿形象记忆的效果高于词语记忆的效果，幼儿对熟悉的物体记忆效果优于熟悉的词，而对生疏的词，记忆效果显著低于熟悉的物体和熟悉的词。对熟悉物体的记忆依靠的是形象记忆。形象记忆所借助的形象，带有直观性、鲜明性，所以效果最好。熟悉的词在儿童头脑中与具体的形象相结合，因而效果也比较好。至于生疏的词，在幼儿头脑中完全没有形象，因此效果最差。

（2）形象记忆和语词记忆都随着年龄的增长而发展。幼儿期形象记忆和语词记忆能力都在发展。3~4岁幼儿无论是形象记忆或者是语词记忆，其水平都相对较低。其后，两种记忆的结果都随年龄的增长而增长。

（3）形象记忆和语词记忆的差别逐渐缩小。如果我们计算一下对熟悉的物体和词两种记忆效果的比率，就可以看到，两者的差距日益缩小。两种记忆效果之所以逐渐缩小，是因为随着年龄的增长，形象和词都不是单独在儿童的头脑中起作用，而是有越来越密切的相互联系。一方面，幼儿对熟悉的物体能够叫出其名称，那么物体的形象和相应的词就紧密联系在一起。另一方面，幼儿所熟悉的词，也必然建立在具体形象的基础上，词和物体的形象是不可分割的。形象记忆和语词记忆的区别只是相对的。在形象记忆中，物体或图形起主要作用，语词在其中也起着标志和组织记忆形象的作用。在语词记忆中，主要记忆内容是语言材料，但是记忆过程要求语词所代表的事物的形象做支柱。随着儿童语言的发展，形象和词的相互联系越来越密切，两种记忆的差别也相对减少。

4. 幼儿记忆的意识性和记忆方法逐渐发展

前面所说到的幼儿有意记忆和意义记忆的发展，意义记忆对机械记忆的渗透，语词记忆对形象记忆的渗透，以及它们的日益接近，都反映了幼儿记忆过程的自觉意识性和记忆策略、方法的发展。

【案例思考】

[案例1] 一名3岁左右的幼儿对《小鸭子游泳》这首诗相当熟悉，要他再现时，首先想到的就是"小鸭子摇啊摇，扑通一声跳下河"，为什么这些词更容易记住？

[案例2] 我们经常发现这样一种现象：幼儿园教师花大力气教幼儿记住某首儿歌，有时候孩子们不能完全记牢，但他们偶尔听到某个童谣、看到某个电视广告，只需一两次就能熟记心中。结合幼儿记忆的这一现象，请你分析一下影响幼儿无意识记的因素。

[案例3] 有一个6岁儿童，在1分钟之内，正确记住了17位数字：81726354453627189。他是经过思考，抓住了这些数字之间的规律性进行记忆的。他发现，每两个数字之和都是9，去掉最后一个9字，其余的数字排列都是对称的。这说明了什么问题？

【相关资料】

人的记忆历程分三个阶段

现代科学测明，人的记忆历程分三个阶段：

第一阶段：获取信息。

记忆的最初运作是把信息传导到大脑。人的视觉、听觉等感官是捕获信息的猎手，它们将生存环境里潮水般涌来的信息截获，然后由神经输送到脑细胞的"记忆器"。每一个脑细胞的记忆器综合成每个人的"记忆库"，仓库的大门始终敞开着，随时吸收各种信息。

但是，千万别认为记忆库对一切信息都来者不拒。每个人都有一定的信息筛选规则，都会拒绝获取某种信息。这种拒绝是无意识的，常常不为自己所察觉。我们将会谈到，科学家们已经找到办法来放宽筛选原则，增加信息捕获量。

第二阶段：储存信息。

获取的信息能否成为记忆，还要靠仓库去存储它，这就是真正的"记"的阶段，即记忆的第二阶段。要知道，并非被捕获的所有信息都会自动地被存入记忆库里；还需知道，存入库内的信息可以被改变形状或者随时间的流逝而消失。

大脑储存信息是有限度的，而这种限度又因人而异，因时因地而异。在研究并找出各人的这种存量限度以后，便可以对症下药，找出办法，来放宽储存限度，即提高记忆能力。

第三阶段：回忆信息。

怎样知道一个信息被储存起来了呢？这就要看过一段时期（短则几分钟、几个小时，长则几年、几十年）之后，你能否在记忆库里找到它，即能否想起来。这就是记忆的第三阶段，即回忆阶段。

我们所关心的是回忆阶段。回忆能力往往比储存能力要小，所以有些经历了的事会想不起来，或者会暂时想不起来，要在脑子里搜寻一番之后才能忆起。

应当指出，回忆阶段带有浓厚的"任性"色彩。换句话说，一个信息确实被记忆库储存下来，你自己也感到它就在脑子里，就是想不起来，要经过一番苦思冥想之后才能想起。

有的时候，你的记忆会不知不觉地从脑海里一一闪过，突然停留在某个印象上，这个印象很可能是几天前你曾努力回忆寻找的。

上述三个阶段都有各自的机制，都通过某些疾病或病理状态得到印证。

一个正常的记忆应该是三个阶段的协调配合，后一阶段的好坏应该取决于前一个阶段的质量。信息获取工作进行得好，储存的质量就高；储存的质量高，回忆起来就快和准。

我们可以将此过程同图书馆做比较。图书馆进书后要分类编目，这就是做储存工作。如果分类得当、编目清晰，那么查找起来就十分快捷准确。要是买进的图书胡乱入库，寻找起来就十分困难。

人的记忆库就是图书馆的书库，每一个信息都应分类入库，储入脑海里。每当你需要回忆某个信息时，有条不紊的记忆库会迅速把你要的信息放映到你脑子的屏幕上。

那么，记忆信息时怎样分类呢？记忆专家们所推荐的传统做法是：找一个你记忆库里已经存储着的某个性质相似的信号，做新信息的挂靠物。这挂靠物起着图书馆目录柜卡片的角色。当你寻找新近储入的那个信息时，这张卡片会很快把信息传出来。

我们不妨把记忆过程描述为这样的三个环节：

良好的信息获取——（决定着）良好的信息储存——（决定着）良好的信息回忆。

记忆过程实际上是以锁链的形式，一环扣一环地串联进行的。上述三个阶段都是这条记忆锁链中的一环。每当获取一个新的信息时，大脑会在同类信息链上开始新的一环，而每一个新的环会巩固前面的环，这就是记忆中的串联现象。记忆库里的储货越丰富，货物卡片就越多越牢固，新的环就越容易找到挂靠物，记忆就越敏捷，这就是"脑力越用越活"的道理。

模块二　学前儿童记忆发展的规律与记忆力的培养

一、记忆发展的规律是什么

好的记忆力是天生的，也是后天训练和培养的。儿童的各种记忆的品质都处在形成和发展的关键期。儿童的记忆将直接影响教育的成果。

记忆是人脑对过去经验的识记、保持和恢复的过程。识记是把感知或体验过的东西"记"下来的过程，也就是获得和积累经验的过程。保持：把识记材料保存在头脑中，储存，巩固的过程。恢复：把知识经验重新呈现或提取出来的过程，包括再认和回忆，也叫再现。

记忆是有规律可循的。根据一些学者的研究，记忆规律包括以下几个方面。

（1）时间规律。研究表明，每次信息的重复输入，其维持记忆的时间是各不相同的。以外语单词记忆为例，第一次可能几秒钟；第二次、第三次就可能由几分钟到几小时；再重复就能几天，甚至几个月。重复次数越多，记忆时间就越长。

（2）数量规律。当需要记忆的材料数量偏大时，会给记忆带来困难。研究表明，在这种情况下，把记忆的组织适当分散成若干小单元后，再依次存贮，记忆的效果就可能好些。

（3）联系规律。认知的循序渐进规律，揭示了新旧知识之间的内在联系。任何新知识的获得都是由原来知识发展、衍生或转化而来的。所以，对新信息的记忆，通过和原有知识的各种形式的联想（接近联想、类似联想、对比联想、因果联想等），形成新、旧知识之间有机联系的系统，是有利于知识储存的。

（4）转化规律。记忆是一个不断巩固的过程，由瞬时记忆到短时记忆再到长期记忆，有一个转化过程。由感知保持到理解、到衍生新知也有一个转化过程。这个过程是一个由量变到质变的过程，质变之后外来信息就能长期、牢固地保存在脑海中。

（5）干涉规律。当一个新的信息输入后，它与原有的知识储备之间会产生一种相互干扰。一是前后信息互相加强，称为"正干涉"；二是前后信息互相干扰，称为"负干涉"。正干涉有利于记忆，负干涉则对记忆起抑制作用。所以，我们要充分利用正干涉而避免负干涉。

（6）强化规律。刺激强烈、新鲜能激起兴趣，使人感受突出，就会使记忆强化。

上述规律只是对一般情况而言的，学前儿童在运用这些记忆规律时要因人而异、因记忆对象而异，每个人都要从自己的实际和特长出发，来理解和驾驭这些规律。

二、幼儿记忆中容易出现的问题及措施

幼儿记忆发生后，不会只停留在最初的水平上，而是随着生理和心理的发展而发展。进入幼儿期后，记忆的量和质都达到一定水平，但也出现了一些容易出现的问题。

（一）有意性差，影响记忆效果

幼儿期整个心理水平的有意性都较低，因此，记忆的有意性比较差，影响了记忆的效果。有人对4~7岁幼儿的有意识记和无意识记做了研究。研究者将各年龄段幼儿分成两组，用两套各10张画有常见物体的图片以速示器依次向两组幼儿呈现90秒。

然后要求幼儿在 60 秒内再现。研究者对一组幼儿事先提出识记任务（有意识记），对另一组幼儿不提出识记任务（无意识记）。实验结果表明，对于同样熟悉、理解和感兴趣的事物，各年龄组幼儿的有意识记效果都比无意识记效果好，表现为各年龄组有意识记正确再现量均高于无意识再现量。随着年龄的增长，幼儿的有意识记的成绩提高速度比无意识记快，如表 5-1 所示。

表 5-1　4～7 岁幼儿的有意识记和无意识记

年龄　　正确再现量	识记方式	有意识记	无意识记
4 岁		5.4	4.5
5 岁		6.2	5.3
6 岁		6.9	5.7
7 岁		7.7	6.2

在具体记忆活动中，家长和教师既要考虑幼儿的记忆带有较大的无意性的特点，又要适时地向幼儿提出识记的任务，培养幼儿的有意识记，以提高其记忆效果。

（二）不会运用适当的记忆方法

幼儿总体记忆水平较低，需要在理解的基础上识记事物的意义，识记能力相对差些。有研究者对幼儿和小学生运用一定的方式（复述、言语中介、系统化等）进行意义识记的能力测验。他们向幼儿和小学生呈现一系列图片，要求他们记住图片的内容。结果发现，在识记图片的过程中，只有极个别的幼儿自言自语地复述，而一半左右的二年级小学生和几乎所有的五年级学生也都使用了这种方法。凡是运用自言自语进行复述的儿童对图片都有较好的记忆，年龄越大的儿童言语活动越多，测定的成绩越好。这说明幼儿意义识记水平低与他们不会运用适当的记忆方法有关。因此，教会幼儿一定的记忆方法，多进行有目的的记忆方法训练，可以提高幼儿的记忆效果。

（三）偶发记忆

在幼儿有意识记和无意识记发展的过程中，还存在着一种被称作偶发记忆的现象。这种现象是指当要求幼儿记住某样东西时，他往往记住的是和这件东西一起出现的其他东西。实验者把画有各种熟悉物体并涂有各种颜色的图片呈现给幼儿，要求他们记住物体并加以复述。这样布置的课题叫作中心记忆课题。

偶发记忆课题，则是要求幼儿复述图片的颜色（事先并不要求）。结果发现偶发记忆现象在幼儿身上表现比较明显。在幼儿园里我们也常会看到，当教师让幼儿说出刚出示的卡片上有几只小鸡，而幼儿则回答小鸡是黄颜色的。这是由于幼儿对课题选择的注意力、目的性不明确，把不必要的偶发课题也记住了，结果使中心记忆课题完成不佳。幼儿园教师要重视这种幼儿特有的记忆现象，注意引导幼儿有意识记的发展。

（四）正确对待幼儿"说谎"问题

幼儿的记忆存在着正确性差的特点，幼儿容易受暗示，容易把现实和想象混淆，用自己虚构的内容来补充记忆中的残缺部分，把主观臆想的事情当作自己亲身经历过的事情来回忆。这种现象常常被人们误认为幼儿在说谎，这是不对的。

教师和家长应该正确对待这种现象。幼儿是由于记忆失实而出现言语描述与实际情况不符，不能看作是幼儿说谎。这是幼儿心理不成熟的表现，所以，教师要耐心地帮助幼儿把事实弄清楚，把记忆材料与想象的东西区分开来。

三、记忆在学前儿童心理发展中的作用

记忆在学前儿童心理发展中的作用主要表现有以下几个方面：

（1）记忆与知觉的发展。记忆是在知觉的基础上进行的，知觉的发展又离不开记忆。知觉中包括经验的作用，因此说记忆是积累知识、丰富经验的手段。由于经验的限制，学前儿童记忆的有意性和目的性，还是很差的。在大班儿童那里，只能看到一些初步的发展。

（2）记忆与想象思维的发展。儿童的想象和思维过程都依靠记忆，记忆是联系感知与想象、思维的桥梁，是想象思维过程产生的直接前提。记忆表象越丰富，想象和思维便越厚实。

（3）记忆与语言的发展也有密切联系，儿童学习语言也要依靠记忆。儿童有时说了后面的话忘了前面的，就明显暴露了言语活动与记忆联系的不足。

（4）记忆的好坏还影响儿童情感、意志的发展。通过记忆，儿童对经验有关的事情发生一定的情感体验；儿童对意志行动，也离不开记忆。意志是有目的的行动，在行动过程中必须始终记住目标。

（5）记忆还影响儿童行为的倾向性。小孩子依恋自己的父母，因为父母带给他舒适、温暖和爱的欢乐，是他的安全地，避开陌生人和陌生情景，是因为对它们有一种"不可预测"的恐惧。

四、幼儿记忆力的培养

提高幼儿记忆力，可以采用以下方法进行训练：

（1）利用游戏。歌德有句话说得好："哪里没有兴趣，哪里就没有记忆。"也正说中了幼儿记忆的特点。因此家长应主动陪孩子做些益智小游戏，比如打绳结、拼图等。在幼儿园，老师要有意识地组织孩子们开展培养记忆能力的游戏。利用游戏来提高孩子的兴趣，以达到训练记忆力的目的。

（2）明确任务。可以提高大脑皮层有关区域的兴奋性，形成优势兴奋中心，从而

记得更牢。这就要求家长和老师做好目标计划，也让孩子看到自己的目标任务所在。

（3）充分地理解。记忆是通过对材料理解而进行的，理解使记忆的材料和过去头脑中已有的知识经验联系起来，把新材料纳入已有的知识经验系统中。机械记忆只能把事物作为单个的孤立的小单位来记忆，意义记忆使记忆材料互相联系，从而把孤立的小单位联系起来，形成较大的单位或系统。理解就是将新知识与脑子里原有的知识经验"挂上钩"，一旦挂上钩也就容易记住。家长老师，可以通过让孩子发挥大胆的想象来联系要记住的事物。

（4）给要记的内容赋予意义，让孩子理解后再去记，这样也可以提高记忆的效率。

（5）巧用时间。在不同时间学东西，记的效果也不一样。

（6）多用感官。多种感官参与识记活动，可以在大脑皮层建立多通道的神经联系，达到更好的记忆效果。

（7）反复强化。幼儿因其记忆保持时间短，就更需要经常强化，以巩固记忆。

（8）系统归类。让孩子把记在脑子里的东西系统地归类，整理得井然有序。让孩子不光能记而且善记。

（9）为幼儿提供形象、鲜明、生动、富有浓厚情绪色彩的识记材料。幼儿的记忆以无意识记为主。有直观形象又有趣味，能引起幼儿强烈情绪体验的事和物，大多数都能使他们自然而然地记住。所以，为孩子提供一些色彩鲜明、形象具体并富有感染力的识记材料，使材料本身能吸引幼儿，引起幼儿的高度注意。

同时，还应尽力为孩子配以生动活泼、深受其喜爱的游戏或木偶戏等。实验证明：这样会更好地确保幼儿获得深刻的印象，使幼儿轻松地记忆知识，从而达到提高记忆效果、发展记忆能力的目的。

（10）经常向幼儿提出具体、明确的记忆任务，对记忆结果给予正确评价，激发幼儿有意识记的积极性。有意识记的发生和发展，是幼儿记忆发展过程中最重要的质变。为了培养幼儿有意识记的能力，在日常生活和各种有组织的活动中，成人要经常有意识地向幼儿提出具体、明确的识记任务，促进幼儿有意识记的发展。如在听故事、外出参观、饭后散步时都应该给幼儿提出识记任务，如果没有具体要求，幼儿是不会主动进行识记的。值得注意的是，在向幼儿提出明确、恰当的记忆要求时，对幼儿完成记忆任务的情况要给予及时的肯定和赞扬，提高幼儿记忆的积极性与主动性。实验证明：这样会使幼儿更好地进行主动记忆。

（11）帮助幼儿理解识记的材料，提高幼儿意义识记的水平和认识能力。在幼儿时期，虽然孩子的机械记忆多于意义识记，但意义识记的效果却比机械识记的效果好。培养并发展幼儿的有意记忆能力是非常重要的，为此就需要用各种方法尽量帮助幼儿理解所要识记的材料。实际操作中可向孩子提出一些问题，如"鸟为什么会飞""鸭子为什么能在水中游泳"等，引导他们通过积极的思考，在理解其意义的基础上进行记忆;对于无意义或不可能理解的材料,也要尽可能帮助幼儿找出它们意义上的联系;对于一些不易记住而日常生活中需要记住的内容,可采取归类记忆法。实验证明:这样会使幼儿的记忆效果得到明显提高。

不少心理学家通过研究表明,幼儿往往对熟悉理解了的事物记得很牢。例如,用单纯重复跟读的方法教幼儿背古诗《咏鹅》,幼儿需3个小时才能记住(机械记忆);若在幼儿背诵之前,先把诗歌内容绘成美丽的图画,再用故事形式向幼儿讲述诗歌的内容,只需不到1小时就能记住(意义记忆)。又如,拼音字母,"M"可以说像窑洞,"O"像张大的小嘴巴等。这样会使幼儿感到形象、有趣,容易记牢。

(12)运用多种感觉器官进行记忆。为了提高幼儿记忆的效果,可以采用协同记忆的方法,即在幼儿识记时,让多种感觉器官参与活动,在大脑中建立多方面联系,这是加深幼儿记忆的一种方法。实验研究表明,如果让幼儿把眼、耳、口、鼻、手等多种感官调动起来,使大脑皮层留下很多"同一意义"的痕迹,并在大脑皮层的视觉区、听觉区、嗅觉区、运动区、语言区等建立起多通道的联系就一定能提高记忆效果。因此,家长和老师应指导幼儿运用多种感官参加记忆活动。如让幼儿感受春天,应尽量带孩子多看一看、摸一摸、闻一闻、尝一尝,通过眼、耳、手、鼻、口等多种感官从多方面获得感性认识。实验证明:这样会使幼儿记得又快又好。

(13)帮助孩子进行合理的复习,以增强记忆。幼儿记忆的特点是记得快,忘得快,不易持久。因此,在引导幼儿识记时,一定的重复和复习是非常必要的,这不仅是提高幼儿记忆效果的重要措施,也是巩固幼儿记忆、提高幼儿记忆能力的最佳方法。一般来讲,让孩子复习巩固所学的内容时,不宜单调、长时间地反复刺激,应该在孩子情绪稳定时,采用多种有趣的方法进行。如利用讲故事、念儿歌、猜谜语、表演活动、做游戏、比赛活动、散步、郊游活动等。实验证明:这样不仅可以使幼儿在轻松愉快的情绪状况下,很快地巩固掌握所学的知识与技能,而且可以激发幼儿的记忆兴趣,提高幼儿学习的积极性。

(14)激发兴趣与积极性。在兴趣活动中,幼儿积极而投入的情绪状态可以有效地提高他们识记的效果。因此,我们应以游戏为主,用生动活泼的操作性活动来开展教育,同时尽量调动幼儿的各种感官参与。运用生动直观、形象具体的事物吸引幼儿的注意力,能使他们参与其中,让他们在无意识记中记住需要掌握的知识。同时,适当使用多媒体也可以提高幼儿记忆的效果。只有主动学习才能带来最好的学习效果。因此,对幼儿来说,能充分激发兴趣与积极性的游戏活动能很好地培养他们的记忆力。

培养学期儿童的记忆力有助于其智力的充分发展,对其自身的发展有深远的影响。关注学前儿童记忆能力的发展,不仅是家长和教育工作者的需要,更应该是全社会的需要,因为它关系着我们社会的进步。但是培养时还应根据学前儿童心理特点,讲方法、讲科学,绝对不可揠苗助长、急于求成。

人的一切活动，从简单地认识、行动，到复杂地学习、劳动，都离不开记忆。记忆是一种比较复杂的心理过程，是过去经验在人脑中的反映，它包括识记、保持和再现几个环节。记忆是知识的宝库，有了记忆，智力才能得到不断发展，知识才能得到不断积累。在智力发展最重要的幼儿时期，记忆具有更重大的意义。心理学家维果斯基认为：学前儿童记忆处于意识中心，心理活动的各个方面，记忆占着优势地位。如果没有记忆能力，那么幼儿每一次都去重新认识那些已经碰见过的事物，不可能获得任何生活知识经验。幼儿记忆发展对学习文化科学知识有直接作用。

【案例思考】

幼儿教师花大力气教幼儿记住某首儿歌，有时候孩子们不能完全记牢，但对他们偶尔听到的某首童谣，看到的某个电视广告，只需一两次就能熟记于心，结合幼儿记忆的这一现象，请你分析一下影响幼儿无意识记的因素。

【相关资料一】

感觉记忆的特点和功能

感觉记忆也叫感觉登记或瞬时记忆，是指外界刺激以极短的时间一次呈现后，一定数量的信息在感觉通道内迅速被登记并保留一瞬间的记忆。它是人类记忆信息加工的第一阶段。进入感觉器官的信息，完全按输入的原样，首先被登记在感觉记忆中。

各种感官通道都存在对相应刺激的感觉登记，即感觉记忆。人们研究较多的是图像记忆和声像记忆。

图像记忆又叫视觉登记或图像储存，是最常见的一种感觉记忆。当作用于视觉器官的图像刺激迅速移去后，图像随即在视觉通道内被登记，并保持一瞬间，这类记忆叫作图像记忆。

图像记忆有以下性质：图像记忆中所储存的信息大于被提取利用的信息；信息保持的时间很短，0.25～1秒，如果超过1秒，信息会由强变弱并自动消失；图像记忆受到干扰或擦拭作用后，信息很快丧失而且不可恢复。

图像记忆为大脑从输入的信息中选取必要的信息提供了时间。没有图像记忆，就无法进行模式识别，不能认知视觉刺激的意义。图像记忆常被当作感觉记忆的典型。

目前，能用实验证实感觉记忆存在的，除图像记忆外，还有声像记忆。声像记忆又叫听觉登记，指听觉系统对刺激信息的瞬间保持。

声像记忆与人的生活、学习和工作有密切关系，如果没有声像记忆，人们就无法辨别各种声音信号，也无法听懂人的话语。因为人说话总是一个音一个音地发出，如果不能把听到的每一个音暂时登记下来形成声像，也就不能把一串声音连贯起来，也就不能理解它的意义。

感觉记忆是按感觉信息原有的形式来储存的,它们是外界刺激的真实的摹写或复本;尽管感觉记忆的保持时间很短暂,但它却为进一步加工信息提供了材料和时间。

在各种感觉记忆中,信息的储存量都大于可被利用的信息量,几乎进入感官的所有信息都能被登记。记忆容量的大小,由感受器的解剖生理特点所决定。一般认为,图像记忆的容量为 9 ~ 20 个比特(bit)。

【相关资料二】

右脑图像记忆法的特点

运用右脑图像记忆法记住的东西,不需要重复很多次,就能转化为永久记忆,我们以电影为例,只需要看一遍电影,很长时间我们都不会忘记。又例如,我们在运用右脑图像记忆法来记忆扑克牌、无规律数字、长篇文章、长单词等的时候,也只需要重复少数几遍,就可以轻松地牢牢记住它们。

用右脑图像记忆法来记忆英语单词更是如此,我们理解记单词通过左脑的理解记忆和右脑的图像记忆,就把一个英语单词融合到了一个短时记忆单位里,这样就会大大加快我们的记忆速度。远远用不到右脑 70 个以上的记忆单位容量,所以就可以一次性大量地记忆很多的英语单词;而且只需要用左脑百分之一至百分之十的复习次数,就可以达到长时记忆(永久记忆)的状态,有的英语单词甚至在第一次记忆时就会直接达到长时记忆的效果。

我们拿 insufficiently 举例来说明一下,因为这个英语单词是由 14 个英语字母组成的,所以用传统左脑来记忆,因为大于左脑的 7 个记忆单位,所以要用到两组 7 个记忆单位才行;而用右脑图像记忆法(经过理解记单词优化过的右脑图像记忆法),则只需要用到一组 70 个记忆单位中的一个即可(这个是因为理解记单词的右脑图像记忆法,就是针对快速记忆英语单词而研发的);优化过的右脑图像记忆法,用到的记忆单位是一组 70 个记忆单位中的 7 至 14 个,具体用到多少个取决于对英语的理解水平和右脑图像记忆法的应用水平。

所以,相比较之下,图像记忆的记忆效率至少是声音记忆的 100 倍,我们任何人都需要培养自己的这种右脑图像记忆能力,好让自己的学习、工作、事业等更胜一筹!

第六单元　学前儿童思维的发展

学习目标：
1. 了解思维的概念、种类及特点。
2. 掌握幼儿思维发展的规律性及特点。
3. 掌握幼儿思维能力培养。

模块一　学前儿童思维的特点

一、思维的概述

（一）思维的概念

思维最初是人脑借助于语言对客观事物的概括和间接的反应过程。思维以感知为基础又超越感知的界限。它探索与发现事物的内部本质联系和规律性，是认识过程的高级阶段。

思维对事物的间接反映，是指它通过其他媒介作用认识客观事物，及借助于已有的知识和经验，已知的条件推测未知的事物。思维的概括性表现在它对一类事物非本质属性的摒弃和对其共同本质特征的反映。

随着研究的深入，人们发现，除了逻辑思维之外，还有形象思维、直觉思维、顿悟等思维形式的存在。

（二）思维的种类

按形式分类，思维可分为以下几种。

感性具象思维。在直接接触外界事物时感官直接感觉到的具体。

抽象逻辑思维。该形式是以抽象概念为形式的思维。它主要依靠概念、判断和推理进行思维，是人类最基本也是运用最广泛的思维方式。一切正常的人都具备逻辑思维能力，但存在高下之分。

理性具象思维。感性具体基础上经过思维的分析和综合，达到对事物多方面属性或本质的把握。由抽象上升到具体的方法，就是由抽象的逻辑起点经过一系列中介，达到思维具体的过程。

（三）思维的要素

思维包含"思维对象"和"思维主体"两个要素。

思维对象，就是人们的思维所指向的目标。从思维方法的角度来考察思维对象，主要特点表现在"无穷多的数量""无穷多的属性"和"无穷多的变化"三个方面。

思维主体，就是从事实践活动的人或正在进行思考的人的头脑。

（四）思维的特点

1. 概括性与间接性

概括性是思维最显著的特性。概括是思维活动的速度、灵活迁移程度、广度和深度、创造程序等智力品质的基础。一个人的概括性越高，知识性越强，迁移越灵活，智力和思维能力、创造能力就越发达。

间接性就是思维凭借知识经验对客观事物进行间接反映。由于思维的间接性，人类才可能超越感知觉提供的信息，通过"去粗取精，去伪存真，由此及彼，由表及里"的思维活动，揭露事物的本质规律，预见事物的发展变化。

2. 逻辑性和形象性

逻辑性反映出思维是一种抽象的理性认识，表明思维过程有一定的形式、方法和规律。形象性指思维常借助形象化的材料来进行，形象既是思维的载体，也是思维的工具。

大多数情况下，思维活动常由逻辑性与形象性共同起作用。

3. 统一性和差异性

统一性指思维的人类性和普遍性。英国思维学家德波诺对不同民族的思维做出比较后指出：在他的思维训练的十几万人中，尽管在年龄、能力、兴趣、种族、民族和社会文化背景等方面有很大的不同，但在最基本的思维层次上，反应却惊人的一致。

人类思维能力的最基本的东西是一致的，但并不是说人与人之间在思维上就没有差别。恰恰相反，每个人深层上的思维常常有很大的不同之处。差异性包括民族差异性、文化差异性和个体差异性。对于个体而言，思维差异性具有更重要的意义，它有助于个体认识自己的思维，选择恰当的思维训练形式和方法。

4. 历史性与现实性

思维的历史性表现为人类思维总体发展的历史性和某种思维发展的历史性两方面。总的来看，人类思维的发展越来越抽象化、精确化、系统化、多样化、模式化。思维的历史性提醒人们既不能固守传统思维模式，又不能割裂历史。

思维的现实性要求我们认清当代社会发展的趋势，在选择思维训练的内容与形式、类型和方法时，充分考虑现实的要求，摒弃传统的思维方式并努力培养新型的现代化思维方式和方法。

5. 言语性

思维的工具是语言。思维是在语言材料基础上进行的，思维的每一步都离不开概念(词),言语是思维的外壳,是思维的载体。思维不是借助于声音和写在纸上的外部语言,而是靠在心里默默进行的内部言语实现的。

(五)思维的基本过程

思维是人类所具有的高级认识活动。按照信息论的观点,思维是对新输入信息与脑内储存知识经验进行一系列复杂的心智操作过程。

1. 分析与综合

分析与综合是最基本的思维活动。分析是指在头脑中把事物的整体分解为各个组成部分的过程,或者把整体中的个别特性、个别方面分解出来的过程。综合是指在头脑中把对象的各个组成部分联系起来,或把事物的个别特性、个别方面结合成整体的过程。分析和综合是相反而又紧密联系的同一思维过程不可分割的两个方面。没有分析,人们则不能清楚地认识客观事物,各种对象就会变得笼统模糊;离开综合,人们则对客观事物的各个部分、个别特征等有机成分产生片面认识,无法从对象的有机组成因素中完整地认识事物。

2. 比较与分类

比较是在头脑中确定对象之间差异点和共同点的思维过程。分类是根据对象的共同点和差异点,把它们区分为不同类别的思维方式。比较是分类的基础。比较在认识客观事物中具有重要的意义。只有通过比较才能确认事物的主要和次要特征、共同点和不同点,进而把事物分门别类,揭示出事物之间的从属关系使知识系统化。

3. 抽象和概括

抽象是在分析、综合、比较的基础上,抽取同类事物共同的、本质的特征而舍弃非本质特征的思维过程。概括是把事物的共同点、本质特征综合起来的思维过程。抽象是形成概念的必要过程和前提。

(六)思维方式

思考问题的根本方法,包括线性思维方式与非线性思维方式两大类型。形式逻辑是线性思维方式,对称逻辑属于非线性思维方式。思考问题的方法也可以称为思维的方法论。具体的逻辑——形式逻辑不能称为思维方式,只有整体的逻辑——对称逻辑才能称为思维方式。如果把具体的逻辑——形式逻辑作为思维方式,将陷于形而上学的思维方式,用形而上学的思维方式看问题只能得出片面的结论。

思维方式是看待事物的角度、方式和方法,它对人们的言行起决定性作用。思维方式表面上具有非物质性和物质性。这种非物质性和物质性的交相影响,"无生有,有生无",就能够构成思维方式演进发展的矛盾运动。

不同国籍、文化背景的人看待事物的角度、方式不同,便是思维方式的不同。文化诊断学指出:科学思维、价值思维、应变思维决定着思维方式的完善性。

心理学研究表明,一个人的思维方式与其情绪反应密切相关。认知心理学认为,一个人的情绪并非由事件所引起,而是由个体的思维方式所决定的,即思维决定情绪。

举个例子，一个自卑的人和一个自信的人某一次在和经理打招呼后，经理都没有做出反应就过去了。这时候，自卑的人往往会变得心情不好，因为他一贯悲观地看待问题，这种思维方式会让他消极地解读别人的行为，他会认为经理是因为对他有意见，觉得他不好才不搭理他的；相反，自信的人则不会产生过多的情绪，不会将此事放在心上，因为他会认为也许经理有事，也许是没看到，总之他的思维方式不会让他立马产生过多的消极想法。

二、学前儿童思维发展的一般规律和特点

根据幼儿思维发展的阶段或方式，幼儿的思维发展表现出三种不同的方式：直觉行动思维、具体形象思维和抽象逻辑思维的萌芽。幼儿早期的思维以直觉行动思维为主，幼儿中期的思维以具体形象思维为主，幼儿末期抽象逻辑思维开始萌芽。

（一）直觉行动思维

0~2岁幼儿的思维主要是直觉行动思维。直觉行动思维是指主要利用直观的行动和动作解决问题的思维。例如，幼儿通过拖动桌上的布来获得他不能直接拿到的玩具。直觉行动思维离不开幼儿对客体的感知和动作，是幼儿早期出现的萌芽状态的思维。

皮亚杰认为这个阶段幼儿思维的发展有两个明显的标志：一是幼儿有时不用明显的外部尝试动作就能解决问题；二是产生了延迟性模仿能力。所谓延迟性模仿是指模仿的对象或动作在眼前消失一段时间后对行为或动作的模仿。总体上说，幼儿大致获得了以下能力：幼儿通过伸手和抓握等动作，开始注意到物体的空间关系，这使幼儿逐渐超越了直接的感知和运动，开始理解周围的世界；幼儿突破了直接经验的限制，发展起了具有先后的时间维度的概念，出现了对因果关系的初步理解；幼儿开始逐步理解目标和手段的关系；幼儿可以模仿不在眼前的行为并表现出明显的目的性，等等。在皮亚杰看来，这一阶段的幼儿思维发展的最大成就之一就是获得了"客体永久性"，即幼儿明白了消失在眼前的物体仍将继续存在。皮亚杰认为，幼儿在没有直接感知物体时却相信物体仍然存在是一个逐步学习的过程，贯穿整个感知运动阶段，其典型的表现就是婴儿出现藏猫猫的游戏行为。直觉行动思维是贯穿人的一生的思维方式。幼儿的直觉行动思维离不开幼儿对实际物体的感知和动作，因而缺乏行动的计划性和对行为结果的预见性，具有明显的狭隘性。

（二）具体形象思维

2~7岁幼儿思维的主要形式是具体形象思维。具体形象思维是利用事物的形象以及事物形象之间关系解决问题的思维。这一阶段的幼儿虽然摆脱了对动作同步性的依赖，但仍受到具体事物形象和动作的影响。

皮亚杰将这一阶段幼儿的思维称为前运算阶段。皮亚杰又进一步将这一阶段分为两个阶段：前概念阶段和直观阶段。前概念阶段幼儿思维的特点表现为幼儿普遍存在

的泛灵论和自我中心主义。幼儿的泛灵论是指幼儿将一切物体都赋予生命的色彩。例如，幼儿认为在采摘植物时植物会受到伤害，植物也会感到疼痛。在以下的一段皮亚杰和一位前概念阶段的幼儿的对话中，可以看到幼儿明显的赋予太阳以生命的色彩。皮亚杰："太阳会动吗？"幼儿："会动，你走它也走，你转它也转。太阳是不是也跟过你？"皮亚杰："它为什么会动呢？"幼儿："因为人走动的时候它也走。"皮亚杰："它为什么要走呢？"幼儿："听我们在说什么。"皮亚杰："太阳活着吗？"幼儿："当然了，要不然它不会跟着我们，也不会发光。"

自我中心主义的幼儿完全以自己的身体和动作为中心，从自己的立场和观点去认识事物，不能认识到自己的思想可能与别人的思想不同，因而不能从客观的、他人的立场去认识事物。皮亚杰证明幼儿自我中心主义倾向的著名实验是"三山实验"。在三山实验中，把大小不同的三座山的模型放在桌子中央，四周各放一把椅子。幼儿被带着围绕三座山的模型散步，使幼儿可以从不同的角度观察这三座山的模型。散步之后，让幼儿坐在其中的一把椅子上，将三个玩具娃娃放在其他椅子上，然后问幼儿放在其他位置上的玩具娃娃看到的是什么。实验结果显示，不到4岁的幼儿根本不懂得问题的意思。4～6岁的幼儿不能区分他们自己和娃娃所看到的景色，不管观察者看到了什么景色，他们总是选择他们自己所看到的景色。能够区别不同观点的第一个信号出现在大约6岁时，这时幼儿表现出他们知道了区别所在，但是却不能指出来。在8～9岁，他们能够理解他们自己与娃娃的观测点之间的某些联系。在这个经典的范例中，8岁以下的幼儿被认为是自我中心者。因为他们是基于自己的立场，不能想象出他们自己以外的任何立场。

在整个前运算阶段，幼儿思维的一个最重要的特点是不可逆性，幼儿不理解逻辑运算的可逆性。例如，4岁的幼儿不能理解当$a > b$时，则$b < a$。例如，当你问一个幼儿："你有哥哥吗？"幼儿回答："有。""他叫什么名字？""陶陶。""陶陶有没有弟弟？""没有。"此外，在这一阶段幼儿在事物发生转变时只注意知觉变化的最终状态而不注意变化或转化的过程；这一阶段的幼儿也不能理解"如果A的某种属性等于B，B等于C，那么A等于C"这种类型的问题。

幼儿在前运算阶段思维的局限性集中体现在守恒问题上。守恒是指个体能认识到当物体的外形或形状发生改变时物体固有的本质属性不随其外在形态的变化而发生改变。皮亚杰设计的守恒问题包括数量守恒、体积守恒、长度守恒、重量守恒等。数量守恒实验是给儿童呈现两排砝码或糖果，前后排列一致，让他们回答两排砝码或糖果的数量是否一样多。幼儿一般回答说一样多，如果实验者把其中的一排扩大或缩小间距，改变其外在形态，然后让幼儿回答这两排的数量是否一样多。体积守恒实验是给儿童呈现两个一样的杯子，将水装至两杯子同一高度水平，让幼儿明白两杯子中的水一样多，然后将其中的一杯水倒入一个较高或一个扁平的杯子中，问幼儿两杯水是否一样多。长度守恒实验是先向幼儿呈现两根相等的直线，移动其中一根，然后问幼儿移动后的两根直线是否相等。重量守恒实验是先向幼儿呈现两个一样重量的泥球，改变其中一个泥球的形状，然后问幼儿两个泥球的重量是否相等。一系列的守恒实验表明，处于前运算阶段的幼儿还不能理解不变性原则，还没有获得思维的可逆性。

（三）抽象思维的萌芽

抽象思维是指利用抽象的概念或词，根据事物本身的逻辑关系解决问题的思维。在幼儿末期即幼儿6～8岁这一时期，幼儿开始出现抽象思维的萌芽。第一，幼儿开始获得可逆性思维。例如，幼儿开始认识到如果在一堆珠子中减去几个，然后增加相同数目的珠子，这堆珠子的总数将保持不变。第二，幼儿的思维开始能够去自我中心化。所谓去自我中心化是指幼儿认识到他人的观点可能与自己的有所不同，幼儿能站在他人的立场和角度考虑问题。例如，幼儿开始能够解决"三山问题"。第三，幼儿开始能够同时将注意集中于某一物体的几个属性，并开始认识到这些属性之间的关系。例如，幼儿开始认识到一个物体可以有重量和大小等几个属性，并且认识到这些属性是可分离的。第四，幼儿开始使用逻辑原则。幼儿获得的重要逻辑原则是不变性原则，即一个客体的基本属性不变。另一个原则是等价原则，即如果A的某种属性等于B，B等于C，则A必然等于C。

综上所述，幼儿的思维发展经历了直觉行动思维阶段、具体形象思维阶段和抽象逻辑思维的萌芽阶段。幼儿的思维以具体形象思维为主要形式。

三、幼儿思维具体领域的发展

（一）幼儿对概括能力的初步掌握

1. 幼儿概括能力的特点

（1）概括的内容比较贫乏。幼儿期，特别是幼儿初期，儿童虽能进行初步的概括，但概括的内容极为贫乏，每个词基本上只代表一个或某一些具体事物的特征，而不是代表某一类事物的共同特征。例如，"娃娃"一般只代表他自己玩过的娃娃。

（2）概括的是事物外部的、非本质的特征。幼儿不是根据事物的本质特征，而常常是根据事物的外部特征或功用进行概括的。例如，让幼儿区别帽子、雨衣、雨鞋和雨伞时，他们会说："雨鞋是用在下面的，雨伞、雨衣、帽子都是用在上面的。"又如，有的幼儿会说："床是睡觉的，椅子是坐的，桌子是吃饭的，杯子是喝水的。它们都不一样。"也有幼儿说："杯子跟其他东西不一样，会打破。"

（3）概括的内涵不精确。幼儿由于不能进行本质的概括，因此概括的内涵往往不精确，有时失之过宽，有时又失之过狭。例如，幼儿把实习的男老师称为"弟弟老师"，认为"儿子"就是小孩，等等。

（二）幼儿计数能力的发展特点

幼儿数概念的发展是从计数开始的。幼儿的计数能力不仅标志着他们对数的实际意义的理解程度，还标志着幼儿数概念的初步发展。幼儿计数能力发展的顺序是：先口头数数，然后按物点数，再到说出总数（说出计数的结果），最后按数取物。只有当幼儿能说出物体的总数时，才算理解了数的实际意义。幼儿对计数的认识，主要是通过计数活动来实现的。

1. 口头数数

两岁左右的幼儿，在成人的教育下，逐步学会个别数词，如"1""2"，但往往不能正确地用以表示实物的数量；3~4岁的幼儿一般能从1数到10，但大多是像背儿歌似地背诵这些数字，带有顺口溜的性质，并没有形成一个数词与相应的实物一一对应的联系，幼儿还不理解数的实际意义。

这一阶段幼儿口头数数表现出以下特点：

（1）幼儿一般只会从1开始有顺序地往下数，如果遇到干扰就不会数了。

（2）幼儿一般不能从中间的任意一个数开始数，更不会倒着数数。

（3）幼儿在口头数数中，常会出现遗漏数字或循环重复数字的现象。

5岁以后的幼儿很多能从中间任意一个数接着往下数，但遇到进位时常发生错误，往往又会从头数起。尽管口头数数是一种机械记忆的结果，但对幼儿理解自然数的顺序还是有积极意义的。

2. 按物点数

幼儿按物点数比口头数数发展得晚一些。3~4岁的幼儿点数实物，特别是点数5以上的实物时，往往手口不一致，不是手点得快口说得慢，就是口说得快手点得慢，经常漏数或重复数。出现这种现象的原因，一是幼儿不理解数词的实际含义，不知道点数实物时，必须把被数的实物与自然数列里从1开始的自然数词建立一一对应的关系；二是按物点数时，要求多个器官（手、眼、口、脑等）的协同一致活动。幼儿在5岁以前，由于大脑皮层抑制机能发展较差，手眼协调动作不灵活，再加上口头数数还不熟练，因此会产生种种手口不一致的现象。5岁多的幼儿按物点数的数目与口头数数的数目范围基本趋于一致；6岁以上的幼儿基本上都具有按物点数的能力。

3. 说出总数

要确定一组实物的总数，就要数数，这也是计数的目的。说出总数的发展要比按物点数能力的发展更晚一些，因为这需要在掌握点数的基础上理解数到最后一个实物时，它所对应的数词就代表这一组实物的总数，要把数过的实物作为一个整体——数群来把握。由于幼儿的理解能力和概括能力较差，需要一个较长时间的反复实践才能逐步掌握。我们常常见到3~4岁的幼儿虽然能正确点数实物，但不能正确说出实物的总数，而是随意地说出一个数。

4. 按数取物

按数取物是对数概念的实际运用。按数取物首先要求幼儿记住所要求取物的数目，然后按数目取出相应的实物。3~4岁的幼儿一般只能按数取出5个以内的实物，幼儿按物点数的数目都比说出总数和按数取物的数目多。5~6岁的幼儿不仅计数的范围逐步扩大，计数的准确性也逐步提高，基本上都能按指定的数正确取出实物。

（三）幼儿认识数的序列的发展特点

幼儿掌握数的序列结构，是掌握数概念的一个重要组成部分。数的序列，一是指数序，二是指序数。

数序，即自然数的顺序，每个数在自然数列中的排列，都是按照后面的一个自然数比前一个自然数多1的规律排列起来的。也就是说，数序指的是每一个自然数在自然数列中的位置以及与相邻两数之间的大小关系。

幼儿在学习计数的过程中，已经对自然数的顺序有了一些初步的认识，但开始学习计数时，往往是在一个数词和另一个数词之间机械地建立起前后联系，并不明白数的顺序关系。随着参与比较实物数量的多少和给实物或数目排序等活动，才逐渐掌握数的顺序关系。

幼儿比较数的大小能力比计数能力的发展要晚一些。3～4岁的幼儿多数能按物点数5以内数量的物体，但问起"4个"和"5个"哪个多时，相当多的幼儿并不知道。有的幼儿提出要求说："你得拿出东西来让我数一数。"这说明幼儿只能看着实物依靠数数来比较数的大小，还没有建立起抽象数的顺序与数的大小的明确关系。4～5岁的幼儿大约有一半能比较10以内数的大小。5～6岁的幼儿一般都能顺利地比较10以内数的大小。

幼儿给3个以上的实物或数字卡片排序的能力发展得更晚一些。因为幼儿在排序时，不仅要熟悉数的数序，能比较每两个数的大小，还要能协调几个数之间的关系。4岁以下的幼儿排序能力较差；4～5岁的幼儿的排序能力有了明显得提高；5～6岁的幼儿一般都能排10以内数的数序；6岁以上的幼儿一般都能比较顺利地排出20以内数的顺序关系。

（四）幼儿掌握数的组成的发展特点

掌握数的组成，从本质上说是从整体与部分的关系上来掌握数的结构。前面讲到计数，只是把物体集合看成一个整体，并不涉及它能划分成几个部分，以及几个部分之间的关系。数的组成揭示了一个数可以分成几个数，反过来几个数又可以合成一个数。这样可以使幼儿从整体与部分的关系上理解数与数之间的关系，不仅加深了他们对数概念的理解，也提高了他们的思维能力。

幼儿对数的组成的理解比对基数、序数的理解要晚一些。因为要理解数的组成，首先要理解基数，要有初步的数概念，并且要有一定的分析、综合和比较能力。5岁以下的幼儿对数的组成理解得很少。例如，给幼儿3块积木，让他摆成两堆，问："几个和几个合起来是3个？"能答对的幼儿不到总人数的1/5。5岁以后的幼儿多数能借助教具和实物初步理解数的组成，会按教师的要求，把10个以内的物体分为不同的两个部分；但掌握抽象数的组成还有一定的困难，不会连贯地讲述一个数可以分成两个数，两个数合起来又是原数。经过适当的教育，6岁左右的幼儿基本上能理解数的组成，初步理解数群的整体与部分、部分与部分之间的关系。

（五）幼儿加减运算能力的发展特点

3岁半以前的幼儿在面对实物时，并不知道可以用它来帮助进行加减运算，他们要依靠成人将实物分开、合拢给他们看，才能说出一共有几个或还剩下几个。他们不理解加减的含义，不认识加减运算符号，数的运算对这个年龄的幼儿来说是很困难的。

4岁的幼儿一般会自己运用实物进行加减运算，但在进行加法运算时，他们需要将表示加数和被加数的两堆实物合并，再逐一点数后得出总数（即得数）；在进行减法运算时，也一定要把减掉的实物部分拿掉，再逐个数剩下的实物个数，得到剩余数。这时，他们完全依靠动作思维，而对于抽象的加减运算既不理解也不感兴趣。但4岁以后的幼儿就开始有了初步运用表象进行加减运算的能力了。

5岁以后的幼儿学习了顺着数和倒着数，他们能够将顺着数和倒着数的经验运用到加减运算中去。此时，多数幼儿可以不用摆弄实物，而用眼睛注视物体，心中默默地进行加减运算。5岁半以后的幼儿，随着他们数群概念的发展，特别是在学习了数的组成以后，他们在教师的引导下，开始运用数的组成的知识进行加减运算，这样就从逐一加减向按数群加减的水平发展。但幼儿之间存在着一定的个体差异。

（六）幼儿分类能力

分类主要是把相同或者具有某一方面共同特征或属性的东西归并在一起。分类能力能帮助幼儿感知集合。分类活动中幼儿要把物体一个个加以区分，再一个个归并在一起，这样，区分和归并的过程促进了幼儿对集合中元素的感知，因此可以说学前儿童分类的过程就是感知集合的过程。分类能力也是幼儿计数的前提。要确定物体的数目，必须先学会对物体进行分类。例如，要数清盘子中香蕉的数量，幼儿就要先把香蕉和其他水果区分开来，然后再进行计数。分类能力也能促进幼儿思维能力的发展。在类的区分和归并的过程中，幼儿要经历观察、分析、比较和综合等思维过程，因此能促进幼儿思维能力的发展。

幼儿常用分类形式按物体的名称分类；按物体的外部特征分类；按物体量的差异分类；按物体的用途分类；按物体的材料分类；按物体量的差异分类以及按事物之间的关系分类（如把小兔子和萝卜归在一起）。

另外，还有幼儿可以根据图片中人物的哭、笑等表情特征分类，按动作姿态如唱歌的、跳舞的归类，或者按照图片中有叶子、无叶子分类，等等。

实物分类主要包括以下5个发展水平：不能分类；依据物体感知特点分类；依据生活情境分类；依据物体功用分类；依据概念分类。不同年龄儿童分类情况有所不同，随着年龄增长，从第一类到第五类依次变化，其主要特点是：①4岁以下儿童基本上不能分类；②5～6岁是儿童处于由不会分类向开始发展初步分类能力的过渡时期，此时儿童主要依据物体的感知特点和具体情境分类；③5岁半～6岁，儿童发生了从依靠外部特点向依靠内部隐蔽特点进行分类的显著变化，其分类特点迅速向6岁特点靠近；④6岁以后，儿童开始逐渐摆脱具体感知和情境性的束缚，能够依物体的功用及其内在联系进行分类，分类和概括水平有一定的发展。

分类能力发展阶段主要经历了以下3个阶段：①子类跟子类比（或部分与部分比），大多数4岁幼儿处于这一阶段；②直观上能将类跟子类相比较，开始将一般从个别中抽象出来，大多数五六岁幼儿处于这一阶段；③能在抽象的水平上将类和子类比较，在更高的水平上理解个别与一般的关系，这一更高的发展阶段在儿童入学后才能达到。人们发现，幼儿已经能按照基本类概念标准进行分类，但按上级类概念标准分类的能力比较差，后一种能力随年龄的增长迅速发展。这一阶段幼儿分类能力的发展跟他们的直观形象思维占优势，而抽象逻辑思维能力也开始形成和发展的总的思维特点相一致。另外，从幼儿分类标准的稳定性上看，幼儿已经能够稳定地分类，但是分类的标准可能是具体的知觉特征，或者日常生活中常见的功能联系。其他领域如记忆的研究提供了幼儿按照类别关系组织物体的能力，推理或命名的实验也发现幼儿具有按照概念水平的标准进行分类的能力。另外，类别是按照等级关系组织起来的，因此，幼儿对等级关系的理解也是目前研究者们关注的一个焦点。

【案例思考】

[案例1] 平平看到老师在倒水：老师把一个矮而宽的杯子里的水，倒入另一个高而窄的杯子中，平平就认为水变多了，因为水看起来"长"了。有一次，她想帮妈妈洗鞋子，就把鞋子放入盆中，用刷子刷起来，却没有放水和擦肥皂。请根据有关幼儿思维特点的原理，对此例做出分析。

[案例2] 佳佳今年4岁，是个非常听话的小女孩。可是有一天吃午饭时，由于心爱的小狗不见了，佳佳哭了很久。起初妈妈还耐心地劝她，可后来妈妈有些不耐烦了，就说："你再哭，小狗就永远也不回来了！"佳佳一听，越哭越凶，使平时一向认为佳佳是个乖女孩的妈妈觉得无法理解了。请根据这一案例分析幼儿理解的特点。

[案例3] 幼儿教师在幼儿园教学中要使用大量直观形象的教具，以帮助幼儿理解教学内容，在给孩子讲故事时，讲到"大象用鼻子把狼卷起来"时，总是用手做出"卷"的动作，说到"大象把狼扔到河里去"，又用手做出扔的样子，孩子们也学着老师的样子做出相应的动作，脸上会露出会意的笑容。分析案例中的现象回答如下问题：

(1) 此案例体现了儿童思维发展中的什么特点。
(2) 根据该特点，教师该如何有针对性地教学。

【相关资料】

促进幼儿思维发展的活动设计

一、按图寻物游戏

活动目的：

培养幼儿的表征能力。

活动内容：

按图寻物游戏的步骤如下：先给幼儿看一件玩具，然后将玩具藏起来。而后，再给幼儿分发预先准备的卡片，上面用线条标出找玩具时必经的道路或必经的路标，如预先布置的积木、帽子等，由幼儿按照图片的指示寻找隐藏的物体。在该游戏中，可以使任务的难度不同，以便适合不同思维水平的幼儿。

活动小结：

对幼儿表征能力的培养应遵循从具体到抽象、从简单到复杂、由近及远的原则。可以提供机会让幼儿把模型、照片、图片与真实的场景及事物联系起来。这种经验将增加幼儿对日常生活的许多表征物的认识，并为以后学习更复杂的表征物打下基础。幼儿利用颜料或其他绘画工具，把自己对物体、人或场景的表征表现在纸上或电脑的屏幕上。通过画画，幼儿巩固了有关的知识，更仔细地观察事物，并在将来解决问题的情境中利用这些知识。

二、按要求取放物体

活动目的：

帮助幼儿从多个角度认识物体，促进幼儿分类能力的发展。

活动内容：

在幼儿的活动区把相同或相似的物品集中摆放，摆放物品的地方可以贴上用图片、照片或轮廓图等制成的标签，标签最好代表一大类，如餐具、玩具、家具等。在幼儿的活动区既提供成对或成套的相同材料，如成对、成双的卡车、橡皮人等，也提供成对或成套在某方面不同、其余均相似的材料，如仅颜色不同的卡车、仅重量不同的积木等，还应提供某几个方面不同、其余几个方面相同的物品。例如，大小、形状相同而重量、颜色不同的积木，形状、颜色相同而孔数、大小不同的纽扣等。活动内容是让幼儿自己根据标签取出和放回物品。在日常的整理打扫的时间，教师可以注意幼儿是怎样摆放物品的。如果幼儿两次用同一种方式摆放物品，教师可以问幼儿是否还有别的摆放方式。如果不同，教师可以指出并支持这种区别。

活动小结：

为了培养幼儿的分类能力，教师首先让幼儿充分了解物体的特征。例如，可以要求幼儿回答"这个物体有哪几个部分""你可以在什么地方找到另一个"等这类问题。

在活动中，教师要注意引导幼儿描述他们所操作的物体什么地方相同，什么地方不同。例如，可以让幼儿描述给定的两幅图的相同点和不同点，可以给幼儿提供相同或相似的材料让幼儿进行区分。由于大多数幼儿难以同时注意一个以上的物体特征，因此教师在与幼儿的交谈中要注意用不同的方式描述。

三、折叠游戏

活动目的：

促进幼儿数概念的发展。

活动内容：

折叠游戏可以在庆祝幼儿生日的时候进行，这将给他们提供确认自己年龄的具体经验。拿一张普通的纸，在它的上面画几个相同的蛋糕，蛋糕在纸上可以任意排列。每个蛋糕上画的蜡烛和圆点是不同的，蛋糕上圆点的数目与蜡烛的数目是一样的，每个蛋糕上写着与蜡烛数相匹配的数字。然后，用卡片画出单个蛋糕，分别与大纸片的图案相对应。在游戏时让幼儿将卡片上的图案与大纸片上的图案相匹配。

活动小结：

幼儿获得的基本数学概念之一是一一对应。给幼儿4个硬币，让他们分别往4个杯子里各放一个硬币，这表明了一一对应。在幼儿园，值日生为每一个小朋友发一个杯子、一块饼干，这类活动将会有助于形成一一对应的概念。教师应帮助和鼓励幼儿从事这种活动。在幼儿的活动区，要给幼儿提供可数的东西，如珠子、积木、纽扣等，也可以提供一些连续的材料，如沙子、水等，让幼儿有机会比较不可数的材料和可数的材料。其他的培养幼儿数学能力的活动包括让幼儿说出他们的电话号码，测量他们的身高，让他们数目前小朋友的数量，让他们给你拿东西如5支画笔、3瓶胶水等。

四、建造游戏

活动目的：

培养幼儿做计划的能力、创造力和想象力，让幼儿更好地了解事物之间的关系。

活动内容：

建造游戏的材料很丰富，如可以让幼儿玩沙子、玩泥、搭积木等。在游戏之前，教师可以问幼儿："小朋友，你今天准备干什么？""小朋友，你准备用积木搭什么？"教师帮助幼儿做计划并不是干涉幼儿的选择，而是帮助幼儿学会确定自己的选择。在活动中，幼儿可以自由建造。幼儿建造好了之后，教师可以夸奖他们的产品很漂亮或很坚固。

活动小结：

制定并执行计划能使教师和幼儿都发挥主动性和创造性。教师需要弄清并尊重幼儿的计划。幼儿有多种方式表达计划。有的幼儿用手指出他们想从事的活动，这时需要教师用语言支持幼儿的活动。当幼儿的计划不能完成时，教师应在不改变幼儿的总体计划的前提下仅修改计划中不能实现的部分。为了培养幼儿制定计划的能力,教师可以把制定计划的过程分解成具体的步骤来帮助幼儿逐步掌握。对幼儿选择的尊重和接受是帮助幼儿制定计划的关键,因为忽略幼儿的选择,就没有理由要求幼儿做出选择。

五、玩水

活动目的:

培养幼儿解决问题的能力和培养幼儿的探索精神。

活动内容:

在户内或户外放一大碗水,让幼儿在水中添加材料,如小船、软木塞、海绵、石块、钥匙等,让幼儿观察哪些材料会浮在水上,哪些材料会沉入水中。接着问幼儿:"为什么一些东西会浮在水上,其他的东西会沉到水底?""当向水中加入糖、盐或沙子时,那些原来沉在水底的或浮在水上的物体有哪些变化?"

活动小结:

幼儿的问题解决和推理能力受已有知识的影响,增加幼儿的知识能提高幼儿解决问题和推理能力。为了培养幼儿的学习兴趣,可以鼓励幼儿提出"如果……那么将会发生什么"这类问题。当然,幼儿并不总是能做出分析、形成假设以及进行推论和演绎,教师需要围绕幼儿目前的思维方式设计问题,给幼儿提供经验以促进其思维的发展。

六、戏剧游戏

活动目的:

主要是培养幼儿的想象力和创造力。

活动内容:

教师可以在教室设计一些戏剧游戏区角,如设立模拟的医院、邮局、书店等。教师在这些模拟的区域提供一些相应的道具,让幼儿表演其在医院、邮局、书店等的行为。

活动小结:

让幼儿进行戏剧表演游戏,可以发展幼儿的想象力。幼儿的年龄越小,幼儿的戏剧表演游戏越依赖想象。戏剧表演游戏的经验也有助于帮助幼儿区分什么是假装的、想象的,什么是真实的,可以利用日常事情如买面包、剪头发,利用日常物体如太阳、月亮以及故事来培养幼儿的想象力和创造力。例如,可以在晴空万里、下雨或没有太阳的一天向幼儿提出:"住在一个午夜有太阳的国家,会是怎样的一种景象呢?""当人们住在白天没有太阳只有黑暗的国家里,他们该怎么生活呢?"向幼儿提一些开放性的问题,如"你在想什么?""你认为这个物品还有其他用途吗?",也能培养幼儿的想象力和创造力。

讲故事是培养幼儿想象力和创造力的重要手段。故事提供了一个有趣的框架,引导幼儿进入想象的世界。让幼儿用多种方法改造、变换、改编故事能培养幼儿的创造力。通过绘画和音乐也能培养幼儿的想象力和创造力，因为绘画和音乐给幼儿提供了想象和创造的空间，使他们能充分表达自己的思想。

模块二 学前儿童思维发展的培养

一、思维在幼儿心理发展中的作用

（一）思维的发展是提高认识水平的标志

思维是认识活动的核心，是高级的认识过程，它的发展本身就是认识过程由低级阶段发展到高级阶段的结果和证明。

具体说来，一方面，思维的出现和发展使得幼儿对事物的认识不再仅仅停留于表面，而是更多地认识到事物的本质属性。这在幼儿对概念的掌握的发展过程中体现得最为明显。

另一方面，思维在幼儿解决问题中也起着无法替代的作用，而解决问题本身就是一种高级的认识活动。因此，思维的发展也是幼儿认识水平提高的标志。

（二）思维的产生和发展促进了幼儿情感、意志和社会性的发展

思维作为一种高级的认识活动，不仅对其他认识活动的发展有推动和促进作用，还对幼儿的情绪情感活动和意志活动的发展起着重要作用。

思维的渗入使幼儿的情感逐渐深刻化；对各种感知信息的分析、综合，使幼儿能够对自己的行为独立做出决断而逐渐摆脱对成人的依赖；对自己的行为及产生的社会后果的认识，萌发了他们的责任感和自持力；对他人需要的理解使得幼儿学会同情、关怀、谦让、互助；而对自己、自己与他人的关系的认识，使得幼儿获得了自我意识。

二、幼儿思维发展的评价

传统的课程、教学和评估常常忽视幼儿智力发展的多样性，尤其对幼儿思维发展的评价。要使幼儿园的课程目标符合幼儿发展的实际水平，满足幼儿的发展需要，客观上教师必须了解幼儿。因此，通过系统性地评价幼儿的思维发展，为教师提供了科学的观察、评价方法，对促进幼儿个性发展和使教师在反思中成长都具有很重要的意义。

（一）探究多元的思维评价方法，有助于幼儿个性的健康发展

《幼儿园教育指导纲要（试行）》（以下简称《纲要》）中明确指出："教师、家长、

幼儿均是幼儿园教育评价工作的参与者，评价过程是各方共同参与、相互支持与合作的过程。"多元的评价就是家长、教师和幼儿共同参与的评价。另一种"多元"在这里指的就是：多因素、多纬度、多时空，即整合性主题的分组活动，应当根据幼儿的不同发展水平进行组织和开展。活动的设计从知、情、行入手，考虑幼儿认知方面（认知结构、认知水平、认知方式等）、情感方面（主体状态、情感特点等）、能力方面等进行分别组合，考虑设置不同质组（发展水平相近或相异的）的不同教育指向以及产生的不同教育效应，根据幼儿的不同能力提供不同层次的操作材料，使每个幼儿都得到发展。只有这样，主题活动才是科学的，其预期目标才有可能实现。

（二）以思维品质为线索，用发展的眼光评价幼儿

评价要遵循幼儿生理、心理及思维发展特点，贯彻《纲要》的精神，并在吸收加德纳多元智力理论、皮亚杰活动理论等教育精华的基础上进行，在编制、指导、评价及观察分析幼儿活动时紧紧围绕思维的品质。在活动中，小班幼儿侧重思维敏捷性、灵活性的培养；中班幼儿侧重思维灵活性、深刻性的培养；大班幼儿则侧重思维深刻性、独创性的培养。以"尊重幼儿，以幼儿为本"的理念为主导，建立幼儿成长记录袋，将评价指标尽可能地转化为照片和图画，通过直观生动的形象让幼儿理解评价内容，了解评价结果，使评价手册成为幼儿看得懂、能理解的一本"图书"。幼儿在经常性地翻阅中，会逐步加深对自己各方面发展情况的印象，知道自己哪些方面做得比较好，哪些方面做得还不够，应该怎样做等，潜移默化地增进自我了解，真正发挥评价对自我发展的促进作用。

（三）借助幼儿思维发展评价的方式，从多方位、多角度对幼儿进行教学课程整合

幼儿思维发展评价是一个多元的评价，它主要包括幼儿自评、幼儿互评、教师评定、家长评价和成长记录袋。在新的教育理念下，产生的思维整合活动课程没有固定的模式，教育过程以思维品质为线索进行，每一个主题都有不同的切入点、侧重点、研究方式和表现特色。教师既是活动的研究者、设计者，又是活动的执行者和评价者。为此，在探究和实施思维整合活动的过程中，教师应该知道要观察什么、带着怎样的眼光去观察，如何较准确地理解分析幼儿的行为。例如，幼儿在活动中说了什么、做了什么、有什么动作表情、对活动的兴趣、专注程度如何等。教师在训练幼儿思维敏捷及灵活性的基础上，对他们的思维发展情况做出评价，及时采取措施。

1. 幼儿的评价——重在幼儿的发展

在活动中，幼儿既是评价的对象，又是评价的主体。这既体现了幼儿在评价活动中的主动性，又体现了幼儿通过评价活动提升自我评价的目的，主要包括幼儿自我评价和幼儿互评两种。幼儿自我评价是自我意识的一种形式，主要依赖于成人的评价并且常常带有主观情绪性，而且在很大程度上还受知识水平的影响。幼儿互评是幼儿在学习评价自己的同时，要学习评价别人。例如，在活动后，请幼儿评价在活动中谁玩

得最好，并说出理由。中、大班的幼儿已初步学会了评价同伴，虽然他们只是谈了一点点，有的评价甚至不是十分准确，但在这个过程中幼儿也能认识自己、提高自己。

2. 教师的评价——促进教师的成长

在活动评价的过程中，教师也是评价的主体。要尊重教师的个人反思和集体反思，通过不断反思，使教育实践与教师理论相互印证。教师应会运用评价结果，做到心中有目标，眼中有幼儿，处处有教育，人人有发展，从而促进自己的成长。

教师对幼儿的评价应是具体客观的。因为在幼儿眼里，教师的评价是最可信、最公正的，因此在活动中教师对幼儿的评价要客观，要从幼儿的实际出发，着眼于幼儿的发展，找出幼儿的最近发展区，哪种最具有持久性；发现幼儿的强项，使强项带动弱项。教师在评价时可请幼儿讨论，把注意力放在解决问题上。

3. 家长的评价——更上一层楼

家长对自己幼儿的评价，在某种程度上比教师的评价影响更大。活动中还可采取家园共同参与评价的方式，通过家长会、联系册、家长开放日、活动观摩、亲子活动等形式使家长参与幼儿园的活动，了解幼儿在园的活动情况，同时和家长一起分析幼儿的优点、缺点及存在的问题，这样家长就能全面正确地看待自己的幼儿，从而达成共识，形成一致的意识。在这样共同参与评价的过程中，家长会通过评价指标逐步加深对幼儿园教育观念的理解，树立正确的教育观，能主动做好家园配合工作；幼儿则会在参与评价的过程中，体验自己的进步和成长的快乐。

对思维的测评方法有：

（1）观察法。在各种活动中，抓住时机，围绕目标予以观察和分析。如在科学活动中观察和分析幼儿掌握数字概念的情况；在看图讲述活动中观察和分析幼儿判断推理的特点等。

（2）测验法。在幼儿面前随机或分组摆好若干张画有他们熟悉的物品的图片，请幼儿把自己认为有共同之处的放在一起，并说明理由。根据幼儿图片分类的情况和说出的理由，了解其掌握概念的分类情况和掌握水平。

范例：

测验目的：了解幼儿概念的正确性和分类的水平。

测验准备：麻雀、老鹰、大象、老虎、苹果、葡萄、洋葱、茄子、皮球、玩具熊等卡片。

测验步骤：

第一步，出示所有卡片。教师指导语"看清楚卡片上的东西，其中有些东西是相同的，有些东西是不同的，请你把相同的东西放在一起，放完后说明理由。"第二步，幼儿操作。第三步，请幼儿说明理由。

评定标准：从幼儿的操作过程和说明的理由分析幼儿是否按事物的本质特征加以

分类。按物体的功用或本质属性来分类为好；按感知特点和具体情境来分类为中；基本不能分类为差。

（3）下定义法。说出一个幼儿熟悉的词，请他加以解释。例如，请幼儿说说"汽车"这个词的意思，确定幼儿对该概念掌握的情况。陈帼眉曾用下定义的方法要求幼儿对5个具体名词（如灯、鱼、鸟、公园和武器）做解释，结果发现，幼儿对实物概念所下定义分为7种类型，即不会说、同义反复、举出实例、说出一般性的非本质特征、说出重要特征、说出功用和习性、说出初步概念。并将7种类型归为4种水平，即完全不会说、不会下定义、依据具体特征下定义和接近下定义的水平。

（4）实验法。皮亚杰认为幼儿的思维受直接知觉的影响，以单维的方式认知事物。这个结论是从大量的守恒实验中得出的。

（5）谈话法。可以运用团体谈话或个别谈话的形式，先确定谈话目的，围绕一个主题谈话，以了解个体或某一年龄阶段的思维发展状况。

三、将思维教育融入幼儿的活动中

幼儿思维教育不只是教授知识的摄取，更重要的是对学习方法的培养，让幼儿通过自己的思考构建自己的知识体系。幼儿园思维教育要根据幼儿思维和身心发展的特点融入幼儿的具体活动中。

（一）在观察中，发展幼儿的思维能力

观察是认识事物的门户，是获得知识的前提。要培养幼儿的观察能力，首先应引导幼儿认识客观事物和概念的本质特征。比如，教幼儿认识长方形时，幼儿往往误认为只有水平放置的长方形才是长方形。其次，操作和观察要有次序。这不仅可以培养幼儿的观察能力，养成其有次序的观察习惯，而且有利于他们认识事物的本质特征，形成正确的概念。再次，要尽可能地调动多种感觉器官参与观察和操作，让幼儿通过看一看、摸一摸、数一数、摆一摆、拼一拼、折一折、叠一叠、举一举、分一分等多种不同的操作观察形式，从不同的侧面和角度感受物体的特征，这样有利于他们形成准确的概念。最后，让幼儿用自己的语言把观察到的内容和自己的操作过程表达出来。这样，不仅有利于加深对知识的理解，而且还培养了幼儿的抽象思维能力。抽象思维能力包括分析、综合、抽象、概括、判断、推理等能力。他们在抽象概括时，一方面要直接依赖对事物的感知，另一方面所注意到的或者概括出的往往是事物的直观形象和外部的特征。在教学中，教师既要注意到幼儿的这些特点，也需设法引导幼儿进一步摆脱对直观形象的依赖，使幼儿概括出事物的本质特征。

（二）运用图形、符号类信息，发展幼儿多途径与人交流的能力

不同的人对同一问题会有不同的探索方法，而通过交流分享可以发现每个人思考方式的弱点与长处。在幼儿的科学活动中，应该包含大量不同类型的交流活动，如做手势、画画、表演等，以便幼儿有更多的机会以别人能够理解的方式表达自己

的思想。在思维教育中，这种非语言的交流方式常用到图形认知和符号认知两方面的能力。

（三）重视并利用测量活动，发展幼儿多途径解决问题的能力

在幼儿活动中，测量是量化结果，进行比较、记录的必要过程。在思维教育中，测量属于图形聚敛和符号聚敛方面的能力。图形聚敛能力，是人们解决图形类问题的能力，如拼图；符号聚敛能力，是解决有关数字、字母等符号问题的能力，如以符号代表某种事物。

在幼儿活动中，教师引导幼儿用非标准测量的方法进行测量，即以幼儿熟悉的实物为单位长度进行测量，以发展幼儿运用多种途径解决问题的能力。

（四）整合多种信息，发展幼儿发现问题、解决问题的能力

推断是人们根据一系列条件对某事发生的原因所做的最佳猜测。在幼儿活动中，我们能直接观察到的现象不需要用到推断，如往气球内吹气，气球就鼓起来。但大部分情况下，我们不能直接观察到现象的发生，这时候就需要根据已知信息来进行推断。在思维教育中，根据已知信息推断结果属于聚敛方面的能力。将聚敛的目标融入科学活动中，培养幼儿主动发现问题、解决问题的思维习惯，对发展幼儿以探究的方式进行科学活动有着推动的作用。

四、幼儿思维能力的培养

一个人能否成为有用的人，与其早期思维能力的培养是分不开的。幼儿主要根据事物的具体形象进行思维，而很少根据事物的本质特点或事物的内在联系来思维。因此，不能要求幼儿像大人那样思维。但是，幼儿思维的发展有一定的规律，即由具体向抽象发展，适当的教育与训练，可以促进幼儿的思维从具体向抽象发展，还可以培养良好的思维习惯。思维能力可以从以下几个方面培养。

（一）丰富感性知识

1岁以后的幼儿，随着语言的发展，开始出现简单的思维活动。2~3岁幼儿能通过活动来思考自己接触到的事物。此时，教师应注意向他们提供大量具体、生动的感性材料，让他们学会用自己的手、眼、耳去辨认事物，探索了解周围事物的关系，提高他们的观察力和表现力。将日常生活中发生的事，随时随地告诉他们，启发他们去思考，才能通过观察产生思维能力。教师应利用各种机会，多带幼儿到不同的地方玩，多接触外部世界，让他们运用各种感官感知周围事物，为思维的发展打下良好的基础。

（二）培养幼儿的语言能力

语言是表达思维的工具。有了语言才能对事物进行概括和间接的反映。通过语言中的语法规则，幼儿才能脱离具体动作和具体形象，进行抽象逻辑思维。语言的发展对思维能力的提高能起很大的作用。训练幼儿的思维能力，就是要使幼儿对事物做出正确的分析、综合、判断和推理。这与语言表达能力强弱密切相关,因为幼儿掌握了语言,可以与人交流,学习各种知识、获取各种经验,从而使幼儿思维发展有了得力的支柱。因此,可让幼儿讲故事,培养他们系统、连贯的口语表达能力,同时也训练他们的思维能力;还可以通过做智力游戏,多与他们交流,用得当的话语刺激他们去思考,发展其抽象思维能力。

（三）鼓励幼儿积极思维

好动、好问是幼儿的天性。5岁的幼儿就常问"为什么",有时还会将玩具或用具、摆设拆开来,想看看里面是怎样的。教师面对幼儿的问题,应热情、耐心地作答,并及时称赞他们会动脑筋、爱动脑筋。解决幼儿的提问或引导他们去思考、解决问题,如果他们拆坏了东西也不过分责备,只说"你想看看东西里面是怎样的,这种想法是好的,但好东西被拆坏了可惜,以后要告诉大人帮你解决问题。"幼儿得到鼓励,今后就会更积极地思考各种问题。对不多提问题的幼儿,教师要主动提出一些幼儿能回答的问题,让他们自己通过努力去获得答案,这对于幼儿来说可以增加成就感,会增强幼儿的自信心。在幼儿求知遇到挫折时,教师应以温和的态度加以引导,这样既不损害幼儿的情绪,又能达到真正促进他们积极思维的效果。

（四）锻炼幼儿的思考力

在幼儿园,锻炼幼儿思考力的机会是很多的。只要教师在这方面做有心人,善于引导幼儿去思考,就会有收获。玩玩具、做游戏、教学中的"变一变""情境设疑""看图改错""问题抢答""数字游戏""猜谜语"、养小动物、养花以及参加各种力所能及的劳动等,都可以使幼儿积极动脑筋进行分析、比较、判断、推理等一系列逻辑思维活动,从而促进思维能力的发展。例如,搭积木、拼六面图、拼七巧板等,都要动脑筋找出规律才能完成,但有些智力游戏不仅要动脑筋还要比速度才能取胜。

（五）教给幼儿正确的思维方法

思维的特征是概括性、间接性和逻辑性。幼儿随着年龄的增长,有了较多的感性知识和生活经验,语言发展也达到较高水平,为思维发展提供了条件、工具。但还要掌握正确的思维方法,才能更好地利用这些条件和工具,幼儿不是一开始就能掌握正确思维方法的,要引导和教给幼儿遇到问题时如何通过分析、综合、比较和概括,做出逻辑判断、推理来解决。幼儿一旦掌握了正确的思维方法,就如插上了思维发展的翅膀,抽象思维能力就能得到迅速的发展和提高。

【案例思考】

[案例1] 一名幼儿能正确回答"这里有6个苹果,分给两个人吃,两个人要一样多,每个人应该得到几个苹果"这个问题,但是却不会回答"3＋3等于几"。这是为什么?

[案例2] 对2+3=5的计算,幼儿虽然可以进行,但实际上他们在计算的时候并非对抽象数字进行分析综合,而是依靠头脑中再现的事物表象,如2个苹果加上3个

苹果，或者2个手指加上3个手指，再数数5个苹果或手指才算出结果的。这是为什么？

[案例3] 一个幼儿在玩橡皮泥的时候，往往没有计划性。橡皮泥搓成团就说是包子，搓成条就说是油条，长条橡皮泥卷起来就说是麻花。这反映了该幼儿的思维发展的什么特点。

【相关资料】

音乐是兼有表情性和造型性的艺术，又具有不确定性的特点，在培养情感和联想、想象力方面有很重要的作用。过去的音乐教育忽略了对这方面的培养，过多地注重音乐知识和技能的传授，限制了学生形象思维能力的发展。因此，有必要在音乐教学中加强学生的形象思维训练。

一、丰富音乐的表象积累，培养学生的直觉能力

音乐的表象积累大致可以分为两类：一是对各种音乐要素的表象积累，二是对各种音乐作品的表象积累。

音乐语言是由音乐的各种要素组成的，如旋律、节奏、音色、和声等。把音乐课简单地认作教歌的过程是片面的，加强形象思维的训练就要注意各种音乐要素的表象积累。

熟悉更多的音乐作品是积累丰富的音乐表象的一种重要方式。作曲家之所以会创作出风格各异的作品，和他们有着丰富的音乐作品表象积累有很重要的关系。他们注重随时随地搜集各种音乐素材，将其运用到自己的作品之中，如德沃夏克的《自新大陆》交响曲的慢板乐章取自一首黑人民歌，柴可夫斯基的《第四交响曲》第四乐章以俄罗斯民歌《田野里有一棵小白桦》为主题，我国作曲家刘炽的《我的祖国》的旋律则是从几十首中国民歌的旋律中抽取而诞生的。大量的音乐作品表象积累丰富了人的形象思维，对发展创造力有着很重要的作用，因此在音乐教学中我们要让学生掌握大量音乐作品。从最新的音乐教材统计发现，在小学阶段学生将会演唱一定数量的歌曲，欣赏古今中外的音乐作品135首，这将大大地加强学生的音乐表象积累，为发展形象思维打下了良好的基础。

二、通过音乐培养丰富的情感

通过音乐培养学生丰富的情感，首先，要培养学生对音乐的兴趣，运用一切方法激发学生的积极性，如现在所提倡的愉快教学、参与教学、趣味教学都是行之有效的好方法。其次，要鼓励学生运用音乐表达自己的情感。演唱和演奏就是表达内心感情的最好方式，因为演唱和演奏的过程就是内心情感抒发的过程，是内心情感更深层的流露，也是感情的一次升华。在音乐教学中启发学生的情感和演唱、演奏是分不开的，投入了丰富的情感会使歌声（乐声）更富有感染力，反过来又会激发学生更为深

厚、强烈的情感活动。

三、培养联想力和想象力，发展形象思维

在音乐教学中，培养学生的联想力和想象力可从以下4个方面进行：

1. 掌握音乐的表现手法

这是引起联想和想象的必要条件，如钢琴的快速音好像流水，长笛三度音好像鸟鸣，定音鼓的轮击好像雷声等。

2. 积累约定俗成的曲调

它可以使人产生对某一特定地区风土人情或特定历史背景的联想，如听到《信天游》就可以联想起黄土高原的景象，听到《茉莉花》就好像见到了秀丽的江南水乡。

3. 鼓励学生在特定情感基础上的"瞎想"

过去的观点是避免学生在欣赏音乐中编故事，如果在正确感受音乐情感的基础上，鼓励学生展开想象，对发展形象思维有更大的好处。

4. 经常进行选择性想象训练

教师首先提供一个想象的范围，由学生选择适合的音乐。比如教师提出一个田园的景象，学生可以选择《森吉德玛》《田园》《龟兔赛跑》作为开始音乐等。

四、加强音乐记忆，促进形象思维发展

形象记忆是右脑的功能之一，加强记忆力的培养可以促进形象思维发展。思维是非常依赖于记忆的，因为音乐具有流动性的特点，所以追踪和理解音乐必须依靠记忆去完成。也就是当音乐的实际音响消失之后，在心里仍然要保留这个"音响"，这就是"内心音乐感"，这种能力的形成对提高记忆力有很大的帮助。

记忆的方式概括起来有两种，一种是抽象记忆，另一种是形象记忆。凡是记忆力强的人，他们的形象记忆能力都很强。如一个高段的棋手能够不看棋盘与人对弈，实际上在他的头脑里有一个棋盘的形象，一幅图胜似千言万语。音乐家的记忆一般都很强，莫扎特能够凭记忆把多声部的《赞美歌》记录下来，门德尔松能把遗失的管弦乐总谱凭记忆再写出来。

第七单元　学前儿童想象的发展

> **学习目标：**
> 1. 了解什么是想象。
> 2. 理解想象的作用。
> 3. 掌握幼儿想象的发生及发展特点。
> 4. 掌握培养幼儿想象力的方法。

模块一　想象在学前儿童心理发展中的作用

一、想象与想象力

（一）想象

想象是人在头脑里对已储存的表象进行加工改造形成新形象的心理过程。它是一种特殊的思维形式。想象与思维有着密切的联系，都属于高级的认知过程，它们都产生于问题的情境，由个体的需要所推动，并能预见未来。

想象是人在脑子中凭借记忆所提供的材料进行加工，从而产生新的形象的心理过程。也就是人们将过去经验中已形成的一些暂时联系进行新的结合。它是人类特有的对客观世界的一种反映形式。它能突破时间和空间的束缚，达到"思接千载""神通万里"的境域。

想象可分为无意的想象和有意的想象两种。

无意想象是指事先没有预定目的的想象。无意想象是在外界刺激的作用下，不由自主地产生的。例如梦是一种无意想象。

有意想象是指事先有预定目的的想象。对于有意想象，根据观察内容的新颖性、独立性和创造程度，又可分为再造想象、创造想象、幻想。

1. 再造想象

含义：根据别人的描述或图样，在头脑中形成新形象的过程。

意义：使人能超越个人狭隘的经验范围和时空限制，获得更多的知识；使我们更好地理解抽象的知识，使之变得具体、生动、易于掌握。

形成正确再造想象的基本条件：一是能正确理解词与符号、图样标志的意义；二是有丰富的表象储备。

2．创造想象

不根据现成的描述，而在大脑中独立地产生新形象的过程。

创造想象的特殊形式——幻想：与个人生活愿望相联系并指向未来的想象。两个特点：体现了个人的憧憬或寄托，不与当前的行动直接联系而指向于未来。具有积极意义：积极的幻想是创造力实现的必要条件，是科学预见的一部分；是激励人们创造的重要精神力量；是个人和社会存在与发展的精神支柱。

3．理想与空想

理想是符合事物发展规律、并可能实现的想象。

空想是不以客观规律为依据甚至违背事物发展的客观进程，是不可能实现的。

（二）**想象力**

想象力是人在已有形象的基础上，在头脑中创造出新形象的能力。比如当你说起汽车，马上就想象各种各样的汽车形象。因此，想象一般是在掌握一定的知识面的基础上完成的。想象力是在你头脑中创造一个念头或思想画面的能力。

想象力是活物与死物的根本区别。在人类中想象力主要靠右脑，随着人类大脑进化愈加形象化，主要分布于大脑最外层，属于最高级思维。

想象力的特点是：在创造性想象中，你运用想象力创造你希望实现的一件事物的清晰形象，接着，你继续不断地把注意力集中在这个思想或画面上，给予它肯定性的能量，直到最后它成为客观的现实。想象力的伟大是我们人类能比其他物种优秀的根本原因。因为有想象力，我们才能创造发明，发现新的事物定理。如果没有想象力我们人类将不会有任何发展与进步。爱因斯坦之所能发现相对论，就是因为他能经常保持童真的想象力。

二、想象在学前儿童心理发展中的作用

在幼儿学习活动中，想象能帮助幼儿掌握抽象的概念，理解较为复杂的知识，创造性地完成学习任务。在游戏中，幼儿的想象起着极为重要的作用。例如，在角色游戏中，角色的扮演、游戏材料的使用、游戏的整个过程等都是依靠幼儿想象的过程。

人的创造力主要表现在一个人的创造性思维方面。而创造性思维一般可以分为三个方面：直觉、灵感和想象。想象是幼儿创造性思维的核心，应该充分发挥幼儿的想象，更好地促进幼儿心理的发展。

幼儿期是想象最为活跃的时期，想象贯穿于幼儿的各种活动中，对幼儿的认知、情绪、游戏、学习活动等起着十分关键的作用。

想象离不开感知和记忆等其他认知活动。想象依靠原有的表象，同时和记忆密不

可分，幼儿的想象把记忆和思维联系起来，幼儿期的想象是思维发展的基础。

想象引发情绪的作用，同时情绪会影响想象。

想象与幼儿的游戏活动紧密结合，想象是象征性游戏的首要心理成分。

想象与幼儿的学习生活密不可分。没有想象就没有理解，没有理解就无法学习，想象常常是幼儿掌握新知识行为的推动力。

拥有丰富想象力的儿童，无论是其接受能力还是自我展现的能力都会更好。培养丰富想象力，一方面要培养儿童的兴趣特长，从中找到发挥想象的空间；另一方面，可以接受专业的培训指导，重点锻炼小朋友的空间想象力。

三、幼儿想象的发生发展

（一）想象发生的年龄

想象的发生和幼儿大脑皮质的成熟有关，也和幼儿表象的发生、表象数量的积累以及幼儿言语的发生发展有关。

1岁半到2岁幼儿出现想象的萌芽，主要是通过动作和语言表现出来的。

（二）想象萌芽的表现与特点

幼儿最初的想象，可以说是记忆材料的简单迁移。具体表现如下：

①记忆表象在新情境下的复活。②2岁幼儿的想象

几乎完全重复感知过的情境，只不过是在新的情境下的表现。例如，幼儿看见大人抱小娃娃，他也想抱玩具娃娃。

四、学前儿童想象的主要特点

（一）无意想象占重要地位，有意想象初步发展

幼儿期儿童无意想象占重要地位，小班儿童表现得尤其突出。

（二）想象的目的性不明确

幼儿想象的产生常是由外界刺激物直接引起，想象不指向于一定目的，仅以想象的过程为满足。

小班儿童无论在游戏、绘画还是做泥工等活动前，不知道自己将要创造出什么形象，他们只是在行动中任意摆弄物体，或画出线条图形，而且随时自发地改变物体的状态或改画其他图形。当物体有了实际的变化或看到自己画出的图形时，才引起幼儿头脑中出现新形象。例如，在活动之前问小班儿童："你想玩什么？""你想画什么？"他总是望着你直摇头，如果你在他面前拿出一个听诊器，他就讲"我要做医生"。如果看到周围小朋友在画气球，他就讲"我要画气球"。当你交给他一团泥，问他想做什么，他只知道接过泥高兴地玩起来，而不知道怎么回答，直到搓成个长条或扁圆体时，才会大声地叫喊起来："面条！""饼子！"要他们想好玩什么再取玩具，想好画什么再动手作画是极困难的。

小班儿童事先无一定的想象目的，他们以想象过程为满足，对有兴趣的内容反复进行想象。例如，画图画时，在一张画纸上，可以重复地画着一个个物体的图形，直到所有空白的地方都被画满才满足。在听故事时，有趣形象的情节在脑中引起生动的想象，感到极大的愉快，于是尽管教师已经将故事讲完，还要求再讲，哪怕是重复地讲同一内容也乐意听。

（三）想象的主题不稳定

在正确的教育下，幼儿可以在想象之前先提出一定的目的，但他们往往不能为达到预定的目的而坚持行动，常常受外界因素的影响而改变主题。例如，幼儿正在用积木建造"大桥"，忽然看到别的孩子拿了一些塑料小动物来，他便想象起动物园，而想玩"动物园"的游戏，于是立即推倒"大桥"的建筑，搭起"动物园"来。

幼儿也受本身因素的影响而改变想象的主题。例如，幼儿愿意当"医生"，所以玩"医院"游戏时，忽而又想当"老师"，于是改变主题，而改玩"幼儿园"游戏。角色不稳定影响主题不稳定。

绘画也如此，画娃娃的孩子，当看到邻座的小朋友画了个"小兔"，他也会改变主题，翻过纸来改画小兔，或者原先画着娃娃，忽然想起小兔，便改变主题画小兔了。

（四）想象过程常常受情绪和兴趣的影响

幼儿的情绪常常能够引起某种想象过程，或者改变想象的方向。例如，一个小朋友画了一朵小红花，很高兴，要求教师来看，适逢教师在指导别的小朋友作画，没有及时去看，顿时，这个小朋友洋洋得意的情绪受到了影响，很不高兴，过了一会儿，等教师走到他跟前时，只见画纸上的小红花已被粗黑线条涂没了。当教师询问他时，他冷冷地说："已经送掉了。"又如，"老鹰捉小鸡"的游戏是以小鸡都被老鹰抓走而告终的，可是幼儿同情被抓去的小鸡，于是就产生了这样的想象：大公鸡和老母鸡赶来，把老鹰啄死，最后小鸡被救回来了。

（五）再造想象占主要地位，创造想象开始发展

在幼儿期，再造想象占主要地位。想象在很大程度上具有复制性和模仿性。想象的内容基本上重现一些生活中的经验或作品中所描述的情节。例如，幼儿在"幼儿园游戏"中扮演的教师，常常是重现他班上教师的模样。在"家庭游戏"中扮演父母，就是重现自己父母的举止。在自编故事时，往往把自己的行为作为故事中主人公的行为加以描述，或者仅是模仿以往听过的故事情节而已。小班儿童甚至在玩具和游戏材料的使用上都缺乏灵活性。例如，喂娃娃吃饭，必须有玩具小匙子；"洗手"得跑到自来水龙头下，否则就认为不像。

到了中班、大班，尽管儿童仍以再造想象为主，但较之小班儿童想象的灵活性有所增加，他们可以不受具体实物的限制。例如，喂娃娃吃饭，有玩具小匙子固然可以使用，没有小匙子时，他们会用冰棒棍、笔、长形积木，甚至徒手做喂饭的动作。"洗手"也不需要在水龙头下，只要在洗手动作的前后假装开关龙头即可。

随着幼儿言语的发展和抽象概括能力的提高，在幼儿的再造想象中，出现了一些创造性的因素。例如，教师要求儿童学画一个人，教师的范画是一个徒手的人，可是儿童凭借想象画了个手举红旗的人。又如，画小鸡时，还在周围画了些米粒和小草，想象小鸡吃食。在复述故事时，也往往加上自己想象的情节。

在幼儿期，创造想象开始出现。例如，幼儿玩"食堂游戏"，他们不仅重现日常的烧饭、开饭等内容，而且还会创造性地将快递叔叔送菜上门的情节组合到游戏中去，而且与"过家家""幼儿园"等游戏串联起来，构成一个新的主题。在自编故事结尾时，可以将过去经验中的各种表象有机地组合起来，编出个新的故事结尾。在良好的教育和训练下，大班幼儿的想象可以发展到较高的水平，表现出明显的创造性。例如，前述的《荡秋千》这一幅水墨画，荣获1979年世界儿童画一等奖，这幅画充分反映了幼儿富于幻想，创造想象已经开始发展。

（六）容易将想象同现实混淆

想象同现实混淆，是指把想象的东西当作现实的东西。幼儿有时把渴望得到的东西说成已经得到的东西；把希望发生的事情当作已经出现的事情来描述。这些就是想象同现实混淆的表现。此外，幼儿在参加游戏或欣赏文艺作品时，往往和扮演的角色一样，身历其境，或与剧中人物同兴奋、共忧愁，产生同样的情绪反应。这也是由于想象和现实混淆的缘故。这种现象在小、中班儿童常常明显表现出来。例如，小班儿童在做体育游戏"大灰狼和小白兔"时，教师扮演大灰狼，小朋友扮演小白兔。平时"大灰狼"只是吓唬一下，并不抓住"小白兔"。有一次，教师想促使小朋友跑得快一点儿就抓了一只"小白兔"。顿时，这只"小白兔"怕得哭了起来，口中喃喃说着："大灰狼会吃掉我的，大灰狼会吃掉我的。"甚至在接下来的几天玩这个游戏时，也不愿当小白兔，而且还说"大灰狼会吃掉我的"。

大班儿童已积累了一定的经验，认识能力也渐渐提高，能够分清"真的"和"假的"、"想象的"和"真实的"。如"六一"儿童节，教师扮演黑熊，当"黑熊"一出场，小班儿童就神情紧张，有的甚至害怕得想离开座位；大班儿童都很高兴，知道这是假的，还会劝慰小班儿童，"这熊不是真的，是老师扮演的"。

教师常常利用幼儿的这一特点，在组织小班幼儿的学习活动时，一方面使幼儿在想象中如同故事或游戏中的角色一样活动，分享角色的乐趣，在轻松愉快的气氛中来接受教育；另一方面尽量避免引起恐怖、害怕等情绪。尤其对年幼胆小的儿童，在有关的活动中，更要多加说明，使他们知道这些不是真实的，不要害怕。

此外，父母和教师要特别注意，不要把幼儿谈话中所提出的一切与事实不符的话，都简单地归之为说谎，并予以严厉地责备。要深入了解，弄清真相，假如由于想象与现实的混淆，就要耐心指导儿童，让其分清想象和事实。

幼儿想象活跃，富于幻想，而且很大胆。有人从而推断幼儿期是想象发展最快的时期，幼儿比成人更富于想象力。这是不确切的。因为想象的水平直接取决于表象的数量和质量以及分析与综合能力的发展程度。幼儿的知识经验和语言发展水平当然都不及成人；他们表象的丰富性、准确性都较差；思维发展水平也远不如成人。所以，幼儿想象的有意性、广阔性、丰富性和创造性都不会超过成人。

想象常常脱离现实或者与现实相混淆，这是幼儿想象的一个突出特点。

1. 想象具有夸张性

幼儿想象脱离现实主要表现为想象具有夸张性。幼儿非常喜欢听童话故事，就是因为童话中有许多夸张的成分。幼儿自己讲述事情，也喜欢用夸张的说法。例如，"我家来的大哥哥力气可大了，天下第一"等，至于这些说法是否符合实际，幼儿是不太关心的。

幼儿想象的夸张性是其心理发展特点的一种反映。首先，由于认知水平尚处于感性认识占优势的阶段，因此往往抓不住事物的本质。例如，幼儿的绘画有很大的夸张性，但这种夸张与漫画艺术的夸张有本质的不同。漫画的夸张是在抓住事物本质的基础上的夸张，往往具有深刻的意义。幼儿的夸张往往显得可笑，因为没有抓住事物的本质和主要特征，他们在绘画中表现出来的往往是在感知过程中给他们留下了深刻印象的事物。例如，人的一双会动的、富有表情的眼睛；每天穿脱衣服都要触及的纽扣等。其次，是情绪对想象过程的影响。幼儿的一个显著心理特点是情绪性强。他感兴趣的东西、他希望得到的东西，往往在其意识中占据主要地位。对蝴蝶有兴趣，画面上就会留给它以中心位置；希望自己家的东西比别人强，就拼命地去夸大，甚至自己有时也信以为真。

2. 想象与现实相混淆

幼儿的想象，一方面常常脱离现实，另一方面，又常与现实相混淆。幼儿常常把自己想象的事情当作真实的事情。例如，一个幼儿的妈妈生病住了医院，幼儿很想去看妈妈，但是，大人不允许。过了两天，幼儿告诉老师："我到医院去看妈妈了。"实际上并没有这么一回事。幼儿混淆想象与真实的表现，常常被成人误认为他在说谎。

把想象当作现实的情况在小班比较多。为什么会出现想象与现实相混淆的情况？这和幼儿感知分化发展不足有关。感知的分化不足使幼儿往往意识不到事物的异同，察觉不到事物的差别。例如，小班幼儿在看木偶剧时，看到大老虎出场会感到害怕，而中、大班的幼儿则认识到这与真实的老虎不同，是假的，而不感到害怕。另一方面，幼儿将想象与现实相混淆是由于幼儿认识水平不高，有时把想象表象和记忆表象相混淆。有些幼儿渴望的事情，经反复想象在头脑中留下了深刻的印象，以至于变成记忆中的事情了。

【案例思考】

[案例1] 某幼儿特别喜欢听古典音乐，他也很崇拜音乐家。有一天，他跟妈妈

说："今天，肖邦叔叔到我们幼儿园来了，还给我们弹钢琴呢！"妈妈听了吓了一跳，以为孩子在说谎。请根据幼儿想象的有关原理，对此例加以分析。

[案例2] 幼儿在想象中常常突出事物的某种特征或某一成分，例如，画一个小孩放风筝，往往把小孩的手画得很长，甚至超出身体的长度。幼儿说话也喜欢夸张，例如："我家的花开得可大了，像桌子一样大。"结合以上现象，请你分析一下幼儿想象夸张的原因。

[案例3] 画"梦"的时候，有个幼儿画上了月亮还有星星，并且画的月亮有个大缺口。说月亮不像月亮，说星星又没有棱角，教师就问："你怎么把月亮画成这样子啊？能告诉老师是为什么吗？"小朋友受到鼓励，表达了自己的想象："我奶奶说，天狗吃月亮，这不就是从这儿咬了一口。"小朋友边说边得意地指着缺口。教师恍然大悟，及时表扬了这个幼儿，并用稚趣的故事讲述了月食的形成过程。这位教师做得对吗？

模块二 学前儿童想象的培养

一、幼儿活动中的想象

（一）幼儿在游戏活动中的想象

可以说，没有想象就没有游戏。幼儿丰富的想象力在游戏活动中尽情施展，并主导着游戏的进行和发展。幼儿在游戏中运用想象的方式有以下几种。

1. 实物象征

这是最早发展起来的一种方式，如幼儿把勺子当电话，用洋娃娃当小妹妹等。幼儿使用实物象征时，会很注意它的物理特性与他想象中的形象的接近度，考虑"像不像"的问题。

2. 动作象征

这是用自己的动作去代表想象中的形象，如用双手做出"开车"的动作表示开汽车，不再需要一个具体的物品去当"方向盘"了。动作象征通常比实物象征出现得晚，它使幼儿的想象更自由，游戏的进行更有灵活性，不受具体游戏材料的限制。

3. 情境想象

这是将实物象征、动作象征综合起来，想象自己处于某一情境之下的想象。例如，一个幼儿会想象自己带着小宠物狗（一只玩具）去公园玩，于是他就抱上小狗在房间里转上一圈，或走到另一个房间里去，然后口中念念有词地讲他们在公园里看到了什么。情境想象比实物象征和动作象征更复杂，往往包含着简单的情节和顺序。幼儿还会不断地变换情节，变化自己的角色。

4. 社会性戏剧游戏

这是表现在同伴合作性游戏中的想象活动，有角色的分工，有共同的主题，有大家一致同意的"道具"等，如"过家家""遨游太空""警察与小偷"等。这种活动通常出现较晚，一般是在"扮演"他们生活中成人的活动，或表演他们从故事、电视、电影中听到、看到的人物和情节，但具体的语言和动作都是他们根据自己的想象"加工"出来的。

5. 纯粹的头脑中的想象

这种想象不需要借助任何具体的物品、动作和情境，在头脑中让一切事情按照幼儿自己的意愿和认识发生。他们会想象自己成了无所不能的"孙悟空"，或是一个有"魔法"的人。

较小的幼儿一般没有纯粹的脱离具体物品、动作的想象，年长幼儿则可能偶尔出现这种想象，但一般也会很快在其后的游戏中将它"行动化"；也有个别幼儿会较持续地投入这种活动，即表现为"白日梦"。这种形式的想象通常反映在幼儿的个别活动中。

幼儿的"白日梦"可以通过成人的引导，变成有主题、有意义的创造活动。例如，教师可以引导幼儿，围绕某个主题（如"寻找失踪的宝物"）编讲故事，并表演这个故事。尤其是大些的幼儿，会热衷于这种活动，并在其中施展自己的想象力，创造性地发展情节，从而完成一部幼儿自己的"作品"。

（二）幼儿绘画活动中的想象

绘画活动是集中体现幼儿想象力的另一个主要领域。幼儿想象的主要特点，都可以在他们的绘画活动中观察到。

1. 构图反映的想象特点

年龄越小的幼儿，所作画的画面越零乱，无主题，往往是用各种他们想到的、能画出来的东西涂满纸面。这反映了他们想象的跳跃性以及重过程不重结果的特点，这也是无意想象的主要特征。年长幼儿则有能力按一个主题构图，表现出有意想象的基本品质。

年龄小的幼儿还会将自己感兴趣，或认为重要的物体或部分画得特别突出，不考虑与其他物体或部分的比例关系。例如，一个幼儿会将画面上小女孩的头画得很大，为的是画上好多条小辫子并给每条小辫子画上蝴蝶结。还有很多时候，幼儿画中的花朵，都大过了旁边的树木和人物。这反映了幼儿想象的夸张性和情绪化。

2. 内容反映的想象特点

一方面，幼儿的绘画中可以出现各种事物，如会飞的小人，在月亮上荡秋千，会哭泣的树木等。这些神奇的想象反映着幼儿的思维特征。另一方面，在幼儿的成长过程中，会有一个时期很注意"真实性"，这一点在绘画中也有反映。他们会关心画得"像不像",他们会指出"太阳上不可能有人在跳舞,会把人烧死的",或"大树怎么会哭呢,它又没有眼睛"等。这表明幼儿正在认识把现实与想象区别开来。这个阶段的幼儿往往会表现出一种想象力的"退步",不再做异想天开的联想。

成人应了解幼儿的这种变化,设法引导幼儿在能够分清想象与现实以后,学会用绘画等手段去表现自己的想象,这对保护幼儿的创造性想象力是非常重要的。给幼儿欣赏多种形式的美术作品、文艺作品也是很有效的方法。

还应注意的一点是,许多幼儿的想象力与绘画能力并不一致,他们无法用绘画技巧来反映他们丰富的想象。对这样的幼儿,一方面可以教给他们基本的绘画表现技能,另一方面也可以引导他们寻求其他途径来表现和发展想象力,如讲故事等。

(三) 文艺作品与幼儿的想象

各种幼儿文艺作品,包括故事、传说、童话、寓言等,都是发挥和满足幼儿丰富想象力的良好媒介。日益普及的电视、电影、计算机等,也使广大幼儿大量接触到各种声像作品。这些文艺作品和影视、戏剧、计算机软件等,都应根据幼儿的特点来编写和设计,才能达到良好的教育效果。

由于文艺作品一般都有人物情节,和现实生活更接近,幼儿又正处于想象与现实尚未完全区分的发展阶段,所以很容易对作品中的人物和情节深信不疑,并去模仿。这一特点,一方面,有利于成人传授幼儿应学习、了解的知识,使他们易于理解和记忆;另一方面,也给成人在选择、使用这些文艺作品时提出了"警示",要严格防止作品中有不适于幼儿的内容,如凶杀、暴力等,否则会给幼儿带来意想不到的危害。对有可能使幼儿误解的地方,成人要进行解释,以防幼儿简单反映着他们认识世界的独特视角。例如,一个学龄前幼儿,在听了《西游记》的故事后,会模仿孙悟空拔自己的"汗毛"去变东西,甚至模仿孙悟空念着咒语"腾云驾雾",这就是危险的信号了。

教师在选择适宜的文艺作品之外,还可以引导幼儿去"创作"他们最初的"作品",如将自己编的故事记下、录下、演出等;可以充分利用一些直观的材料,如图片、玩具等,帮助幼儿表现自己想象的故事情节。这也是鼓励幼儿进行想象和创造的重要方法。

二、在活动中,进行适当的训练可以提高幼儿的想象力

有目的、有计划地训练,是提高幼儿想象力的重要措施。除通过讲故事、绘画、听音乐等活动培养幼儿想象力外,还可以采用其他一些形式。例如,在纸上画好一些线条和几何形体,让幼儿通过添画来完成整幅画面;让幼儿听几组声音的录音,让幼儿想象这几组声音说明发生了什么事情;给幼儿几幅秩序颠倒的图画,让其重新排列,并叙说整个事情经过等。经常进行这样的训练,可使幼儿想象的内容广泛而又新颖。

提高想象力是非常有必要的，它会表现在生活中的方方面面，甚至关系到成功与否！最基础的是多看、多思考，但还有更高的要求。想象力是人不可缺少的一种智能，是人的生活中不可缺少的智慧。哲学家狄德罗说："想象，这是一种特质。没有它，一个人既不能成为诗人，也不能成为哲学家、有思想的人、一个有理性的生物、一个真正的人。"

美国一个权威咨询机构调查结果表明：孩子1岁时，想象力、创造力高达96%，可这种情况在7岁上学以后发生逆转。到10岁时，孩子丰富的想象力、创造力只剩下4%。

要想保持孩子丰富的想象力，家长应有意识地从生活中的小事对孩子进行训练。

（一）让孩子做生活的主人

手和脚动起来。手和脚的每一条神经都与大脑连接、受大脑支配，而手脚不同的动作又可促进大脑的发育。研究表明，勤于动手的孩子更富创造性和想象力。生活中，孩子的事情让他自己做，家长不要自作主张地为了节约时间让孩子学习、写作业，而把应该由孩子自己做的家务活包揽下来。让他自己收拾文具、床铺、卧室，自己洗袜子、内衣，自己背书包，等等。要知道，孩子在动手做事时，脑子也在动。

当孩子能够自己用手拿勺子的时候，就培养他自主吃饭；让他享受步行、奔跑、识途、记路、冒险走新路的乐趣，即使你有车，也不要让四个轮子成为孩子的"腿"；让他使用各种大人用的工具，比如家里的工具箱、钳子、螺丝刀、扳手、锤子、剪刀等。椅子的螺丝松了，试着让四五岁的孩子去紧紧；组装的小家具，让他自主去试试。

（二）让孩子尽量体验各种感觉

孩子每天更多地生活在视觉的世界里，对其他感觉缺乏体验和锻炼，触觉、视觉、听觉、嗅觉、味觉、灵感对想象力和创造力同等重要。不妨让孩子戴上眼罩，依靠听觉、触觉等感觉世界。闭着眼睛听故事，肯定会和睁着眼睛有不同的感觉。

音乐可以激发孩子的想象力，尤其是没有歌词的音乐。你可以和孩子讨论听到了什么、感受到了什么，是鸟语花香，还是狂风暴雨？是宇宙漫步，还是时空穿越？这是对孩子听觉想象力的锻炼。

现在的图画书丰富多彩，让人目不暇接。但孩子多是被动地"看"，却很少思考。你可以让孩子想一想，如果让他来画，这幅画会有什么不同，会增加什么形象、变换什么色彩。

（三）经常和孩子一起做想象力拓展的游戏

可从生活中一件具体的物品来展开。比如：喝完饮料的瓶子还能做什么用？能当球踢吗？能做擀面杖吗？透过玻璃瓶看字会缩小还是变大？

也可以多让孩子做假设，展开联想和想象。比如：假如我是一粒种子，怎样才能发芽？会怎样发芽？发芽后是什么样的？能用肢体比画出来吗？

闲暇时，家长不妨和孩子来个"吹牛"比赛，比如"嘴大——上嘴唇接着天，下嘴唇贴着地"之类；还可以讨论或运用有夸张意味的成语，如"胆大包天"。

（四）阅读与想象

阅读是由连续的、富有形象性和逻辑性意义的组合，可以促使大脑主动进行富有想象力的创造性思维，因此阅读是培养想象力的土壤。

引导孩子多看一些童话、神话、科学幻想，孩子稍大后（能够分清幻想与现实的区别）可以看科学发明等图书和文章，在阅读中培养想象力。

让孩子成为"故事大王"，续编或改编故事。当故事讲完开头或讲到一半的时候，家长不妨停下来，让孩子展开自己的想象，为故事编写不同的情节和结尾，过一把"作家"瘾。那么成人怎样提高自己的想象力呢？几种提高成人想象力的方法如下。

第一，要积累渊博的学识和丰富的经验。想象无非是对已有的知识、表象和经验进行改造、重新组合、创造新形象。因此头脑中储存的表象、经验和知识愈多，就愈容易产生想象。一个孤陋寡闻的人是很难经常产生奇想的。

第二，要善于把不同种类的表象加以重新组合以形成新的形象。《西游记》中的猪八戒这一艺术形象就是用这种组合法想象出来的。

第三，要善于把同类的若干对象中的最具代表性的普遍特征分析出来，然后集中综合成新的对象。"阿Q"的形象，就是鲁迅先生用这种方法想象出来的。阿Q的原型"没有专用过一个人，往往嘴在浙江，脸在北京，衣服在山西，是一个拼凑起来的角色"。

第四，要善于抓住不同事物之间的相似性进行想象。想象可以通过比喻的途径来完成。如人们常常把"爱心"比作滋润心田的雨露，从而将这个抽象的概念具体化。比喻的关键在于发现不同事物之间的相似性。

第五，要善于把适合于某一范围的性质扩展到整个等级。想象也可以通过夸张的途径来完成。夸张的关键在于通过用具体的局部去代表未知的整体从而使整体具体化。如当人们只看到月牙时，他们就认为自己看到了整个月亮，这就是通过夸张来想象。要使儿童具有丰富的想象力，需要做到以下几点：

第一，引导儿童学会观察，获得感性的经验，不断丰富儿童的表象。

第二，引导儿童积极思考，打开想象的大门。

第三，引导儿童努力学习科学文化知识，可以发展儿童的空间想象能力。

第四，引导儿童积极参加各种科技、文艺、体育活动，不断丰富生活经验，为发展良好的想象力创设条件。

第五，看绘本书，比如《细菌王国入侵地球》这套书里多有达500多种的微生物造型。引导儿童发展举一反三的能力。

三、学前儿童想象力的培养

（一）丰富孩子的生活经验，发展孩子的表象

想象是在大量的生活经验基础上积累起来的。别人说"苹果"，你的头脑中会浮现出一个"苹果"的具体形象，这个形象就是表象。正是依靠表象的积累，孩子的想象才逐渐发展起来。我们要帮助孩子积累的生活经验正是帮助孩子在头脑中建立表象的过程，孩子表象的积累越多，就越容易将相关的表象联系起来，这也就是想象发展的过程。在学前阶段，我们鼓励父母经常要带孩子走向大自然，与社会接触，目的就是让孩子有机会丰富生活经验，在头脑中留下更多的表象，为想象的发展打下基础。

（二）给孩子提供适合的环境，激发孩子想象的欲望

除了带孩子外出，在家中也要给孩子一个良好的环境，帮助孩子发展想象力。给孩子合适的图书，和孩子一起分享故事描述的情境，和孩子一起想象情节的变化，鼓励孩子想一想结局，都是帮助孩子培养想象的好办法。读故事书时，改变一下读的方法，读一读，停一停，想一想，给孩子一个吸收和连接已有经验的时间。此外，和孩子一起游戏也是鼓励孩子想象的大好时机，女孩子爱玩的"扮家家"，男孩子爱玩的搭积木，都是孩子想象力发展的机会。不只是提供玩具，还要和孩子一起玩，在游戏的过程中和孩子一起想象，"你今天给娃娃做什么饭呀？""我们上次去动物园，你还记得吗？我们给大象搭一个家吧？"……

（三）给孩子创造轻松的氛围，鼓励孩子表达自己的想象

孩子将想的说出来也是一个过程，这不但是将生活经验梳理的过程，也是将经验在头脑中组织、整理后表达的过程。我们不但要鼓励孩子大胆地想，还要鼓励孩子大胆地说，像前面提到的例子中，孩子把想的就当成真的说出来时，我们不能简单地以一句"瞎说"就将孩子打发掉，而是应该仔细地问问孩子到底是怎么回事，是想的，还是真的，帮助孩子分清哪些是想象，哪些是真实，对孩子提出的问题尽量地鼓励他："你想想为什么？""你想会是什么样呢？"

（四）鼓励孩子大胆地想象，引导孩子合理地幻想

幻想是想象的一个更高的层次，是一种合理的想象，在学前期和小学初期，孩子的幻想也是在从远离现实的幻想到接近现实的幻想发展的过程。如孩子喜欢"奥运会"吉祥物，就进而幻想，开奥运会的时候，我怎样与奥运会吉祥物见面？这就是一个合理的想象，也就是幻想的过程。还可以引导孩子想象一下未来的交通会是什么样，未来的环境会是什么样。合理的幻想正是创造的开始，也是想象的一个最高境界。

（五）临摹仿效

想象力的培养、模仿往往是第一步。正如你临摹字帖，天长日久就可以写好字。模仿是一种再造想象。通过模仿，你可以抓住事物的外部和内部特点。模仿绝不是无意识地抄袭，而是把眼前和过去的东西通过自己的头脑再造出来。与创造相比，模仿

是一种低级的学习方法，但是创造总是从模仿开始的。有人说，模仿对于儿童来说如独立创造一样重要。古今中外有许多有成就的人物，在开始时都是从模仿中获益的，然后再在前人的基础上加以创新，走出自己的新路。

（六）丰富的知识经验

发展想象力的基础是丰富的知识和经验，没有知识和经验的想象只能是毫无根据的空想，或者是漫无边际的胡思乱想。扎根在知识经验上的想象，才能闪耀思想的火花。经验越丰富、知识越渊博，想象力的驰骋面就越广阔。这里所说的广博知识，除了专业知识和与专业知识相关的科学知识之外，还要有广泛的兴趣，特别是阅读文学书籍。文学艺术对培养和提高想象力有非常大的作用，因为它们的表现方式是最为形象生动的。文学和艺术作品是想象的学校。一方面，文学艺术作品可以提供丰富的形象，特别是典型形象；另一方面，欣赏艺术和阅读文学作品又要求人们必须展开想象的翅膀。于是在运用想象的过程中，自然也就发展了想象力。生活经验的多寡，直接影响到想象的深度和广度。丰富的生活经验是提高人们想象力的重要因素。因此，我们应当广泛地接触、观察、体验生活，并有意地在生活中捕捉形象，积累表象，为培养想象力创造良好的条件。

（七）培养发现问题、提出问题的优良心理品质

巴尔扎克曾说过："打开一切科学的钥匙都毫无异议地是问号，我们大部分的伟大发现应该都归功于'如何'，而生活的智慧大概就在于逢事都要问个为什么。"敢于发现问题、善于发现问题和敢于提出问题，是一种极有价值的智力素质，这里包括观察、好奇、怀疑、爱问、追问，等等。对于青少年来说，观察怀疑、想象思考以及永不满足的好奇心所产生的种种追求，可以引导他们去选择新的目标，连续地进行学习和研究。

（八）参加创造活动

创造活动特别需要想象，想象也离不开创造活动，因此，积极参加各种创造活动，是培养想象力，特别是创造想象力最有效的途径之一。

（九）培养正确幻想

幻想是青少年的一种宝贵品质。但一个人必须把幻想和现实结合起来，并且积极地投入实际行动，以免幻想变成永远脱离现实的空想。同时，一个人还应当把幻想和良好愿望、崇高理想结合起来，并及时纠正那些不切实际的幻想和不良愿望。学生的想象特点是大胆、无拘无束，因为有着强烈的好奇心和很容易被激发的求知欲，好学、好问、好幻想。鲁迅说："孩子是可敬佩的，他常想到星月以上的境界，想到地面下的情形，想到花卉的用处，想到昆虫的语言；他想飞到天空，他想潜入蚁穴。"因此，要抓住一切机会，扩大自己的视野，多参加各种课外活动，多读书，丰富自己的想象力。

【案例思考】

[案例1] 正在吃饭时,范老师生气地对我说:"尹老师你看,昨天明明给她吃药了,结果她一放学见到妈妈的时候却说'老师没有给我吃药',这孩子怎么能撒谎?"我回头一看,文文表情悲苦地望着我,一副要哭出来的样子,我一笑,对范老师说:"没关系的,她也不是故意的,咱们下回不会这样做了,是不是?"文文赶紧点头应是,事情就这么过去了。试分析,为什么孩子说谎却不批评呢?

[案例2] 某天,你开车带5岁的孩子到郊外去玩耍。车到高速公路上,突然车慢慢停下来了。你查看后,发现是没有汽油了。当孩子知道后,高兴地对你说:"不要着急,奥特曼会给我们送过来汽油的!"此时,你会认为是孩子想象力丰富吗?

【相关资料】

给孩子想象的空间、再创的机会

在上午第二节语言活动课中我为幼儿讲述了一个《红狐狸教数学》的故事,当讲到小鹿说"1+1=3"时小朋友们都惊呆了。我随即就抛出了一个问题:"为什么1+1=3呢?"这下孩子们都被问住了。我便揭晓答案,这时孩子们才恍然大悟。随着故事的发展又出现了"1+1=1"我同样让孩子们猜测原因,可孩子们好像还是没有明白,仍然哑口无言。索性我将整个故事讲完,并将每个等式成立的原因重点解释。有了以上的铺垫,他们好像有所领悟。凯凯不确定地说:"一堆豆子和一堆豆子倒在一起还是一堆豆子,所以1+1=1。"我立刻向他伸出了一个大拇指加以表扬。东东抢着说:"一只小鸭和一只小鸡到河里去游泳,可是小鸡不会游泳被淹死了,只剩下一只小鸭,所以1+1=1。"斐儿说:"1+1=3,一个要生宝宝的人加上一个不生宝宝的人就有三个人了呀。""你们说的都不对1+1=2,原来有一只红蝴蝶现在又飞来了一只黄蝴蝶,就有两只蝴蝶了,所以1+1=2。"于成非常自信地说。许多孩子都想象出不同的等式,我手忙脚乱地记录着孩子们的"等式录"。等孩子们的发言告一段落后,我又提出了新的要求:运用"因为……所以……"将等式解释清楚。

在上述幼儿的回答过程中我并没有做太多的评价、解释,只是用眼神、表情、肢体语言对幼儿的回答加以肯定。随着孩子们发言的高潮期下落时,我又采用了幼儿相互评价的策略。在这一环节中可以训练孩子们的倾听能力和评价能力。在课后我将"等式录"加以整理(设计成孩子们熟悉的绘画记录本),投放在区角中,以便孩子们随时翻阅、随时添加、随时创编。

在聆听孩子们的想法时我感到非常惊讶:孩子们的小脑袋里有着多姿多彩的想象,正等着我们老师和家长去发现、开采。

案例分析：

案例中一开始幼儿并没有按我的思路展开想象，此时我也没有采取任何引导措施，而只是顺其自然地将故事讲完。在此之后再将重点提出加以解释，让幼儿充分理解故事中等式的含义。

为什么一开始孩子们不能展开丰富的想象呢？我想是我们先前的教育中过早地定格了幼儿的思维，1+1只能等于2，其他的答案一律都是错误的。这就使得孩子们第一次听到故事感到非常惊讶、好奇，以至于发出了"啊，这是怎么回事呀，这不可能，一定是搞错了"。但在此次活动中这又是一个很好的资源：兴趣。著名科学家爱因斯坦说过："兴趣是学生最好的老师。"兴趣是幼儿学习的动力。

幼儿园教学的五大领域都是相互渗透、相互联系的。案例中我将孩子们讲述的等式内容、成立原因以绘画的形式记录下来，并投放在区角中让孩子们随时翻阅随时添加。

在孩子们翻阅、观察已有内容时，语言领域中的早期阅读能力得到了较好的发展和提升。在进行新内容创建时，科学领域中的逻辑分析能力得到了较好的发展和提升。在进行新内容添加时，艺术领域中的绘画能力得到了较好的发展和提升。

我们在平常的教育中创编练习接触的不是很多，对孩子们来说具有一定的困难。所以我在安排孩子们创编时是遵循他们的发展水平，循序渐进地安排进度：先是让孩子们自由想象、发言，然后再运用"因为……所以……"将语句组织完整，最后在孩子们对故事完全熟悉了解后，再进行完整的故事创编（在区角内进行）。

中班创编故事的重点应放在创编故事的"有趣情节"上。这里所说的"有趣情节"是指故事情节的高潮部分。在故事情节推向顶峰时设下悬念，让孩子积极想象，创编出可能出现的发展情节。孩子在理解体验作品和迁移经验的基础上，进一步扩展想象、创编出故事的"有趣情节"，最后寻找出故事结局，完成故事创编。案例中的"有趣情节"是"1+1=？为什么"，在通过理解故事这一环节后，孩子们便开始了积极地创编。此处为故事最重要的组成部分，通过孩子们的创编积累了丰富的材料。结合这些材料再续上"头""尾"，便成了一个新的《红狐狸教数学》。

案例反思：

留给孩子自由的空间，包括思想上的和行为上的，不要刻意定格孩子的思维，更不要扼杀孩子的丰富想象力，要让孩子们异想天开。当今教育时代的素质教育，正是在积极开发孩子的创造性思维，培养孩子的创造性想象力。可见，幼儿想象力的培养很重要，关系到孩子今后的发展。因此，在实际工作中，我们要创造各种条件，让孩子们异想天开，充分发挥其想象力。

虽然说在兴趣的推动下幼儿的想象力、创造力是非常宽阔、无边的，但它必须具备一个能撑起这些想象力、创造力的基础支点。故事中等式的含义就是基础支点，孩子们对此支点有了充分的理解、认识后，才能展开丰富的想象。

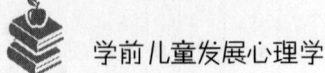

在孩子们打开想象之门后，要为他们创设一个轻松、自由的气氛。孩子们只有在这样的气氛中才能展开丰富的想象，教师不要太在乎孩子们发言是否准确或者优美，而要让每个孩子说说哪怕是不成熟的想法；或者在很多孩子争着说的时候，用分组或自由讨论的方式来让每个孩子有说的机会，那么他们交往的愿望得到满足和鼓励，他们也有了语言运用的机会。同样的问题还出现在孩子说话的过程中，如果老师出于"教育"的目的，打断孩子的话而要求他们"说完整""说对"，等等，实际效果往往是孩子的交往意愿在这样的"打断"过程中受到了打击。

第八单元　学前儿童情绪和情感的发展

> **学习目标：**
> 1. 掌握情绪与情感的概念，能够分析两者的区别和联系。
> 2. 理解幼儿情感的种类及特点。
> 3. 懂得在不同的情感状态下，如何调节情感。
> 4. 掌握幼儿情绪的发展特点及良好情绪的培养措施。

模块一　学前儿童情绪和情感的发生发展

一、情绪与情感的概述

（一）情绪的概述

情绪，是对一系列主观认知经验的通称，是多种感觉、思想和行为综合产生的心理和生理状态。最普遍、通俗的情绪有喜、怒、哀、惊、恐、爱等，也有一些细腻微妙的情绪如嫉妒、惭愧、羞耻、自豪等。情绪常和心情、性格、脾气、目的等因素互相作用，也受到荷尔蒙和神经递质影响。无论正面还是负面的情绪，都会引发人们行动的动机。尽管一些情绪引发的行为看上去没有经过思考，但实际上意识是产生情绪重要的一环。人的情绪有天生也有后天控制的成分。情绪可以被分类为与生俱来的"基本情绪"和后天学习到的"复杂情绪"。基本情绪和原始人类的生存息息相关，复杂情绪必须经过人与人之间的交流才能学习到，因此每个人所拥有的复杂情绪数量和对情绪的定义都不一样。而我们常说的情商就是指情绪商数，而并非情感商数。

积极情绪表现为：和别人握手时，表现出热情、诚恳、可信和自信。谈话时，要轻松自如，不吞吞吐吐，慌慌张张，没有相互敌视和防范的心理和行为。消极情绪表现为：初次见面时被动握手。接触时距离过远。不太注意倾听对方的谈话，在对方说话时心不在焉地干一些别的事。会话时，相互猜疑，防范多于理解和谅解。说到情绪，我们每个人都逃脱不了干系。情绪的发展和变化是我们因人因时因地因事而产生的。情绪在制约人，也在成就人，还在损害人，不同的情绪有着不同的生活。我们要管理好自己的情绪，拥有我们自己需要的情绪，使情绪获得应有的表达和展示。所以，我们必须对情绪进行真正的了解，知道它的种类和对人的利害。我们不仅需要积极的情绪，还需要消极的情绪；不仅需要克制，还需要发泄；不仅需要防御，还需要利用。情绪是我们为人做事的重要因素，我们只有挖掘积极情绪和善待消极情绪，才能更好地把握和管理，使自己做情绪的主人。在我们的日常学习、工作和生活中，人的性格、学识、能力、习惯、爱好、追求等都能促使情绪好坏和优劣。让自己和他人感受并意识到情绪所带来的效果，无论是说的还是做的，情绪的流露都是在传递我们内心思想的信息。情绪主要表现在如下多种：开心、高兴、兴奋、激动、喜悦、惊喜、惊讶、生气、紧张、焦虑、怨恨、愤怒、忧郁、伤心、难过、恐惧、害怕、害羞、羞耻、惭愧、后悔、内疚、迷恋、平静、急躁、厌烦、痛苦、悲观、沮丧、懒散、悠闲、得意、自在、快乐、安宁、自卑、自满、不平、不满等。这些情绪，有的给人带来鼓励，有的给人带来力量，有的给人带来认识，有的给人带来进步；有的助人成才，有的助人成功，有的助人成长，有的助人成熟；有的使人懂得珍惜，有的使人懂得爱护，有的使人懂得勤奋，有的使人懂得拼搏；有的让人勇敢，有的让人沉默，有的让人激动，有的让人理智。总之，我们的感受和需要是在多方面多角度多条件中转换选择的，有很多事是在影响感染中发生的，我们的情绪也随之出现。要知道，什么样的人和事联系起来，就会有什么样的情况和结果。

情绪是靠我们自己管理和掌握的，任何一个人和一件事，一句话和一件物等都能激起我们的情绪。我们应当有人所共有的感受和需要，但不能求之太过于痴迷和慌乱。很多情绪来自于身外，可心情是自己的，我们可以用自己的修为来调整不利和不好的状态，使得自己在有关与无关中确立自我情绪，走出情绪的困扰。

情绪使我们的生活多姿多彩，同时也影响着我们的生活及行为。当出现不好的情绪时，最好加以调节，使情绪不要给自己的生活及身体带来坏的影响。

（1）用表情调节情绪。有研究发现，愤怒和快乐的脸部肌肉使个体产生相应的体验，愤怒的表情可以带来愤怒的情绪体验，所以当我们烦恼时，用微笑来调节自己的情绪可能是个很好的选择。

（2）人际调节。人与动物的区别在于他的社会属性，当情绪不好时，可以向周围的人求助，与朋友聊天、娱乐可以使你暂时忘记烦恼，而与曾经有过共同愉快经历的人则能引起你当时愉快的感觉。

（3）环境调节。美丽的风景使人心情愉悦，而肮脏的环境会使人烦躁。当情绪不好时可以选择一个环境优美的地方，在完美的大自然中，心情自然而然会得到放松。还可以去那些曾经开心过的地方，记忆会促使你想起愉快的事情。

（4）认知调节。人之所以有情绪，是因为我们对事情做出了不同的解释，对每件事情不同人的观点不同，则会产生不同的情绪反应。所以我们可以通过改变我们的认知，来改变我们的情绪。比如说在为了某件事儿烦躁时，可以对事情进行重新评价，从另外一个角度看问题，改变我们刻板看问题的方式。

（5）回避引起情绪的问题。如果对有些引起情绪的问题我们既不能改变自己的观点又不能解决，就可以选择逃避问题，先暂时避开问题，不去想它，待情绪稳定时，再去解决问题，而且有时候问题的解决方案会在从事其他事情时被不经意地想出来。

（二）情感的概述

情感是态度这一整体中的一部分，它与态度中的内向感受、意向具有协调一致性，是态度在生理上一种较复杂而又稳定的生理评价和体验。情感包括道德感和价值感两个方面，具体表现为爱情、幸福、仇恨、厌恶、美感等。《心理学大辞典》中认为："情感是人对客观事物是否满足自己的需要而产生的态度体验。"同时一般的普通心理学课程中还认为："情绪和情感都是人对客观事物所持的态度体验，只是情绪更倾向于个体基本需求欲望上的态度体验，而情感则更倾向于社会需求欲望上的态度体验。"

1. 情感在社会交往中的常见作用

人非草木，孰能无情？每个人在交往中都会产生情感，不同的情感会对交往产生不同的影响。了解情感在交往中的作用，有利于在交往互动中获取他人的情感信息并把握自己的情感，运用自己的感情，分析他人的感情。当自己的行为引起对方情绪激动时，总是怀疑是不是自己做得太过分了。此时应注意分辨是自己确实太过分了，还是对方情绪过敏了，或是对方故作激动，然后调整自己的行为。愤怒往往能使对方丧胆而让步。在社会交往中，要敢于见义勇为，敢于同恶人做斗争，如小偷在公共汽车上行窃，人们见义勇为，小偷往往被群众震慑而图谋难逞；有人软弱退让，小偷得寸进尺，抢了钱还要金首饰。大到政治交往也是如此，如近几年日本舆论界要求敢于对美国说"不"字，日本也做了一些尝试，证明邪不压正，对不讲理的人，态度强硬一些，对方往往会退让。流泪能够换得对方的同情。《水浒传》中有一则故事，李鬼冒充李逵打家劫舍，遇到真李逵，李鬼垂泪谎称家有老母需供养而换得宽恕。交往中，流泪加忏悔之辞，往往使听者心软，大事化小，小事化无。应注意分辨是真诚的眼泪还是鳄鱼的眼泪。

恐惧能将人们的心拴在一起。在应激环境中尤其如此，如唐山林西商店火灾证实，遇难者是在恐惧中挤成一堆因一氧化碳中毒而窒息身亡。当恐惧事件将人们联系在一起时，需临阵不慌，急中生智，果断地寻找应变措施。对他人爆发的激烈的情感，能够处变不惊，心平气和，往往令人尊敬。如作为领导和管理者，当下级因故发泄脾气或个别人胡搅蛮缠时，处变不惊、心平气和可防止问题激化，留下回旋余地。情感冷漠常使交往者打退堂鼓。一般说来，"来而不往非礼也"，但是有些情况下，当不需要这样的交往时，态度冷淡是中止交往的最好办法。感情相同时往往会与对方产生共鸣。俗话说"同病相怜"便是如此，就狭义讲，患同样疾病的人，在一起时很容易谈病史及用什么药较好等；就广义讲，当人感情相同时，很快便能寻找共同语言，一见倾心。坦诚和坦白可以获得人的同情。社会交往中，诚实地承认错误，胜于强词夺理，狡辩令人讨厌并使问题更加复杂。毫不掩饰错误，常常得到谅解。如司法实践中，从来都是坦白从宽，抗拒从严；谈恋爱时，坦诚地告诉对方自己的坎坷经历，或者明言自己曾失身失足，往往能引起对方同情、理解而获得爱情。在多轮谈判当中，先由一个唱黑脸再由一个唱白脸，更容易达到预期目的。如唱黑脸者先提出一些强硬的条件和要求，经过多个回合，再换唱白脸者做出某些"缓和"与"让步"，对手会认为比黑脸方案要好而最终接受白脸方案。

喜欢原则。当你喜欢某人时，你就会自动撤除障碍，去接近他，爱屋及乌，包括赞扬他的观点和所作所为，或者有求必应；反之，你会隐蔽自己，建立藩篱，远离你不喜欢的人。嬉笑怒骂往往能达到目的，使对方难以抵抗，不战而降。常见于商业谈判及辩论。如抓住对方的弱点或犹豫不决时，选择对方意想不到的问题，四面出击，真真假假，虚虚实实，使之屈服。大智若愚常能得到对方更多的让步。常见于买东西和商业谈判时，装作不懂规则行情，提出傻乎乎的问题来讨价还价，对手觉得笨拙可爱而做出让步。

2．情感的种类

（1）道德感。道德感是人们运用一定的道德标准评价自身或他人行为时产生的情感体验。如果自己或他人的行为符合道德标准，便会产生肯定的道德体验，如敬佩、爱慕、赞赏、欣慰等；不符合时，便产生否定的道德体验，如厌恶、羞愧、憎恨等。道德感是人类所特有的一种高级情感。它是人们把自己的或别人的行为与已有的社会行为规范加以比较的后果，体现了客观事物与主体的道德需要之间的关系。道德标准是社会历史发展的产物，道德感也受社会历史条件的制约。不同的时代、不同阶级和不同的社会制度具有不同的道德标准，因而也具有不同的道德感。在阶级社会中，许多道德感带有明显的阶级性。道德感对人的实践活动有重要作用。它可以帮助人们按照道德准则的要求，正确地衡量周围人们的各种思想行为，同时也可以使自己的思想、行为自觉地符合社会道德准则，做一个道德高尚的人。

（2）理智感。理智感是人在认识活动中产生的情感体验。理智感与人的认知活动、求知欲、认识兴趣以及价值观密切联系。人的认知活动越深刻，求知欲越强烈，追求真理的情趣越浓厚，则人的理智情感也就越深厚。可见，理智感是推动人们探索、追求真理的强大动力。

（3）美感。美感是人们在感知和欣赏事物时所体验到的优美的情感。它是人根据美的需要，按照一定的美的评价标准，在审美过程中产生的情感体验。美感包括自然美感、社会美感和艺术美感三类。凡是符合个人美的需要的对象都能引起美的体验。美感和道德感一样，受社会生活条件的制约。不同的历史阶段、不同的社会制度、不同的民族、不同阶级和不同的风俗习惯，对美的评价标准会有不同，因而产生的美感也会不同。美感的深度还决定于人的审美能力，审美能力则取决于一定的鉴赏技能、知识经验和个人的艺术观点。道德感、理智感和美感都是在社会实践和教育影响下形成和发展的，三者密切联系，相互交织。

（三）情绪和情感的区别与联系

1. 情绪和情感的区别

我们一直将情绪和情感作为一个统一的心理过程来讨论，但从产生的基础和特征表现上来看，二者有所区别。首先，情绪出现较早，多与人的生理性需要相联系；情感出现较晚，多与人的社会性需要相联系。婴儿一生下来，就有哭、笑等情绪表现，而且多与食物、水、温暖、困倦等生理性需要相关；情是在幼儿时期，随着心智的成熟和社会认知的发展而产生的，多与求知、交往、艺术陶冶、人生追求等社会性需要有关。因此，情绪是人和动物共有的，但只有人才会有情感。其次，情绪具有情境性和暂时性；情感则具有深刻性和稳定性。情绪常由身旁的事物所引起，又常随着场合的改变和人、事的转换而变化。所以，有的人情绪表现常会喜怒无常，很难持久。情感可以说是在多次情绪体验的基础上形成的稳定的态度体验，如对一个人的爱和尊敬，可能是一生不变的。因为如此，情感特征常被作为人的个性和道德品质评价的重要方面。最后，情绪具有冲动性和明显的外部表现；情感则比较内隐。人在情绪左右下常常不能自控，高兴时手舞足蹈，郁闷时垂头丧气，愤怒时又暴跳如雷。情感更多的是内心的体验，深沉而且久远，不轻易流露出来。

2. 情绪和情感的联系

情绪和情感虽然不尽相同，但却是不可分割的。因此，人们时常把情绪和情感通用。一般来说，情感是在多次情绪体验的基础上形成的，并通过情绪表现出来；反过来，情绪的表现和变化又受已形成的情感制约。当人们干一件工作的时候，总是体验到轻松、愉快，时间长了，就会爱上这一行；反过来，在他们对工作建立起深厚的感情之后，会因工作的出色完成而欣喜，也会因为工作中的疏漏而伤心。由此可以说，情绪是情感的基础和外部表现，情感是情绪的深化和本质内容。

二、意志及其重要意义

（一）什么是意志

人按照预定目的，有意识地组织自己的行动克服困难的心理过程，称为意志。意志总是在人的自觉的、有目的的行动中表现出来。意志的行动是各种各样的，可以表现为行动的积极进行，如上课时认真听讲，专心做作业；也可以表现为行动的保持，如图画课后继续把画画完才出去玩；还可以表现为行动的抑制，如游戏时不抢好玩具，做作业时有好电视也不看，等等。意志也就是在这些行动中所表现出来的共同的心理品质。

（二）意志的重要意义

意志在一个人的成长中具有重要的意义。美国心理学家推孟曾对千余名天才儿童进行过追踪研究，30年后总结时发现，智力高的成就不一定就高。他将800个男性受试者中成就最大的 20% 与没有什么成就的 20% 做了比较，发现他们中间最明显的差别不在于智力的高低，而在于个性意志品质的不同。成就最大者，对自己所从事的研究工作具有充分的信心，具有不屈不挠的顽强精神，具有坚持到最后完成任务的毅力、韧性，而成就小者正是缺乏这些品质。我国心理学家也对 20 多名超常儿童进行过调查，结果同样表明，意志坚强、有明确的行动目的、做一件事总能克服各种困难和干扰，坚持到底，是他们突出的共同特点。可见，一个人能否有所作为，除智力因素外，与意志品质有极大的关系。良好的意志力，是一个人有所作为不可或缺的重要因素。因此，我们在向幼儿进行早期教育时，必须重视幼儿意志力的培养，将智力开发与意志培养一起抓，使幼儿从小具有良好的意志品质，为其将来取得成就奠定良好的基础。

（三）幼儿意志发展的特点

要培养幼儿良好的意志，首先必须掌握幼儿意志发展的特点。幼儿意志发展的特点主要表现在意志的自觉性、坚持性、自制力等品质上。

1. 自觉性

自觉性是指幼儿自觉服从并主动给自己提出一定的目的、任务的意志品质。学前儿童由于年龄小，语言和思维发展还不足，对周围事物、成人提出的任务、自己的行动目的缺乏深刻的认识，因此，行动的自觉性是较差的。特别是学前初期的幼儿，行动容易受周围事物的影响、支配，而常常难于服从成人的指示、要求，甚至忘记成人的指示与要求，行动带有很大的无意性和不自觉性。比如，上课时，坐着坐着就坐不住，手脚乱动，忘记了应该认真听讲；游戏时，经常破坏游戏规则等。

独立地预先给自己提出活动的目的，对小班幼儿而言更是困难和不太可能的。他们常常是不知道自己要做什么、怎么做，或者随便说出一个活动目的，但这一活动目的并不指导他们以后的行动，或者行动虽有某些直接的目的，但极易受外界的引诱而转移、放弃。比如，小班幼儿拿到积木就搭，问他们搭什么，或摇头，或说"不知道"；带他们去参观动物园，几乎没有一个小朋友能够给自己提出观察某一动物的任务；画画时，刚说要画大象，但看见旁边小朋友画的机器人很好玩，又转画机器人了。

在正确的教育影响下，学前中期幼儿开始能使自己的行动服从老师的指示和要求，并且能够在某些活动中独立地为自己确定行动目的，以及逐渐按照既定的目的去行动。但这些行动目的有时还不甚明确，对行为的制约性也不强。到学前晚期，大班的幼儿已能够比较明确地给自己提出行动的目的、任务，并且不仅能较好地使自己的行动服从成人的指示，而且还能较好地服从自己提出的目的。这时，周围环境对他们的影响相对减弱，而语言指示、目的任务对他们的制约力相对增强，行动也具有较明显的目的性。

2. 坚持性

坚持性是指幼儿长久维持已经开始的符合目的的行动，坚持实现目的、任务的意志品质。学前幼儿由于行动的自觉性较差，对行动的目的任务缺乏认识，因而，坚持性也是较差的，不能较长时间地从事某一项活动。在小班，三四岁的幼儿，做事有头无尾、有始无终，这是常事。例如，他们画画，往往只画了一半，就不画了，跑到"医院"去给病人看病，但还没给病人开完药方，又跑到"理发店"去当理发员。在实现目的的过程中，如果他们遇到某些小困难，则更易放弃努力，坚持性更弱。

学前中期，幼儿的坚持性发生较大变化，逐渐发展起来。由于经常完成成人的各种指示、要求，幼儿开始能够努力坚持完成每一项任务，特别是在感兴趣的、喜欢的活动中能坚持较长时间，并在遇到困难时，也能尝试克服困难而努力实现目的。但这时他们行动的坚持性还是不太稳定的，困难稍大一些，就容易停止行动。到学前晚期，大班幼儿的坚持性才比较稳定，他们不仅对自己感兴趣的活动的目的能努力实现，而且对自己不感兴趣的，甚至较困难的活动的目的，也能在较长时间内坚持完成。有一项实验表明，在教育影响下，大班幼儿能在周围有其他幼儿做游戏和听讲故事的环境中，克服干扰，坚持完成成人委托的劳动任务。这说明大班幼儿的坚持性较小，中班幼儿有了较大的提高。

3. 自制力

自制力是指幼儿控制和支配自己的行为的意志品质。它包括两个方面的含义：一是善于促使自己去做应该做的、正确的事情；二是善于抑制自己不正确的行为，抑制自己消极的情绪和冲动等。学前幼儿的自制力，总的来说是比较弱的。有许多幼儿，特别是小班幼儿，不善于控制、支配自己的行动，常常表现出很强的冲动性和明显的"不听话"现象。

比如，早晨劳动时，应该先擦桌椅，但许多小班幼儿都争着先去擦玩具柜，边擦边玩；在活动室，应该小声说话、轻轻走路，但许多小朋友总爱大声说笑，来回奔跑。再如，上课时，插话、做小动作；排队时，挤前边的小朋友；游戏时争抢别人的玩具，等等。诸如此类的事情，在幼儿园小班经常可见，在中班也时有发现。这反映了学前阶段的幼儿尚缺乏一定的自制力。

但是，在正确教育的影响下，学前幼儿也学习着控制、调节自己的行为。从中班开始，幼儿开始有些自制力的表现。例如，上课时坐正，眼睛看老师，手、脚不乱动；午睡时不说笑、打闹，手放在被子里边；玩玩具时能互相谦让；上下楼时能安静、慢慢走。到大班，幼儿的自制力进一步发展。不少五六岁的幼儿能比较主动地控制自己的愿望和行动，努力使之符合集体的行为规则和成人的各项要求。但是，他们虽然已能较好地控制自己的外部行动，但是还做不到较好地控制自己的内部心理过程，有意注意、有意识记、有意想象等心理过程都还正在发展之中。

三、学前儿童情绪和情感的发生发展

(一) 3岁前幼儿情绪、社会性的发展

从出生时起,婴儿就是一个社会的人,婴儿就被包围在各种社会物体、社会刺激之中,形成和发展着人的情绪情感、社会行为和关系等。近年对婴儿心理的大量新研究,使我们从另一新的角度,更加全面、深入地认识了婴儿心理的发展,看到了婴儿情绪情感和社会交往能力的发展。

1. 最初的情绪反应

儿童出生后即有情绪表现,如新生儿或哭,或静,或四肢蹬动。同时,初生婴儿的情绪反应就已是初步分化的倾向。情绪专家伊扎德(C. E. Izard)研究表明,人类婴儿在出生时,就展示出了五种不同的情绪,它们是惊奇、伤心、厌恶、最初步的微笑和兴趣。我国心理学家孟昭兰基于自己和他人的一系列研究指出,新生儿已有兴趣、痛苦、厌恶和微笑四种表情。可见,婴儿出生后不仅有情绪,而且已初步分化。但是,儿童最初的这种情绪反应大多是先天性的,是遗传本能,且与儿童生理需要是否满足直接相关。因此,它们是最初步的原始情绪反应。

随着婴儿发展,在成熟和后天环境的作用下,其情绪不断变化、发展。一般研究认为,婴儿在5~6周时,出现对人的特别的兴趣和微笑,即社会性微笑;3~4个月时,婴儿出现愤怒、悲伤;6~8个月时,婴儿出现对最熟悉、亲近者的依恋,并随之产生对陌生人的焦虑及分离焦虑等。1.5岁左右时,伴随自我意识、交往和认知的进一步发展,婴儿逐渐产生羞愧、自豪、骄傲、内疚、同情等更高级、复杂的社会性情感,同时,原始、最初的情绪反应如笑、哭、恐惧等也不断分化、发展。比如,哭逐渐分化为因饥饿、寒冷、疼痛、困倦、玩具被拿走、成人离开、恐惧、惊吓、成人批评、焦虑等引起的哭;恐惧由物理、机体刺激如刺耳的高声、身体突然失去平衡等引起,发展为逐渐与知觉、经验相联系,并越来越多地与人际交往、想象、语言相联系在一起。

2. 婴儿情绪的社会化

初生婴儿的情绪基本都是生理性的,是一种原始的、本能的反应,由机体内外某些适宜、不适宜的刺激所引起,并反映机体当时的内部状态、生理需要。但是,婴儿自降生的时刻起,即进入人类社会环境中,和成人进行相互交往,在人际交往中实现着情绪的社会化。

婴儿情绪社会化是当前情绪发展研究的焦点之一,是近年研究、探讨得最多的热点课题之一。婴儿社会性微笑、陌生人焦虑、分离焦虑和情绪的社会性参照等既是婴儿情绪社会化的核心内容,也是当前情绪社会化研究的中心主题。

(1) 社会性微笑。社会性微笑的出现是婴儿情绪社会化的开端,是婴儿情绪发展中一件极其重要的事件。虽然婴儿生来就有笑的反应,但最初的笑是自发性的,它与

中枢神经系统皮质下的神经冲动自发发放有关,与脑干或边缘系统的兴奋状态变化有直接联系。因此,它通常发生在婴儿的睡眠中或困倦时,并且是突然出现、低强度的。这种笑通常也被称为内源性的笑,常常在没有任何外部刺激的情况下发生。出生后3周左右,在婴儿清醒时,轻轻地抚摸其面颊、腹部,也能引起婴儿微笑。婴儿4～5周时,把其双手对拍,让他看转动的纸板,或听各种熟悉的说话声等,都能引起婴儿微笑。但此时这些微笑不管是内源性的还是诱发性的,都是反射性的,而不是社会性的微笑。

约5周始,婴儿能区分人和其他非社会性刺激,对人的声音、面孔开始有特别的反应,大人的声音、面孔特别容易引起婴儿的微笑,社会性微笑开始出现。心理学家观察到,在此时婴儿如听到大人的声音或看见大人对着他点头,婴儿特别高兴,微笑时十分活跃、眼睛明亮。8周时,婴儿会对一张不移动的脸发出持久的微笑。

但是,从5周至3.5个月时,婴儿对人的社会性微笑是不加区分的,他们对主要抚养者或家庭其他成员、陌生人的微笑都是一样的。婴儿还不能区分不同人,对人的微笑是无差别的。甚至有研究表明,3个月的婴儿对人的正面脸,不论其是生气还是笑,都报以微笑;如果把其变为侧面脸,婴儿则停止微笑。

从3.5个月尤其从4个月开始,随着婴儿处理刺激内容能力的增加,能够分辨熟悉的脸和其他人的脸,婴儿开始对不同的人报以不同的微笑,出现有差别、有选择性的社会性微笑。他们对熟悉的人比不熟悉的人笑得更多;对熟悉的人会无拘无束地微笑,而对陌生人则带有一种警惕的注意。这是社会性微笑的进一步发展,也是真正意义上的社会性微笑。许多研究表明,4个月以后,婴儿对主要抚养者母亲笑得最多、最频繁,其次是对家庭其他成员和熟人,最后是对陌生人,对陌生人笑得最少。

（2）陌生人焦虑。随着婴儿逐渐能分清陌生人和熟人,随着母婴关系的日益亲密,婴儿能很好地把主要抚养者母亲和陌生人区分开来,陌生人的出现便会引起婴儿的恐惧、焦虑。例如,当陌生人靠近正在玩玩具的婴儿时,婴儿会非常紧张,眼睛在陌生人和母亲之间来回观看,突然大哭起来。如果陌生人离去,婴儿会慢慢平静下来,但如果陌生人又回来,婴儿还会大哭。这种反应称为陌生人焦虑。

研究表明,陌生人焦虑一般在婴儿6～8个月时发生。陌生人焦虑的发生发展有个过程。婴儿4个月大前,连陌生人和熟人都不能区分,当然谈不上惧怕陌生人。4个月左右,婴儿开始区分陌生人和熟人,对陌生人还笑,但明显比对母亲笑得少了,这时并不害怕陌生人,对陌生人的态度一般还是比较友好的。5～6个月时,婴儿见到陌生人往往会表现出一种严肃的表情,笑得更少,但是仍然不害怕。而到6～7个月时,婴儿见到陌生人就开始感到害怕了,到8个月时,婴儿明显怕生。

陌生人焦虑的发生与诸多因素有关,受多方面因素的影响。许多心理学家研究、探讨了陌生人焦虑产生的机制、条件。有人认为,陌生人的出现引起陌生人焦虑,是因为婴儿在头脑中建立了母亲的表象,把陌生人与母亲的表象相比较,敏锐地感觉到了陌生人与母亲的区别。也有许多实验证明了陌生人焦虑的发生依赖于当时父母是否在场、婴儿与父母的距离、环境的熟悉性、陌生人的特点、陌生人与婴儿的距离等情境因素。例如，研究发现，当婴儿在母亲的膝盖上时，害怕反应较弱，而离开母亲一定距离时，则焦虑反应较强烈；如果婴儿是在家里被陌生人接近，几乎很少出现害怕的情绪，而如果是在不熟悉的实验室里被接近，就有近50%的婴儿怯生。还有一些研究表明，婴儿是否产生陌生人焦虑和婴儿是否能对当时情境做出某些反应有关。如果婴儿有能力对一个情境做出"适当"的反应，即使这一情境很新奇，甚至从未见过，他也不一定会恐惧。而此时婴儿还没有成熟到能够对陌生人这一有差异的刺激做出任何有控制性的反应。他不能把握陌生人接近这一奇怪的事件，结果是痛苦、害怕、大哭。从多方面、多角度地去认识、理解婴儿陌生人焦虑的产生机制、条件，可能对我们更有效地减弱、消除婴儿的陌生人焦虑，减轻婴儿的痛苦是非常有益的。

（3）分离焦虑。随着婴儿与母亲情感联结的进一步建立，婴儿也出现了第二种形式的焦虑——分离焦虑，即婴儿与某个人产生了亲密的情感联结后，又要与之分离，就会表现出伤心、痛苦，拒绝分离。比如，一个8个月的孩子正坐在房间里玩玩具时，看见妈妈走出去，随着妈妈身影的消失，他大哭起来，这就是分离焦虑反应。研究证明，分离焦虑在婴儿6~7个月时产生，随着母婴依恋的建立而同时发生。

分离焦虑的发展也是有过程的。在头半年中，虽然当某个人如妈妈停止和婴儿玩、离开时，他也可能哭，并且现在有一些研究证据表明，对于2个月的婴儿当他们的妈妈离开时，也会激动、不高兴。但是，在开始的几个月里，婴儿的哭往往是由与另一个人的愉快交往的终止而带来的，且这时与任何一个人的交往的结束，都会带来婴儿的不高兴。这时，如果有另外一个人来跟他玩，婴儿能很快接受他的替代而安静。但是，6个月后，婴儿的反应明显不同于头半年：婴儿明显地、更多地抗拒特定个体——一般为所依恋的对象，主要是母亲的离开，当母亲离开时，他们会非常不高兴、哭闹、不安；同时，他们不愿意再接受他人的替代，别人再跟他玩，他也一定要妈妈。这是婴儿社会性情感发展上的一个很大的转折。

分离焦虑的产生同几个重要的因素有关。首先，与三方面重要的认知能力的发展有关，即提取记忆的能力、比较过去和现在的能力、预期可能在最近发生的事件的能力。头半年婴儿还没能产生这三方面能力，因此不会有分离焦虑。6个月以后，婴儿记忆提取能力提高，当母亲离开后，婴儿记忆中便能产生以前母亲在场的图式，并将其与目前情境相比较，推测现在可能会发生什么事及"母亲会不会回来"。如果婴儿能解答这类问题，即能正确预料到可能会产生的事情，可能就不会发生焦虑。但此时婴儿还不足以正确解答这些问题，所以，容易产生焦虑、苦恼并哭叫。其次，分离焦虑的产生也与婴儿应付情境的能力有关。当母亲离开时，此时的婴儿已能认识到自己正处于一个不同寻常的情景，但他们没有好的应对办法，不知如何做出积极、有控制性的反应以改变情境。当感觉自己无力减轻压力或改变环境时，压力便更大，婴儿感觉紧张、惊恐、痛苦，焦虑由此产生。婴儿分离焦虑的发生还与婴儿和母亲分离时的即时情境有关。当母亲离开时，婴儿处于一个陌生的而不熟悉的环境，或与一个陌生人而不是熟悉的人在一起，则更容易产生焦虑。

（4）情绪的社会性参照。情绪的社会性参照（Social Referencing）是婴儿情绪社会化的一种重要现象和过程，充分显示了情绪的信号作用和人际通信交往功能，是情绪社会化的重要方面。

当婴儿处于陌生的、不能肯定的情景时，他们往往从成人的面孔上搜寻表情信息，然后决定自己的行动。比如，当婴儿遇到陌生人递过的一个玩具时，当爬到视崖中间平地和深崖的交界处时，婴儿会犹豫不决、迟疑不定，这时，他们会抬起头来看母亲，试图从母亲面孔上搜寻能够帮助确定当前情境的信息，然后再采取相应的行动或做出相应的反应。这一现象我们即称作情绪的社会性参照。

情绪的社会性参照是在婴儿发展的特定时期发生的人际情绪的交流和他人情绪信息的利用，是在一种特定情境中发生的特定情绪交流模式。它包含了婴儿对他人情绪的分辨和如何利用这些情绪信息来指导自己的行为。这对婴儿是一种相当复杂的心理活动和心理能力，经历了一个逐渐的发展过程。研究发现，婴儿的情绪社会性参照能力包括了四个相互连接、逐步递进发展的水平：水平一，无面部知觉（0~2个月）；水平二，不具备情绪理解的面部知觉（2~5个月）；水平三，对表情意义的情绪反应（5~7个月）；水平四，在因果关系参照中运用表情信号（7~10个月）。由此可见，婴儿的情绪社会性参照能力是婴儿成长到七八个月时才发生的。这是因为，这时婴儿具有了一定的活动能力，活动范围、接触事物扩大，遇到环境中的陌生、不确定的事件和情境的机会迅速增加，婴儿需要从母亲面孔上寻找信息、理解和评价情境，以确定自己的反应，这使得婴儿的社会参照能力不断提高。

情绪的社会性参照对婴儿的发展具有极其重要的意义，特别是对于0.5~1.5岁的婴儿，其语言能力尚未发展，情绪的社会性参照能帮助婴儿超越仅仅回应他人信息的阶段，能通过这些信息来确定他人的内在心理状态和偏好，并以此来决定自己的行为。情绪的社会性参照在很大程度上决定着婴儿的生活质量和发展机会。婴儿与成人的主动的情绪交流，参照成人的情绪信息，能使婴儿避免、摆脱许多险境和危险物体，并有利于婴儿行为的调整与改变。同时，婴儿经常与成人分享情绪体验，共享同样的情感，有助于丰富婴儿的情感世界，密切母子、父子亲情。积极的社会性参照更能成为婴儿认知发展的媒介，促进婴儿探索新异情境和事物，进一步扩大活动范围，发展智慧能力。值得注意的是，要注意避免消极的社会性参照，因为不适宜的参照信息与条件同样会对婴儿起作用，导致婴儿不良的情绪、行为体验，形成消极、懦弱的性格，限制婴儿的探索和操作，障碍其智力发展。

3. 三大幼儿常见情绪处理法

（1）焦虑。在幼儿5个月至1岁期间，就开始出现"陌生人焦虑"现象，到了

1~2岁则出现与主要照顾者的"分离焦虑"现象，只要一眼看不见父母，就会开始哭闹，并且感到不安，这都是正常的情绪发展现象。一般而言，在进入幼儿园1个月后，分离焦虑就会逐渐缓解，如果持续太久还未见改善，父母就需带孩子就医做评估。

造成幼儿分离焦虑的原因，多半与幼儿生活环境以及亲子互动有关。一般来说，如果家长平日保护过度，凡事都帮孩子处理好，很少给他自己做的机会，就很容易造成幼儿的依赖心理过重，自然很难与父母分开。另外，亲子互动过于缺乏也是分离焦虑的原因之一。根据临床观察发现，幼儿正是因为过度渴望父母的关爱与呵护，才出现比其他同龄孩子更为严重的分离焦虑。所以，父母应特别注意幼儿的情感需求，以免加重幼儿的分离焦虑。

如果幼儿的先天气质比较细腻、敏感，那么焦虑情况也可能比较严重，建议父母不要用过于严厉的方式教导幼儿，以免加剧焦虑现象。焦虑通常有许多表现形式，例如分离焦虑、抗拒上学、特定畏惧症、社交恐惧症等，如果幼儿的焦虑情况已严重到影响与人正常互动，则建议尽快采取治疗措施。

从医学角度来看，并不建议对6岁以前的幼儿实施药物治疗，心理疗法的成效反倒更为理想。具体方式可分两种，即"洪水法"和"逐步减敏法"。就"洪水法"来说，假如幼儿怕蛇，那么就让孩子一次性看见很多蛇，那么今后再看见一两只蛇的时候，他的恐惧感就会下降。不过，考虑到"洪水法"对精神的刺激较大，所以一般多采取后者，即用渐进性方式改善幼儿焦虑问题。比如幼儿有分离焦虑症，那么刚一开始入园时，父母就坐在一旁陪读，每天都逐渐拉远一点距离，直到幼儿能够自己上学为止。

（2）耍赖。毕竟人是社会性的动物，都愿意得到他人的关心和注意。不过，如果幼儿长期持续以这种行为来索取他希望获得的人、事、物，那就有可能完全不懂如何利用正面方式去达到目的。

如果孩子一直持续利用"耍赖"这种负面方式寻求关注，那么父母首先应该自我检查一下，平时多留心亲子互动的过程，注意孩子是否出现了太多负面情绪，以至于他根本不懂得如何寻求正面渠道来表达自身需求。如果情况果真如此，家长就要及时改变对孩子行为的回馈方式，避免只对孩子的负面行为表示关注。一旦孩子出现值得鼓励的行为，要马上给予足够的正面回馈。不论是纠正还是肯定，都要尽量以简单直接的方式告知孩子，渐渐帮助孩子学到如何以正面方式获得别人关心。

当孩子出现耍赖情绪时，父母或老师不能坚持一贯的原则，反而与孩子妥协而满足他的无理要求，这更是造成幼儿长期耍赖的一大原因。父母一直没有对幼儿的耍赖行为采取有效措施，正好导致他持续使用这种方式来满足自身需要。

虽说幼儿的逻辑观念尚未完全成熟，但是他既然能够长时间地不停耍赖，那就说明他已经从单纯的回馈反应发展到自主行为阶段，也就是说他的耍赖是来自内心的自发行为，并不是主要由外因所触发。要克服幼儿长期耍赖的弊病，家长可尝试用"忽略"的方式来处理，同时避免给予任何负面关注，直到幼儿停止无理取闹行为后，才给予正面关注并继续与之沟通，这就能让幼儿逐渐明白，用耍赖的方式并不能从父母身上得到任何关注，于是耍赖情形便能慢慢改善。

（3）人来疯。这在很大程度上是一种从众行为，也就是孩子看到别人"疯"起来之后，自己很快就跟着"疯"起来。查究"人来疯"的具体原因，主要是幼儿有过在众人面前勇于表现自己的经历，而且因此获得不少正面关注，比如他人的注意和称赞，久而久之，他就学会继续用这样的方式获得情感满足。

就幼儿的正常心理发展来看，到了2~3岁之后，基本都有表现自我的念头，以获取他人更多的认同。除非是特别严重的自我表现行为，一般都可看作是特殊心理发展阶段的正常行为，没必要太过担心。

不过，一旦发现幼儿的人来疯情绪特别严重或者"疯"的方式很不恰当时，建议立刻向幼儿说明，以引导幼儿建立正确认知观念。例如说话声音太大很容易影响到别人，所以最好控制一下。请父母时刻牢记一点，幼儿的自我控制能力本来就不成熟，所以不要对单纯说教的效果抱以太高的期待，不要认为"这次已经教育过了，孩子自然就会记住，下次就能改正"，而必须辅以实际的行为来处理。比如和幼儿事先约定好，下次再有客人来家里时，记得说话不要太大声，如果确实有明显改善，就给予一定的奖励。

多动儿特别容易出现"人来疯"问题，这和先天生理因素有很大关系，建议家长用弱化幼儿多动行为的方式来处理。比如在人多的情况下，如果孩子仍旧能乖乖待在大人身旁而不发"疯"，那就立刻给予表扬，这就能让孩子明白有很多方式都能获得大人的注意和赞赏，并不一定非要刻意表现或是情绪激动。

（二）3~6岁幼儿情绪、社会性的发展

1. 3~6岁孩子的情绪特点

3~6岁宝宝的情绪怎么样？此时的孩子社会情感迅速发展，道德感、理智感和审美感都逐渐发展起来了。并且，孩子调节情绪的认知策略开始出现，并随着年龄的增长逐渐加强。他们开始掩饰自己的情绪，掌握了一些简单的情绪表达规则，知道表现出适当的情绪可以得到成人相应的反应。他们还会使用富于表达性的身体动作来辨别情绪，对情绪的外部原因和结果的理解进一步提高，知道发生的某个事件让大人或同伴高兴了或是不高兴了。

3~6岁宝宝社会情感的发展还没有完善，因此他们对情绪的控制能力不强，生活中常常会出现一会儿哭一会儿笑的场面。随着年龄的增长，宝宝对情绪的控制能力才会有所增强。3~6岁宝宝情绪的特点表现为以下几点。

（1）易冲动。3~6岁宝宝的内抑制发展差，控制力弱，言语的调节功能不完善，因此当外界事物和情境刺激儿童时，情绪就会出现爆发性，常从情绪的一端迅速发展到另一端。因此这个阶段的儿童的情绪易波动，极不稳定。所以，这个时期孩子的脸就像春天的天气那样多变，说哭就哭，说笑就笑。

（2）易外露。这个时期的宝宝控制力发展差，他们的情绪变化毫不隐藏地表现出来，而且擅长用自己的身体语言来表达。如，不高兴就哭，高兴、舒服就大笑或者是手舞足蹈，愤怒就瞪眼跺脚，有高兴的事就要向亲近的人诉说。

（3）易感染。宝宝的情绪具有情境性，得到新玩具、妈妈离去、新朋友出现……都会使他们的情绪大起大落，孩子的情绪随着情境的改变而改变。很多时候情绪不是由宝宝自身产生的，而是因周围人的情绪波动而引起的。在幼儿园中往往会出现这样的情况：一个小朋友哭起来了，其他小朋友也莫名其妙地跟着哭起来，整个场面会变得混乱极了。以后随着年龄增长，控制能力加强，这些情绪特征就会逐渐减少，情绪的控制力、稳定性也随之提高。

随着年龄的增长，孩子的道德感、审美感和调控情绪策略逐渐发展，孩子控制情绪的能力慢慢加强，易冲动、易外露、易感染这些特征就会逐渐减少，情绪的控制力、稳定性也会随之提高。

2．3～6岁宝宝情绪的发展

（1）道德感。三岁以后，儿童产生了简单的道德感。在儿童与成人的交往中，初步接触到社会人群对人和事物的好坏、美丑的体验和评价。孩子的道德感就是在各种实践活动中，在成人的评价和语言强化下发展起来的。儿童了解了游戏规则，遵守游戏规则，成人夸奖了他，他得到了肯定，体验到满意愉快的体验，又在成人的语言的指导下得到强化。他们逐渐知道哪个行为会引起满意的体验，哪些行为会引起不满意的和不愉快的体验。他们开始按照社会行为标准认识好坏、美丑，使道德感发展起来。

这个时候爸爸妈妈不妨多教给孩子一些基本的社会准则，同时要用夸奖的方式来巩固孩子的利他行为。如，孩子会主动地擦桌子，给奶奶洗苹果，爸爸妈妈要给他多多的鼓励和夸奖，让孩子体会到自豪感，为自己而骄傲。

（2）审美感。孩子在成人对周围事物的态度、体验和言语的直接影响下，能直接感知到与自己生活紧密相连的事物，如：美好的大自然、周围和谐的事物、优秀的美术、音乐、文学作品等。让孩子在欣赏这些事物时，产生一种愉悦的体验。审美感的获得，就是从这些事物的鲜艳的颜色、新颖的形状、匀称的位置等开始的。到5～6岁，由于儿童语言和思维的发展和成人的指导，儿童对事物的分析和辨别能力增强。儿童就能从生活中分辨美丑，知道什么图画美，什么音乐好听，什么语言美，什么行为美。这样就产生了对美的事物舒服而愉悦的情绪体验。这时候，爸爸妈妈要多让孩子注意使用自己聪明的眼睛、耳朵、鼻子……充分地运用它们来观察我们美丽的世界。有时间的时候带他们走出家门，到博物馆、公园、湖边、草地……去畅游，去欣赏美丽的事物，孩子对事物的感觉会更加敏锐，艺术修养也会有较大的提高。

(三) 情绪调节策略的应用

儿童在5～6岁时学会了调节自己的情绪，开始使用一定的策略来掩饰自己的情绪，掌握了简单的表现规则。在做了大人禁止做的事情后，为了逃避惩罚，掩饰自己的负罪感，掩饰自己的真实情绪，孩子学会撒谎，但是他们的策略是简单的，很容易被成人发现。成人这时也不必发怒，要先检查自己的禁令是否合理，和孩子讲清楚道理，同时要记住，原先如果申明要惩罚的，就一定要执行。此时的爸爸妈妈，更要细微观察孩子的情绪变化，鼓励孩子说出心里真正的想法，然后告诉孩子正确的情绪应对方法，这样孩子的应对策略才会更加有效。

【案例思考】

[案例1] 红红3岁，喜欢的小鸭子玩具碎了，她就伤心地哭起来，妈妈给她一块巧克力，她就又笑了；看见小朋友哭了，她也跟着哭起来。根据情绪发展的趋势原理加以分析。

[案例2] 3岁的小明上床睡觉前非要吃糖不可，妈妈一个劲地给他讲睡觉前不能吃糖的道理，小明就用高8度的嗓门哭起来，妈妈生气地说："再哭，我打你。"小明不但没有停止哭叫，反而情绪更加激动，干脆在床上打起了滚。请你分析一下引导儿童控制情绪的方法。

【相关资料】

情绪对行为的影响

除了需求，另一个影响行为的因素就是情绪。情绪会刺激行为。一个人的行为常常是在表达这个人的情绪。孩子天生就带有强烈的情绪：生气、无聊、挫折、快乐、兴奋。

情绪都是好的

每个人都有情绪，情绪就好像头发或眼睛的颜色一样，是身体的一部分，它和脚一样真实。你会问为什么有脚吗？你会问为什么你的脚是在哪里吗？所以，你也不需要理由去感觉生气、伤心或是开心，因为这些情绪就在那里。说"我很生气"并且确实非常生气，这没有什么不对。所有的情绪都是可接受并且无限制的，只有行为才是有限制的。

所有的情绪对于我们的行为都是有用的，因为情绪是告诉我们处理事情的唯一数据。

我们不可能保护孩子不受情绪的伤害，我们需要教导他们怎样去处理这些情绪。情绪是可变的，来了又走，每分钟都在变化。

接受情绪可以帮助你去处理它，然而接受并不意味着认同，无论这个人在那个时候是怎样的，你都会接受他。

人要对自己的情绪和行为负责。"他让我很不爽！"这不是在对自己的情绪负责。"我不高兴"就显得更恰当。因为你不可能让别人生气，而是你做了一些事，他们选择怎样去感觉，但是他们的感受不在你的管辖范围之内。当孩子对我们的决定生气时，他们有资格有任何情绪，不管是开心的还是不开心的，我们改变不了他们的感觉。

孩子们可以去学一些能让自己冷静的方法来表达和控制自己的情绪。

我们不应该给情绪这样分类：负面的和正面的。我们不会说自己有负面的，或是正面的，我们也不会按照这样的方法来为身体的其他部分进行分类。既然情绪就像是我们的腿一样，那么我们就要接受所有的情绪，不论是正面的还是负面的，都对我们的心理健康起到至关重要的作用，所以我们可以说有快乐的情绪，也有不快乐的情绪。

处理情绪的最好方法就是去感受并认同自己的情绪，表达情绪是有益的，抑制情绪则是无益的。

有能力处理自己的情绪以及能尊重地对待他人情绪的孩子在将来的生活中将占有极大的优势，因为这些技巧在今后的工作和人际关系中都会用到。

当然我们要告诉孩子在适当的时间和地点来表达他们的情绪。我们要告诉他们任何情绪都是正常的，情绪是没有限制的，但是因情绪而产生的行为是有限制的，而且有的行为是不能被接受的。你感到生气是正常的，但是因为生气而打人就是不能被接受的。

身体不会遮掩情绪，也不会说谎。来看一些特别的身体现象：眼睛变红、肌肉变紧、肚子打鼓、身体的某个部位有发热的感觉；呼吸变快而且越来越困难、心跳加速、声音变大、血液流动加快，这些都是产生情绪后大脑给身体发出的信号。

情绪是有程度区别的

我们一起看一下生气的情绪是怎样从轻微到强烈的：

烦恼——恼怒——激怒——愤怒——敌意——暴怒——狂怒。

敏感的孩子对情绪有更强烈的反应，特别是生气的感觉，所以这就需要大人来帮忙教导他们处理自己的情绪。

生气和悲伤的情绪会对人的健康和幸福产生负面影响。一个极易生气的人比普通人的血压高，皮质醇高——人脑中的紧张激素，还有其他副作用。

那些经常开心、满足和自豪的人更容易做决定，免疫系统也比别人强，并且生活更有激情和满足感。

表达所有的情绪是对的,而最好的方法就是谈论这些情绪。"我感觉……"这是帮助别人找出他们自己情绪的好办法。

情绪与下丘脑

感受具有先天遗传的个人倾向,如情绪、嗜好、美感、欲望、动机等。参与感受活动的结构众多,有大脑边缘叶的扣带回、海马结构、梨状叶和隔区等,有丘脑前核、背内侧核等,有下丘脑的众多核群以及杏仁核等。下丘脑除了具有样本分析产出功能,还具有分泌激素的功能。来自于大脑边缘叶的样本激活下丘脑或杏仁核,下丘脑分析产出感受样本,发放到丘脑前核产生感受,还可以通过分泌激素影响意识以及靶器官,如图8-1所示。

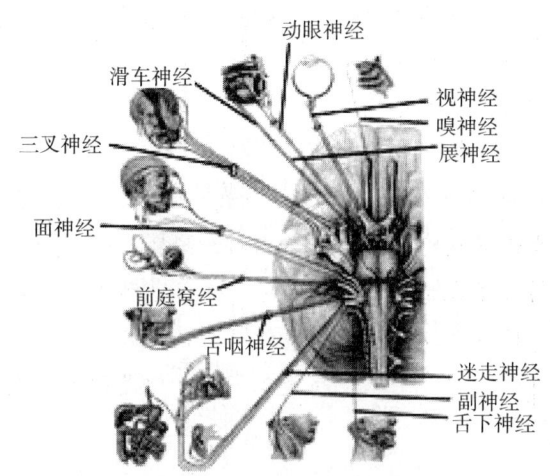

图 8-1　脑神经

不是所有的样本都能激活下丘脑产生感受,能够激活下丘脑的样本是具有一定倾向性的样本。当大脑分析产生具有一定倾向性的样本后,通过大脑边缘叶的传出纤维发放到下丘脑,下丘脑分析产生感受样本,通过乳头丘脑束发送到丘脑前核,激活丘脑前核合成丘觉,再通过丘脑间的纤维联系发放到背内侧核,产生感受,产生对人和事物的喜好、嗜好、偏爱、欲望、美感、动机以及愉悦和恐惧、兴奋与沮丧等。

下丘脑分析样本的方式与大脑、纹状体、小脑不同,大脑、纹状体、小脑参照分析的模型是通过学习或练习建立的,而下丘脑的参照模型是遗传的,即我们一出生后,感受是按照固有的方式分析产出的,因此,我们的感受主要是天生的,当然,也会受到后天环境的一定影响而发生改变,但不会发生本质的扭转。

感受是动力之源。感受是人的力量来源,人的一切行为活动或者是外来压力的驱动,都是受个人感受的驱动。感受主要由遗传决定,这就决定了每个人的嗜好、偏爱都是不一样的。

感受和理性（如觉察和认识）由不同的脑独立产生，相互作用又相互斗争，感受与理性经常是矛盾的，二者相互斗争，互不相让，形成我们常说的矛盾心理。感受在一定程度上受理性制约，但在感受强度过大或额叶功能弱化的情况下，导致理性不能占据主导地位，感受控制人的思维和行为，发生精神和行为异常。

产生感受的下丘脑，虽然通过遗传获得了分析模型，不需要通过存储建立分析模型，但可能参与了其他信息的存储功能，特别是大脑边缘叶承担了其他信息的记录存储任务，完成更加重要的记忆功能。

模块二　学前儿童良好情绪和情感的培养

一、生活环境与幼儿的情绪、情感的培养

生活环境包括物质环境和精神环境。宽敞的活动空间、优美的环境布置、整洁的活动场地和充满生机的自然环境，对幼儿情绪、情感的发展是非常重要的。研究表明，幼儿如整天生活在活动空间狭小的环境中，就会情绪暴躁，经常出现烦躁不安的现象。可见生活的整体环境对幼儿的影响是不容忽视的。好的环境能使幼儿处于轻松、愉快的积极情绪状态，而差的环境则容易导致幼儿的消极情绪。

幼儿良好的情绪也依赖于幼儿园中丰富多彩的学习环境。因为单调的刺激容易使人产生厌烦等消极情绪，而环境的变化与多样则能激发人的探索兴趣。因此，创设手工操作区、娃娃乐园区、科学实验区等，可以使幼儿在幼儿园中生活内容丰富、情绪积极愉快。

物质环境对幼儿情绪的影响固然很大，但精神环境更不容忽视。幼儿园的精神环境主要指幼儿周围人与人之间的关系，主要是教师之间的关系、教师与幼儿之间的关系及幼儿与幼儿之间的关系。而在这些关系中，对幼儿影响最大的是班内教师与幼儿本人的关系及幼儿与同伴之间的关系。如果一个幼儿觉得教师喜欢他，小朋友喜欢他，他就会爱上幼儿园，在幼儿园里，就很愉快；反之，如果教师不理睬他或总是训斥他，小朋友也不爱跟他玩，这个孩子就不愿意上幼儿园，在幼儿园里也会感到孤独、寂寞，心情不好。因此，要给幼儿创设一种欢乐、融洽、友爱、互助的氛围，使幼儿感到在幼儿园里生活得非常愉快。在这方面，教师要特别注意那些受排斥型幼儿和被忽视型幼儿，使他们能够和小伙伴友好相处，从与同伴的交往中得到快乐。对那些缺乏温暖的离异家庭的幼儿，教师也应给予更多的爱，使他们在幼儿园里获得更多的快乐，能够健康成长。

情绪具有易感性的特点，和谐、优美、轻松、愉快的生活环境无疑会使幼儿从中受到感染，产生愉快的情绪体验。

二、游戏活动与幼儿的情绪、情感的培养

动作、活动是影响情绪的一个主要因素。研究表明,束缚人的动作会引起本能的发怒。活动可以提高大脑神经系统的觉醒水平,使人精力充沛,从而产生积极愉快的情绪。在日常生活中,我们也可以发现,运动会使人感到心情愉快、精神焕发。

幼儿期的基本活动是游戏。游戏对幼儿的情绪有着促进作用。这是因为游戏不仅使幼儿直接从活动本身获得快乐,还可以满足幼儿的许多需要。而这些需要的满足就会使幼儿获得快乐。游戏和幼儿情绪、情感之间的关系主要体现在以下三个方面。

(一)主动感是幼儿期的重要需要形式

游戏给幼儿提供了主动活动的机会。在现实生活中,幼儿经常处于被支配、从属的地位。在家里,他们要听父母的话,按照父母的要求去做;在幼儿园,要听教师的话,遵守幼儿园的各项常规。但在游戏中,幼儿可以利用自己能利用的实物,做自己能做的动作,行使其改变环境的主动权。这种主动感的满足是在任何其他活动中都无法获得的。在游戏中,幼儿还可以不受压抑地自由表达自己的愿望,使自己的情绪、情感和态度自然地流露出来,由被动变为主动,从而感到愉快、自信、心情舒畅。

(二)幼儿期旺盛的求知欲可以在游戏中得到满足

幼儿对各种事物都有强烈的好奇心,对什么都感兴趣,都想看一看、摸一摸。但由于心理发展水平的限制,不能从事长时间的单调学习。而在游戏中,幼儿可以自由摆弄、操作、直接感知和"实验",以满足他们的好奇心,又可以根据个人的需要进行适合自己特点的动作,自由变换方式,使好动的要求得到满足。

(三)游戏可以使梦想成真,给幼儿带来巨大快乐

随着动作和言语的发展及与成人接触的日益频繁,幼儿希望自己能"和大人一样"参加社会生活。然而事实上是不被允许的。但在游戏中,幼儿可以利用玩具或代替物模仿成人的活动,从而达到参与成人活动的目的,由此而获得快乐。

维果茨基说过:"教师乃是教育环境的组织者,是教育环境与教育者相互作用的调节者与监督者。"幼儿园教师的主要任务之一就是创设良好的游戏活动环境,使幼儿在主动、积极的活动中受到教育。

三、成人的情绪态度与幼儿的情绪、情感的培养

成人对幼儿的态度是影响幼儿情绪、情感健康发展的一个主要因素。对幼儿有较大影响的是父母和教师的态度。父母和教师是和幼儿接触最多的成人,同时,父母和教师在幼儿心目中占有极其重要的地位。幼儿希望得到父母和教师认可,而父母、教师的认可与否主要以他们的情绪态度作为信号传达给幼儿,并成为影响幼儿情绪的主要原因。

父母、教师的表扬，会使幼儿感到快乐；反之，会使幼儿感到压抑和难过。如果父母和教师长期一贯地以一种态度对待幼儿，则会直接影响幼儿的情绪发展。研究表明，父母、教师态度温和、对幼儿多鼓励、热情帮助，幼儿往往愉快活泼、积极热情、自信心强；相反，如果父母、教师对幼儿粗暴、冷淡、训斥多，那么，幼儿对周围事物就缺乏主动性和自信心，情绪萎缩，适应性差。认识到自己的态度对幼儿的影响，教师和家长就要注意在日常生活中对幼儿的态度，应将温和、鼓励与热情帮助相结合。

父母和教师在日常生活中的情绪，对幼儿的情绪状态也有很大的影响。因为，情绪具有很强的感染性，一个人的情绪可以影响别人，使之产生同样的情绪。特别是教师作为幼儿一日生活的组织者，其情绪的变化直接影响着全班的幼儿。因此，不管自己有什么痛苦与不愉快，在幼儿园都要保持良好的精神状态，这是幼儿园教师职业道德的一种表现。

四、幼儿意志力的培养

幼儿期是幼儿意志力开始萌芽和初步发展的时期。从小培养幼儿良好的意志品质将对其一生的发展产生重大的、积极的影响。

（一）目标导向法

意志行动的首要特征就是具有明确的目的性，没有目标的行动不能称为意志行动。所以，不管是在生活中还是在幼儿的活动中，教师和家长应该指导和帮助幼儿制定短期的和长期的目标，使幼儿有努力的方向。一旦幼儿心中有了目标，他就会为实现目标而去努力，表现出顽强的意志力。在确定幼儿活动的目标时，要结合幼儿的实际水平，遵循维果茨基的最近发展区原理，使幼儿"跳一跳能摘到桃子"。

（二）独立活动法

意志力坚强的人，同时也具有独立的人格。试想，每个事都依赖他人的人很难称得上有坚强的意志力。所以从小让幼儿学会独立生活、独立思考，自己能做的事自己做，对培养其坚强的意志品质具有重要意义。不关心、不爱护幼儿自然不对，但对幼儿过分地关心、过细地照顾，使其形成依赖心理，不利于其意志力的培养。成人应该给幼儿独立活动、独立解决问题的权力和机会，培养他们自己做选择和自己处理问题的能力。幼儿在独立处理问题时，要克服外部障碍与内部困难，正是在克服这些障碍与困难的过程中，其意志得到了锻炼。

（三）困难磨砺法

意志行动总是与困难相伴，坚强的意志力是在困难中磨砺出来的，正所谓"宝剑锋从磨砺出，梅花香自苦寒来"。人们的生活不总是一帆风顺，总会有困难和挫折。教师和家长应把真实的生活还给孩子，使他们生活的道路有点小小的坡度，有意识地为他们提供克服困难的机会。正是在克服这些日常生活的困难中，孩子的意志力得到了锻炼，生活自理能力得到了提高。倘若大人把孩子前进道路上的障碍全部清扫干净了，他们现在可能平平安安，但日后就会逐渐失去走坎坷道路的能力。

（四）自我控制法

幼儿的自我调控能力较差，他们的行为往往需要成人的指导和监督。因此，成人应该对幼儿的意志品质严格要求，鼓励他们一心一意地做一件事。幼儿的意志行动固然需要成人的指导和监督，但最终还要归结到孩子的自我控制上。因此，教师和家长应经常启发和训练孩子加强自我控制，使他们逐渐学会摆脱对外部控制的依赖，形成内在的控制力。对孩子进行抗拒诱惑和延迟满足训练也可以有效提高幼儿意志的自制性和坚持性。

（五）表扬激励法

表扬、激励可以鼓舞士气，提高信心，有利于意志的培养。对幼儿在活动中表现出来的意志努力和取得的点滴进步，教师和家长要适时、适度地给予肯定、表扬和奖励。当幼儿遇到困难和挫折时，成人要启发他们思考，帮助他们分析原因，寻找解决问题的办法，鼓励其信心。在幼儿初次克服困难的过程中，成人应给予适当的隐蔽性的帮助，使幼儿获得通过自己努力得以成功的体验，以达到增强自信心的目的。

（六）榜样学习法

对于以模仿为天性的幼儿来说，榜样的力量是无穷的。因此，教师要适时向幼儿提供可模仿的意志力坚强的榜样。榜样可来自影视、故事以及其他文艺作品中的优秀人物，也可来自幼儿周围现实生活中的典型，特别是班里的小伙伴，这样的榜样在幼儿身边，更具可信性和可学性。当幼儿的意志活动出现懈怠时，成人可把幼儿心目中熟悉的意志力坚强的榜样提出来，这样幼儿很容易受到榜样的感染，从而促进意志行动的顺利完成。

幼儿意志力的培养，是幼儿健康成长的需要。意志行动对幼儿来说，有一定难度，意志品质的发展要经历一个比较长的时间，需要教师和家长有目的、有计划、持之以恒的教育和培养。

五、在活动中帮助幼儿克服不良情绪

俗话说："人非草木，孰能无情？"人们在认识客观事物的过程中，不会是无动于衷、冷若冰霜的，而常常是"情动于中而形于外"。幼儿期是情感的自由表现时期，更是如此。幼儿对自己的情感不想掩饰，也不会掩饰，都自然地、毫无保留地表现在他们的活动中。这也给教师提供了观察幼儿情绪、帮助幼儿克服不良情绪的良好条件。怎样及时发现幼儿的不良情绪并给予引导呢？

（一）成人要善于发现与辨别幼儿的情绪

有时，一个活泼的幼儿突然默不作声，就很可能是遇到了不顺心的事，而一向和顺、内向的幼儿突然有粗暴言行，很可能是他发泄情绪的一种方式。很多人特别是家长认为，有吃有穿，幼儿还有什么不开心的，分明是故意捣蛋。其实不然，幼儿在幼儿园或者是家里也会遇到许多不开心的事情，容易使他们紧张、焦虑、不顺心，情绪失控，进而失去心理平衡。比如，当幼儿的某些需要没有得到满足时，他们会表现出跺脚、哭闹等消极情绪。成人应给其提供适当的机会和场合，让其发泄出来。但应教育幼儿学会控制和调节情感，提高情绪、情感表现的自控能力。要做到这一点，教师和家长首先应学会控制自我情感，无论遇到什么打击和不幸，都能始终以乐观的情绪和饱满的热情面对幼儿、面对生活，而绝不能把幼儿当成发泄不良情绪的对象，要以自身的榜样作用影响幼儿。

（二）从幼儿的情绪表现来分析幼儿的内心情感世界

幼儿的行为往往反映了其内心已经形成的一些品质。发现幼儿的情绪时要正确分析，对那些有益的部分要及时进行表扬并加以鼓励和保护；对于不良的情绪发泄，则要帮助幼儿克服并纠正。例如，目前独生子女中存在很多不合理的情感，冷漠、自私、依赖、无规则、独占、侵犯等，需要教师和家长加以积极疏导，使之淡化或消失。

（三）要注意幼儿的个别差异，对不同的幼儿采取不同的方法

例如，小红较内向，有人说她辫子不好看时，她坐在一旁闷闷不乐，对于这样的幼儿要与她交朋友，增进感情的交流；而小明不一样，一不顺心就大哭大闹，这样的幼儿"来得快，去得也快"，可以"冷处理"，等他冷静下来再与之谈心，而不要"火上浇油"。

（四）注意幼儿积极情感的引导

让积极情感成为幼儿情感的主旋律，减少消极情感的产生。不要以为幼儿的年龄小就不懂感情，其实幼儿的情感敏感而脆弱，更需要大人的保护和关心；也不要以为幼儿无忧无虑，其实幼儿的情感世界同样丰富多彩、风云变幻。因此，幼儿的情感世界需要父母、教师的关注和爱护，并引导其趋向成熟。

【案例思考】

[案例1] 兰兰是一个5岁的女孩，她在家里十分讨爸爸、妈妈开心。她会经常对爸爸说："我很想念你哟，你能不能早些回来呀？"每天早晚她都会亲吻爸爸。她会把在幼儿园里发生的事对妈妈说，哪怕是些很细微的事。她会为下班的爸爸放鞋子，会帮妈妈拿物品上楼梯；会和爸爸、妈妈玩在幼儿园玩过的游戏，并表演节目给他们看，自觉地练琴和照教师的吩咐去做练习。

当父母带兰兰外出时，兰兰却和在家截然不同，任父母怎样哄她，她都不爱说话，她也不愿意向叔叔、阿姨问好。因而，妈妈下了个结论：兰兰很害羞。虽然兰兰在家里也经常提起某某叔叔、阿姨，但在和叔叔、阿姨一起用餐时，她却是一脸不高兴的样子。

妈妈去打听兰兰在幼儿园的情况，老师说兰兰每天都第一个到幼儿园，很乐意当老师的小助手，为小朋友做这做那，也喜欢画画、弹钢琴、跳舞，几乎是班里数一数二的能干孩子，教师经常让她表现自己，让她锻炼胆量。可是，她见了叔叔、阿姨不主动打招呼，在外面进餐时总没有好表现的情况一直没有得到扭转。请思考兰兰到底是害羞还是耍脾气。

[案例2]一天，孩子上床睡觉前非要吃糖不可，妈妈说："没有糖了。"孩子便用高八度的嗓门哭起来。妈妈冷静地打开录音机，录下孩子的尖叫声，然后放出来。孩子听见声音，停止哭闹，问："谁哭呢？"妈妈说："是个不懂事的孩子，他大哭大闹，吵得别人睡不好觉。他有出息吗？"孩子答："没出息。"妈妈说："你愿意和他一样吗？"孩子回答："不愿意。"妈妈又说："那你就不要大嚷了，睡觉时吃糖，牙齿要痛的。等明天买了糖，给你吃，好不好？"孩子安静地答应了。妈妈的做法对吗？

[案例3]方方离开自己的座位向门口跑去，随即又退回了自己的座位，一副撅着嘴欲哭的表情。妈妈推门进来，抱起方方。

"奶奶呢？妈妈。"

"奶奶在家呢。"

"不要不要，我要奶奶接！"方方哭了。

"奶奶的脚扭了，不能走路，妈妈带你回家。"

"没有，没有，我要奶奶来接我！"边哭闹边推妈妈。

妈妈耐心地讲着。可方方越哭越厉害。面对越来越多的家长，妈妈一脸尴尬。终于，妈妈失去了耐心："你不想跟妈妈回家就一个人待着，我走了。"妈妈生气地放下方方，装着要离开。

这时，方方哭得更厉害了。束手无策的妈妈满脸祈求地望着站在活动室门口的老师。

如果你是方方的老师，该怎么做？

【相关资料】

幼儿园大班健康教案：看得见的情绪

活动目标：

1. 知道每个人都有情绪，并能辨认几种基本情绪。
2. 能对自己的情绪做出确切的表达。
3. 了解不同情绪对人身体健康的影响，初步懂得调节自己的情绪。

活动准备：

1. 课件：表情（兴奋、高兴、悲伤、愤怒、害怕、烦恼）材料。

2. 做有六个情绪脸谱的大色子。

3. 每个幼儿一个纸盒。

活动过程：

一、幼儿听两段音乐（高兴和悲伤的）

1. 今天老师给小朋友带来了一个好听的曲子，请小朋友仔细听，听好后告诉老师你的感觉怎么样？

（听曲子《赶花会》）

2. 提问：听后你的感觉怎样？（高兴、快乐）

再请小朋友听一首曲子，告诉老师听的感觉怎样？

（听曲子《北风吹，扎红头绳》）

3. 提问：听后你的感觉怎样？（伤心、难过）

4. 教师小结：伤心、高兴都是人的情绪，今天老师给小朋友带来了几张表情脸谱。小朋友看一看，说一说你看到的是什么情绪，并学一学。

5. 提问：说出你什么时候兴奋，什么时候高兴。

二、游戏：玩色子

1. 请小朋友上来扔色子，色子扔到一处情绪时，这位小朋友也要试着做这种表情，并说说在怎样的情况下会有这种情绪。

2. 玩色子的小朋友根据指到的情绪，做相应的表情，让其他小朋友猜猜，他扔到的是什么情绪。

三、讨论如何调节不良情绪

1. 你喜欢哪一种情绪，哪些情绪你不喜欢。

2. 你生气、害怕、难过的时候，你会怎么做呢？怎样才能让自己有个好心情？

3. 教师小结：每个人遇事都会产生不同的情绪，那是很自然的现象。但是愤怒、悲伤、痛苦等不良情绪对人的身体健康是不好的，而愉快、平静等良好的情绪是有利于人的身体健康的。当我们生气难过的时候，要想想快乐的事情，或找别人谈谈自己的心情、感受，让自己保持一个好心情。

4. 教师介绍方法：略（气球、情绪垃圾箱）。

四、制作情绪垃圾箱

1. 教师：现在我们要拿出盒子，你们都知道盒子有什么用了吧。那现在就请你们装饰一下自己的情绪垃圾箱。这样，以后也可以帮助我们保持快乐的心情。

2. 结束语：我们小朋友快要离开幼儿园变成一个小学生了，在以后的学习和生活中还会遇到许多的困难，发生许多不开心的事，小朋友要想办法让自己保持一个好心情。老师希望我们小朋友能够天天高高兴兴、快快乐乐。

【相关资料二】

小班幼儿情绪识别能力的培养

摘要：刚入园的小班幼儿在情绪方面具有波动性和易表露的特点，教师可以通过主题活动、区角活动、日常生活等活动形式来培养幼儿识别自己和他人的情绪的能力，来帮助幼儿进行有效的交往，养成亲集体行为，并及时对其进行心理疏导，帮助幼儿学习情绪表达和情绪控制的合理方法，从而促进幼儿的心理健康发展。

一、小班幼儿情绪识别能力的定义

情绪识别就是通过分析表情及其发生情境等因素以了解表情的性质和含义，这是一个包含观察、分析、判断和推理的过程。除此之外还包括幼儿根据自身机体的感觉来分析、判断自己的内心感觉。因此，幼儿情绪识别能力包括两方面，即幼儿识别自己情绪的能力和识别他人情绪的能力。

二、培养小班幼儿情绪识别能力的意义

在现今社会中，心理健康备受人们关注的同时，情绪的宣泄和控制也逐渐受到关注。大量研究表明，良好的情绪状态是儿童心理健康发展的重要前提，对儿童良好个性的形成、智力的发展和交往能力的发展具有重要的影响。

情感智商的研究还表明了良好情绪情感对个体的社会适应性过程具有重要意义。精神分析理论、现在认知神经科学的理论都表明，早期的心理问题对个体今后的发展都有影响。不论是幼儿期的心理健康问题，还是成年以后的心理健康问题，都很可能与早期的经验有关。一个人的心理健康的失调或异常并非无缘无故突然产生的，心理调节能力，更确切地说是情绪的调节能力形成也非一日之功，都需要从小培养。因此，我们应创设环境、开展一系列活动，探索小班幼儿情绪识别能力培养的有效途径和策略。

三、小班幼儿情绪识别能力的培养

由于小班幼儿认知和表达能力的限制，我们就常见的几种基本情绪（快乐、害怕、生气）来培养小班幼儿的情绪识别能力。培养小班幼儿情绪识别能力主要从丰富幼儿的情绪认识和情绪体验两个方面入手。

（一）开展幼儿情绪识别主题活动，提升幼儿的情绪认知

把情绪教育列入常规教学活动中，每周开展情绪活动，并以主题形式展开，环环相接，点面覆盖。如关于快乐情绪的识别，首先让幼儿认识快乐的表现（表情、肢体动作、语气语调）和机体感觉，接着巩固游戏或操作，然后是推测判断。

（二）创设幼儿情绪识别的环境，丰富幼儿的情绪情感体验

在幼儿园中，集体教学活动的时间是有限的，对幼儿情绪识别能力培养的作用也有限，因此环境的创设也显得特别重要。环境的创设主要体现在主题环境布置、区角

活动创设和表达氛围的营造上。

一是主题环境布置。活动室内以情绪识别为主题进行设置，可以张贴幼儿日常生活的照片，让幼儿辨别他们的情绪。另外还可以张贴教学活动中的照片，温故知新；再则还可以张贴可更换的画报，以画报为主题进行谈话和讲述。

二是区角活动创设。在区角内可以投放各种材料供幼儿进行阅读、扮演和操作，让幼儿在做中学。下面列举几个活动：

1. 阅读。幼儿在区角内可以阅读情绪管理类的绘本，如特蕾西·莫洛尼著的情绪管理绘本和康娜莉娅·莫得·斯贝蔓著的情绪管理绘本等，还有幼儿与家长制作的心情故事绘本或照片集，教师制作的心情故事绘本，以及教师收集的故事绘本。幼儿通过阅读来认识、辨别和表述图画中人物的心情。

2. 角色游戏。幼儿通过图画扮演或自由扮演不同人物，并感受人物的情绪及情绪的变化。幼儿扮演专心搭积木的角色A和不小心撞倒玩具的角色B，幼儿分别要模仿角色A和B的表情，并表达出来。在这个过程中，不仅让幼儿感受A和B两种角色的情绪，同时也促进了幼儿的情绪表达和控制的能力，还促进了幼儿的交往能力。幼儿也可以自己商定扮演的角色或者在教师的引导下进行扮演。

3. 心情记录卡。根据小班幼儿的特点，心情记录卡只设置了高兴与不高兴两个方面，在区角内幼儿以插卡的形式来反映自己的心情。插卡的时间分集体插卡时间和个人插卡时间，集体插卡时间是每天的离园前整理时间，个人插卡时间是随意的，幼儿想要通过心情卡来表达自己的心情或通过心情卡来获取老师的关注和辅导时可以自由更换心情卡。教师每天对幼儿的情绪进行及时个别的辅导，并根据心情卡的情况进行记录。

4. 心情操作用具。操作用具是帮助幼儿巩固对情绪的认识和辨别，如幼儿通过心情骰子来边玩边认识情绪；通过照镜子变鬼脸来感受表情的变化；通过贴表情来反映自己对情绪的认识；通过操作"脸蛋交换书"来感受五官搭配不同所呈现的不同表情；通过观察背景来贴心情标签；等等。幼儿在操作这些材料的过程中边做边进行独立思考，对幼儿识别能力的培养起着很大的作用。

（三）在日常生活中培养幼儿的情绪识别能力，让教育无处不在

幼儿在园的活动以生活为主，因此，除了有计划、有目的地开展常规教学活动和区角活动外，更多教育的机会存在于幼儿的一日生活中。情绪伴随着人的每一时刻，抓住幼儿日常生活中的随机教育则把握住了教育的大部分机会，而且这样的教育和引导让幼儿有更深更真切的体会。

一天，我让小朋友认数字卡片，但是，小朋友东东一拿到卡片就开始玩卡片，折了又折，等我把卡片收回来的时候只看到一张皱巴巴的纸。当时我很生气，就在我想要批评东东的时候，突然把话咽进去了，只生气又难过地看着东东。这下，东东刚刚那高兴的劲头没了，他不时地偷看我一下，却不敢看我的眼睛。片刻的沉默之后，我

把卡片伸到东东的眼前，说："东东，我的数字卡片皱了，不好看，我好辛苦才弄出来的，你把它折坏了。"又是一阵沉默，东东终于忍不住哭出来了，往我身上靠，低着头，好一会才说："老师，对不起，你不要生气。"我知道，东东已经意识到他错了，而且他注意到我的感受了，这比批评来得更有力量，东东学会的不仅仅是爱护卡片，还有关注别人的感受，珍惜别人的劳动成果。

这是一件小事，没有经过设计，可能在不经意间发生，可能发生的时间只有几分钟，但是这件事对幼儿的影响是真切的、深刻的、久远的。诸如此类的事件还有很多很多，教师应该随时把握。

幼儿早上来园会有一些情绪波动，这是进行情绪识别的好时机。另外，幼儿在交往、玩耍过程中也经常出现很多小摩擦，这些情况下幼儿的情绪表露无遗。但是情绪活动开展一段时间后，老师能听到小朋友这样的声音，"老师，他生气了。""老师，我不高兴。""老师，那个东西好可怕啊！""生气好难受啊！"……这些话语让我感到了孩子们的变化，他们在认识和表达自己的情绪的同时也关注了他人的感受，这些无疑为教师进行幼儿心理辅导提供了方便，换言之，也为他们自己寻找心理帮助提供了条件，也提升了他们的交往能力。

（四）家园合作，家长参与，贯通家园教育影响

家长是基本的教育者，家庭成员对幼儿的影响是非常重要的。因此，取得家长的支持和参与就像是注入了一股强大的力量。家长能够提供幼儿在家里的情绪和表现，对有些幼儿来说，在教师面前和在父母面前的表现是截然不同的，尤其是小班的幼儿，但是他们的情绪是一样的。可以让家长帮忙记录幼儿在家的情绪及表现，和幼儿共同制作"我的心情故事书"，这可能是幼儿非常喜欢的读物。一些亲子绘画作品、家长记录的关于孩子的心情趣事都让老师感到幼儿识别情绪的能力在家庭中的运用和提升。

在小班幼儿情绪识别能力的培养和紧接着逐步展开的情绪表达和控制能力的培养中，我发现，幼儿没有那么执拗了，也没有那么自我了，很多问题因为幼儿对自己和他人的感受有了认识而变得简单了，而在这个过程中，由于教师对幼儿情绪的关注，幼儿的情绪更加平稳了，学习或游戏的效果更好了。当父母听见孩子说"妈妈，你别生气，我错了""我也生气了"时父母也开始反思自己是否注意到孩子的心理了。这些对孩子的心理健康发展起着不可估量的作用。

【活动案例】

《快乐的毛毛兔》

情绪识别系列活动的开始讲述了毛毛兔收到妈妈奖励的玩具。

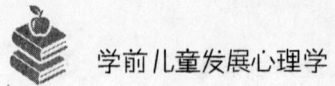

活动一，让幼儿观察毛毛兔的表情（眼睛、嘴巴、脸蛋等），然后通过表情操作卡来动手组合一个快乐的表情，并进行模仿；

活动二，让幼儿观察和表达毛毛兔的肢体动作，并给毛毛兔组合快乐的肢体动作；

活动三，教师模拟不同的语调表达毛毛兔收到礼物的情绪，让幼儿猜测毛毛兔快乐与否，接着创设情境让幼儿猜测情境中不同语调所表达的情绪；

活动四，通过观察毛毛兔的感受（舒服的，像一个回力球；像躺在花海中等美好的感觉）来体会快乐的情绪，并让幼儿在一个快乐的游戏之后尝试表达自己的感受。

活动五，综合性活动，让幼儿通过观察照片、图片、动画等来判断人物快乐与否。

在这一系列活动中，将情绪的识别细化为五个环节，既是尊重幼儿的认知水平，也是为了深化幼儿的情绪认知，逐步培养幼儿的情绪识别能力。

第九单元 学前儿童的个性因素与社会交往

> **学习目标：**
> 1. 了解性格、气质的基本特征，以及幼儿性格、气质的形成。
> 2. 掌握学前儿童言语的发展。
> 4. 掌握幼儿同伴关系的概念及影响幼儿同伴关系的因素。
> 5. 掌握幼儿社会道德观念的培养。
> 6. 掌握自我意识与性别行为的发展规律。

模块一 学前儿童性格与气质、自我意识与性别行为的发展

一、性格与气质概述

（一）性格与个性的概念

性格是指表现在人对现实的态度和相应的行为方式中的比较稳定的、具有核心意义的个性心理特征，它是一种与社会相关最密切的人格特征，性格包含许多社会道德含义。性格表现了人们对现实和周围世界的态度，并表现在他的行为举止中。性格主要体现在对自己、对别人、对事物的态度和所采取的言行上。性格形成的因素很复杂和细碎，主要体现在以下三个方面：基因遗传因素、成长期发育因素以及社会环境的影响因素。可以说它既有来自于本身的因素，同时也具备着相应的环境影响。从这个角度分析，性格是可以改变的，但需要大量量变之后的质变作用。

个性就是个体独有的并与其他个体区别开来的整体特性，即具有一定倾向性的、稳定的、本质的心理特征的总和，是一个人共性中所凸显的一部分。

人们常说"性格决定命运"，人人都希望有令自己满意的性格。据美国媒体报道称，美国有一女子天生"无所畏惧"，美国艾奥瓦大学的科学家们已经对这名被称为

"SM"的女性有超过15年的研究。他们发现,"SM"有一种罕见的染色体隐性遗传病——类脂蛋白沉积症,这种病让她大脑中负责恐惧的杏仁体不起作用。即使别人用枪指着这名女子,她也不会表现出一丝恐惧;在遭遇抢劫后,她都没有报警,因为在她看来这根本就不是事儿。

人的性格真的会受遗传因素的影响吗?先天与后天因素到底对人的性格影响有多大?后天因素会改变人的性格吗?

1993年,《科学》杂志发表了荷兰奈梅亨大学的遗传学家汉·布鲁纳的研究报告。这项研究针对一个荷兰家族进行,该家族的很多男性成员都具有一些奇怪的攻击性,如裸露、纵火、强奸等。他们的愤怒阈值似乎非常低,一些常人看来不值一提的挫折和压力都会激起这些人莫名的疯狂,甚至会殴打激怒他们的人。对他们进行遗传分析后,发现这些男性体内缺少编码单胺氧化酶的基因。此后,科学家不断发现基因与性格存在关联的证据。

在性格与基因的关联研究中,研究人员关注的主要是与脑内神经递质有关的基因。"例如,如果人脑内'5-羟色胺'这种神经递质较少,人就容易抑郁,5-羟色胺基因、5-羟色胺转运蛋白基因等都与人的抑郁有关。还有去甲肾上腺素、单胺氧化酶等脑内神经递质都会对人的心理和行为产生一定影响。"

我们也常能听见人们说某人身上存在某种基因特质,比如说,某人有"冒险基因""快乐基因""抑郁基因"等,对于这种将人的性格特征与基因直接挂钩的说法,当前科学界对于人类性格受哪些基因的影响还未搞清楚,只有粗浅皮毛的认识,但某些基因的确与性格行为有关系。"例如,我们人体内都存在的MAOA基因,也就是所谓的暴力基因,这种基因与人的攻击性行为有关,还有5-HTT基因会与快乐感受有关等。"

既然人体内的某些基因与性格有关系,那人的性格是否受家族遗传影响呢?"冒险行为""性格"(心理学上称之为人格)和"抑郁"等都会受到遗传的影响,遗传率在40%到60%之间。俗话说"有其父必有其子",人们通常认为子女的性格会随父母的性格。然而,实验结果表明父母性格与子女性格呈弱相关,也就是说,孩子的基因虽然来自于父母,但基因的作用不一定显现出来。他们的性格可能像父母,也可能像其他家庭成员,也可能谁都不像。比如,可能父母双方都内向,而他们的孩子却非常外向。

"遗传对心理和行为影响表现最明显的是在同卵双生子之间。""同卵双生子之间的人格相关性往往较强。"日前在朋友圈和微博上热传的BBC纪录片《一对分隔在世界两端的中国双胞胎》也证实了这一点,一对中国同卵双胞胎姐妹分别被一个美国家庭和一个挪威家庭收养,虽然两姐妹的生活环境不同,但是长大相遇之后两人性情非常相投,成了分隔天涯的一对知己。

虽说性格与基因遗传因素有关,但后天环境对其影响更大,性格与家庭和社会环境因素紧密相关。

"环境对人性格的影响往往高于基因遗传对性格的影响"，良好的后天环境对良好性格的养成非常重要，如果一个孩子生活在不良的家庭环境中，父母对其动辄施以打骂、家庭暴力，那肯定会对孩子的心理产生不良影响。

专家表示，孩子出生时虽然会表现出不同的气质，比如有些会比较急躁，不好护理，有些则平易温顺，比较好护理，但这种气质会受后天环境的影响慢慢变成较为稳定的人格。

既然性格受环境影响较大，那我们是否可以改变自己的性格呢？"性格其实无好坏之分，但如果你对自己的性格不满意，可以通过自身努力做一些调整。比如你是内向性格的人，但可做公关工作，可以对自己多加锻炼，使自己的性格适应这一工作环境。"

（二）气质概述

1. 气质的概念

气质是人的个性心理特征之一，它是指在人的认识、情感、言语、行动中，心理活动发生时力量的强弱、变化的快慢和均衡程度等稳定的人格特征，主要表现在情绪体验的快慢、强弱、表现的隐显以及动作的灵敏或迟钝方面，因而它为人的全部心理活动表现染上了一层浓厚的色彩。它与日常生活中人们所说的"脾气""性格""性情"等含义相近。

2. 气质的特征

（1）先天性。气质的生理基础是神经系统类型，它体现了人的高级神经活动类型的特征，气质类型就是高级神经活动类型在人的活动中的表现。因此，气质同遗传因素有关，具有先天性的特点。在现实中，我们在人的身上可以看到与生俱来的秉性。孩子在很小的时候，就可以表现出差别，有的文静安稳；有的生性好动；有的则十分倔强，等等。儿童的这些特点反映出人的气质天生的一面。

（2）典型性、稳定性。每个人的气质总是表现出一定的类型特点，这些特点在人的身上是典型和稳定的。有的人总是那么聪明、伶俐、乐观、活泼，受大家喜欢；有的人总是那么威严、傲慢、厉害、暴躁，令人敬而远之；有的人总是四平八稳、反应缓慢，火烧眉毛不着急；还有的人总是马马虎虎、毛手毛脚，不能稳当办事。而且，人们常在内容很不相同的活动中显示出同样的气质类型特点，这说明人的气质具有相当的典型性和稳定性。

（3）气质随人的年龄和环境条件的变化而变化。气质虽然具有先天稳定的特点，但不是固定不变的。人的年龄、生活环境、文化教育及主观努力都是影响气质变化的因素。在人的一生中，不同的年龄常会有不同的气质表现。青少年时，血气方刚，表现出活泼、好动、敏捷、热情、积极、急躁或轻浮；壮年时，阅历渐深，表现出坚毅、机智、沉着、踏实；老年时，表现出老成持重、安详、沉稳。同时，环境变化也会引起气质的改变，热情活泼的孩子常会因家庭变故而变得冷漠孤僻。这说明人的气质是可以改变的。

3. 气质的类型

早在公元前5世纪，古希腊医生希波克拉底就提出了气质的概念。他认为人体内有四种体液，按照人体内占优势的体液不同，他将气质概括为四种类型：胆汁质、多血质、黏液质、抑郁质。这一分类尽管缺乏科学的根据，但在日常生活中确实能看到这四种类型的典型代表。

后来，苏联生理学家巴甫洛夫关于高级神经活动学说为气质分类提供了科学基础。巴甫洛夫揭示神经系统有三种特性，即兴奋和抑制的强度、兴奋和抑制的平衡性、兴奋和抑制相互转换的灵活性。这三种神经活动的特性，形成四种最典型的结合，即高级神经活动的四种基本类型：兴奋型、活泼型、安静型、抑制型。这四种基本类型与气质的分类是相应的，每种气质分属不同的神经类型并伴随特定的行为特征。

（1）胆汁质。胆汁质的人的神经类型属于兴奋型，即具有强烈的兴奋过程和比较弱的抑制过程。这种类型的特点具有很高的兴奋性，因而在行为上表现为不均衡性。

在情绪活动中，一般表现出脾气暴躁、热情开朗、刚强直率、果敢决断，但往往易于激动，不能自制。在行动方面胆汁质的人表现出精力旺盛、反应迅速、行动敏捷、动作有力，对工作有一股烈火般的热情，能以极大的热情投身于自己所从事的事业，能够同艰难困苦做勇敢坚决的斗争。但这种人的工作特点带有周期性，当精力消耗殆尽时，便会失去信心，由狂热转为沮丧，甚至半途而废、前功尽弃。在思维方面胆汁质的人接受能力强，对知识理解得快，但粗心大意，考虑问题往往不够细致。一般来说，胆汁质的人大多是热情而性急的人。

（2）多血质。多血质的人的神经类型是活泼型，神经过程具有平衡而灵活的特点。多血质的人容易动感情，但感情体验不深刻、不稳定，情感产生之后既容易消失，也容易转变。

多血质的人一般都有很高的灵活性，容易适应变化的生活条件，在新的环境中不感到拘束，他们善于交际，能很快同别人接近并产生感情。多血质的人大多机智、聪敏、开朗、兴趣广泛，能迅速把握新事物。在行动方面多血质的人反应迅速而灵活，在从事复杂多变和多样化的工作中往往成绩显著。但是他们的兴趣不够稳定，注意力容易转移，一旦没有足够刺激的吸引，常常会变得厌倦而怠惰，开始所具有的热情会很快冰消瓦解。在日常生活和工作中，多血质的人给予人们的印象是聪明热情、活泼好动。

（3）黏液质。黏液质的人的神经类型属于安静型，其神经过程具有平衡，但不灵活的特点。黏液质的人的情绪不易激动，经常表现得心平气和，不轻易发脾气，不大喜欢交际，对人不容易很快产生强烈的情感。这种人反应比较慢，行动比较迟缓，但是冷静、稳重、踏实，不论环境如何变化，都能保持心理平衡。

黏液质的人善于克制自己的冲动,能严格地遵守既定的生活秩序和工作制度,他们的情绪和兴趣都比较稳定,态度持重,具有较好的坚持性,常常表现得有耐心、有毅力,一旦对自己的力量做好估计,选定了目标,就能一干到底,不容易受外界的干扰而分心。黏液质的人不足之处是不够灵活,有惰性。惰性容易使他们因循守旧、保守固执。黏液质的人大多是沉静而稳重的人。

(4)抑郁质。抑郁质的人的神经类型属于抑制型,也可称为弱型。这种人具有高度的情绪易感性,而且情感体验深刻、有力、持久。他们往往为一些微不足道的缘由而动感情,在情绪上产生波动和挫折,但却很少在外表上表现自己的情感。抑郁质的人外表温柔、恬静,在行动上表现得非常迟缓,常常显得忸怩、腼腆、优柔寡断、迟疑不决。他们尽量摆脱出头露面的活动,喜欢独处,不愿意与他人交往。在遇到困难和危险时,常常有胆小畏缩、惊慌失措的表现。但是,抑郁质的人具有较高的敏感性,他们思想敏锐,观察细致,谨慎小心,常常能观察到别人观察不到的东西,体验到别人体验不到的东西,有的心理学家把抑郁质的人的这种特点称为艺术气质。抑郁质的人大多是一些情感深厚而沉默寡言的人。

以上是四种典型的气质及其行为表现。在现实生活中,属于上述典型气质类型的人是很少的,大多数人都是以某一类型的气质为主,同时兼有其他类型的一些特点,即属于中间类型。因此,在观察某个人的气质时,应根据实际情况具体分析其特点,而不能根据典型气质的一般特征进行简单的推测。

(三)气质、性格的关系

性格与气质既有区别,又有联系。

区别:①气质是人的先天属性,与遗传有关;性格是气质的后天发展和改造,反映人的社会属性。②气质无好坏之分;性格有好坏之分。③气质的可塑性小;性格的可塑性大。

联系:①气质影响性格的表现形式,给性格染上独特的色彩。②气质影响某些性格特征形成和发展的速度。③性格一经形成可以在一定程度上掩盖或改造气质,使它服从于生活实践的要求。

二、学前儿童个性形成和发展的阶段和特点

先天气质差异(出生至1岁前)。有的孩子爱哭闹,有的孩子好动,有的孩子好安静。

个性特征的萌芽(1~3岁前)。孩子的各种心理过程包括想象、思维等逐渐齐全,发展迅速。

个性初步形成(3~6岁)。孩子个性的完整性、稳定性、独特性及倾向性各方面都得到迅速发展,标志着儿童个性逐步形成。

三、幼儿自我意识的发展

自我意识指个体对自己所作所为的看法和态度（包括对自己存在以及自己对周围的人或物的关系的意识）。在自我认识的过程中，个体把认识的目光对着自己，这时的个体既是认识者，又是被认识者。自我意识包括了三种形式，即自我认识（狭义的自我意识）、自我评价和自我调节。

（一）自我认识的发展

自我认识的对象包括自己的身体、自己的动作和行动、自己的心理活动。

1. 对自己身体的认识

不能意识到自己的存在。幼儿认识自己，需要经过一个比认识外界事物更为复杂、更为长久的过程。幼儿最初不能意识到自己，不能把自己作为主体去同周围的客体区分开来。几个月的婴儿甚至不能意识到自己身体的存在，不知道自己身体的各个部分是属于自己的。

认识自己身体的各部分。随着认识能力的发展和成人的教育，1岁左右，婴儿逐渐认识自己身体的各个部分。但是，1岁孩子还不能明确区分自己身体的各种器官和别人身体的器官。例如，当妈妈抱着孩子问他的耳朵在哪里时，孩子用手摸摸自己的耳朵，又立即去摸妈妈的耳朵。

认识自己的整体形象。婴儿对自己的面貌和整个形象的认识，也要经过一个较长的过程。最初婴儿在镜子里发现自己时，总是把镜中形象作为别的孩子来认识。至于对自己的影子，幼儿认识更晚。有报告指出，2岁半到3岁的幼儿还难以理解自己的影子，常常指着自己的影子叫"小孩"，追着影子试图用脚去踩。对自己身体的认识，既是幼儿认识自我存在的开始，也是幼儿认识物我关系（即物体和自己的关系）的开始。幼儿意识到自己对物的"所有权"，似乎是从这里开始的。

意识到身体内部状态。对于自己身体内部状态的意识，是到2岁左右才开始发生的，如会说"宝宝饿"，这是最初的表现。

名字与身体联系。婴儿在很长时间内不能把自己的名字和自己的身体相联系。八九个月时，当成人用他的名字问："××在哪呢？"孩子能用微笑或动作做出正确的回答。但直到3岁左右，幼儿还倾向于用名字称呼自己，不用代名词"我"，似乎是把自己和自己以外的人或物同等对待。

2. 对自己动作和行动的意识

动作的发展是幼儿产生对自己行动的意识的前提条件。1岁左右，婴儿通过偶然性的动作逐渐能够把自己的动作和动作的对象区分开来，并且体会到自己的动作和物体的关系。

培养幼儿对自己动作和行动的意识，是发展其自我调节和监督能力的基础。

3. 对自己心理活动的意识

对自己内心活动的意识，比对自己的身体和动作的意识更为困难。因为自己的身体是看得见、摸得着的，自己的行动也是具体可见的，而内心活动则是看不见的。这是对内心活动的意识要求较高的思维发展水平。

幼儿从3岁左右开始，出现对自己内心活动的意识。比如，幼儿开始意识到"愿意"和"应该"的区别。开始懂得什么是"应该"，"愿意"要服从"应该"。

4岁以后，开始比较清楚地意识到自己的认识活动、语言、情感和行为。他们开始知道怎样去注意、观察、记忆和思维。但是，幼儿往往只停留在意识心理活动的结果，而意识不到心理活动的过程，如他能做出判断，却不知道判断是如何做出的。

掌握"我"字是自我意识形成的主要标志。婴儿从知道自己的名字发展到知道"我"，意味着从行动中实际地成为主体，发展到意识到自己是各种行为和心理活动的主体。

（二）自我评价的发展

自我评价大约在2~3岁开始出现。幼儿自我评价的发展与幼儿认知和情感的发展密切相连。其特点包括：主要依赖成人的评价；自我评价常常带有主观情绪性；自我评价受认识水平的限制。

基于这样的特点，根据幼儿自我评价能力的现状，我们可以制订一些培养幼儿自我评价能力的策略和方法，并进行有效的实施。

1. 为幼儿搭建展示的舞台，诱导幼儿正确评价自己

教师通过活动创设，让幼儿在认知学习、活动、实践探索过程中内省、感受、体验。这种体验和感受既有对自己知识、能力和周围世界的认识，也有对自己情感、意志、自我价值的认识。在评价中还有伙伴评价、伙伴合作互助的快乐，努力、失败的反思，有助于学习的自信心、学习的意志力等良好习惯的形成。

2. 发挥教师的主导作用，正确客观地评价幼儿

教师应努力为幼儿创造一种关怀、信任、宽松、和谐的氛围，满足幼儿的正当需要；以具体评价为主；在幼儿同伴面前慎重评价幼儿；与家长沟通时回避幼儿；活动时使幼儿明确自己的特点、本领，掌握评价的方法，并时常给予幼儿客观、正确的评价和积极的肯定与鼓励；使幼儿能获得动手、动脑、动口的机会，为幼儿创设能够充分表现自己和体验成功的环境与条件。

3. 指导家长正确评价幼儿，帮助幼儿建立积极的自我评价系统

父母是幼儿发展自我评价的比较关键的因素，能影响幼儿发展出积极的或消极的自我评价。因此，我们对指导家长对幼儿的评估工作也做了一些尝试。

首先，帮助家长了解、认识幼儿的能力，开展了切实可行的家园互动活动，如利用家访、"家长开放日"活动、家园联系栏、发放每月幼儿发展评估表等，向家长了解和交流个别幼儿的行为特点和差异，使家长对幼儿的个性特点行为和幼儿在园的情

况有一定的了解，通过沟通达成共识，更好地评估幼儿的能力。

其次，指导家长观察、记录评估幼儿的能力。为了全面深刻地了解幼儿，家长必须有目的、有计划地观察幼儿，获得关于幼儿身心发展的各种真实材料，并加以记录，为分析和评估幼儿提供重要的依据。

再次，帮助家长分析和评价幼儿。我们在指导提高家长评价幼儿能力时，鼓励家长注意：全面分析幼儿，正确判断幼儿，科学评价幼儿，纵向比较幼儿，真正有效地促进幼儿能力的发展。

4. 建立幼儿自我评价板块

教师设计一个大评价板块，每个幼儿在上面都拥有一个写有自己名字的、可以装东西的小盒子或者透明的袋子。当幼儿担任值日生时，上面会插有值日生的标志；当他喝完水或完成某项工作后自己可以插根小棒、贴朵小花来表示。教师可以根据幼儿的操作情况来了解他们的活动，评价他们的活动质量和效率。这是培养幼儿自主性和任务意识的一个不错的办法。幼儿还可以通过图案示意来表示自己做了些什么以及完成的质量，如以幼儿看得懂的图形（如星星的个数、不同表情的脸谱）来记录，使幼儿在没有成人的指导下，仍能看懂评价结果。

（三）自我调节的发展

幼儿自我调节能力是逐渐产生和发展的，表现为幼儿开始完全不能自觉调控自己的心理与行为。心理活动在很大程度上受外界刺激与情境特点的直接制约，以后随着生理的发育成熟。在环境教育作用下，幼儿逐渐能够按照成人的指示，要求调节自己的行为，并且能够进一步（一般在幼儿晚期）自觉地调整自己的心理和行为。

总的来说，幼儿自我意识的发展，表现在能够意识到自己的外部行为和内心活动上，并且能够恰当地评价和支配自己的认识活动、情感态度和动作行为，并且由此逐渐形成自我满足、自尊心、自信心等性格特征。

四、幼儿性别行为的发展

幼儿性别角色行为的发展，是在对性别角色认识的基础上，逐渐形成较为稳定的行为习惯的过程，从而导致幼儿之间在心理与行为上的性别差异。

（一）性别角色与幼儿的性别行为

性别角色是社会对男性和女性在行为方式和态度上期望的总称。例如，在中国传统的社会观念中，男人就应该养家糊口，女人就应该做饭、看孩子，这就是社会对男性和女性的不同要求的反应。社会对男性和女性行为的要求可以表现在任何方面，大到社会分工、家庭分工，小到穿着打扮、言谈举止，处处都有一把无形的尺子在衡量着，也时时有一个框架在束缚着，使一个人不自觉地按照社会要求的行为方式去活动、交往，这就是性别角色的作用。性别角色的发展是以儿童性别概念的掌握为前提的，即只有当孩子知道男孩和女孩是不同的，才能进一步掌握男孩和女孩不同的行为标准。

性别角色属于一种社会规范对男性和女性行为的社会期望。男女两性是由遗传造成的,男女在家庭生活和社会生活中扮演什么角色,则是从儿童时期起接受成人影响、教育的结果。男女儿童通过对同性别长者的模仿而形成的自己这一性别所特有的行为模式,即性别行为。

(二)学前儿童性别角色认识的发展

儿童性别角色的发展经历了四个阶段。对于学龄前儿童来说,主要经历了前三个阶段。

第一阶段:知道自己的性别,并初步掌握性别角色知识(2~3岁)。

儿童能区分一个人是男的还是女的,就说明他已经具有了性别概念。儿童的性别概念包括两方面:一是对自己性别的认识;一是对他人性别的认识。儿童对他人性别的认识是从2岁开始的,但这时还不能准确说出自己是男孩还是女孩。在2岁半到3岁左右,绝大多数儿童能准确说出自己的性别。同时,这个年龄的儿童已经有了一些关于性别角色的初步认识,如女孩要玩娃娃、男孩要玩汽车等。

第二阶段:自我中心地认识性别角色(3~4岁)。

这个阶段的儿童已经能明确分辨自己是男还是女,并对性别角色的知识逐渐增多,如男孩和女孩在穿衣服和玩游戏、玩具方面的不同等。但这个时期的儿童能接受各种与性别习惯不符的行为偏差,如认为男孩穿裙子也很好。

第三阶段:刻板地认识性别角色(5~7岁)。

这一阶段的儿童不仅对男孩和女孩在行为方面的区别认识越来越清楚,同时开始认识到一些与性别有关的心理因素,如男孩要胆大、勇敢等。但他们对性别角色的认识也表现出刻板性。他们认为违反性别角色习惯是错误的。例如,一个男孩玩娃娃就会遭到同性别孩子的反对等。

(三)幼儿性别行为发展的阶段与特点

1. 幼儿性别行为的产生(2岁左右)

2岁左右是儿童性别行为初步产生的时期。具体体现在幼儿的活动兴趣、选择同伴及社会性发展三方面。例如,14~22个月的幼儿中,通常男孩在所有玩具中更喜欢卡车和小汽车,而女孩则更喜欢玩具娃娃或柔软的玩具。幼儿对同性别玩伴的偏好也出现得很早。在托幼机构中,2岁的女孩就表现出更喜欢与其他女孩玩,而不喜欢跟吵吵闹闹的男孩玩。2岁时女孩对于父母和其他成人的要求就有更多地遵从,而男孩对父母的要求的反应更趋向多样化。

2. 幼儿性别行为的发展(3~6或7岁)

幼儿之间的性别角色差异日益稳定、明显,具体体现在以下方面。

(1)游戏活动兴趣方面的差异。在现实中,我们不难发现,在幼儿男女孩子的游戏活动中,已经可以看到明显的差异。男孩更喜欢有汽车参与的运动性、竞赛性游戏,女孩则更喜欢过家家的角色游戏。

（2）选择同伴及同伴相互作用方面的差异。进入3岁以后，幼儿选择同性别伙伴的倾向日益明显。研究发现，3岁的男孩就明显地选择男孩而不选择女孩作为伙伴。在幼儿期，这种特点日益明显。研究发现，男孩和女孩在同伴之间的相互作用方式也不相同。男孩之间更多打闹，为玩具争斗，大声叫喊，发笑；女孩则很少有身体上的接触，更多通过规则协调。

（3）个性和社会性方面的差异。幼儿期已经开始有了个性和社会性方面比较明显的性别差异，并且这种差异在不断发展中。一项跨文化研究发现，在所有文化中，女孩早在3岁时就对比她们小的婴儿感兴趣。还有研究显示，4岁女孩在独立能力、自控能力、关心人与物三个方面优于同龄男孩；6岁男孩的好奇心和情绪稳定性优于女孩，6岁女孩在对人与物的关心方面优于男孩；在6岁幼儿的观察力方面也发现男孩优于女孩。

【相关资料】

弗洛伊德将人格的发展分为五个时期：(1)口唇期（0到18个月）。在这一阶段口、唇、舌是动情区这一阶段容易出现依赖和攻击性。(2)肛门期（18月到3岁）。这一阶段的性感区是肛门，在这一阶段容易出现两种性格：肛门排放性性格和肛门便秘性性格。(3)性器期（3岁到6岁）。其性感区在生殖器，出现了性格分化，在这一阶段容易出现恋母情结和恋父情结。(4)潜伏期（6到12岁）。在这一阶段，儿童的玩伴多为同性。(5)生殖期（青春期到成长）。这一阶段也叫两性期。

五、幼儿性格的形成及影响因素

性格是一个人对现实稳固的态度以及为之相适应的惯常的行为方式的独特结合，是表现在对现实的态度和行为方式中的个性心理特点，是个人个性最重要的一方面，在个性发展中起着核心作用。能够表明一个人本质的典型的特点。幼儿的性格大致与亲人，特别是父母的很相似，虽然在幼儿阶段表现得不明显，这些都是遗传的因素所引起的，但更主要的是环境和教育影响的结果，是对环境和教育影响地反映，一个人性格的形成和发展过程实际上也是他不断反映生活环境和教育环境影响的过程。

每一种气质都可能向积极或消极的方面发展，气质的类型只是对孩子的性格形成产生一定的影响而不能完全决定孩子的性格类型和成就的高低，孩子出生后具有其自身气质特征，但是具有典型气质特征的孩子是没有的，大多数的孩子已基本上属于以某种气质为主，同时又兼备其他气质特点，虽然说气质具有稳定性，但在后天的教育影响下是可以改变的。性格也是如此。一个人的性格从小时候就开始形成，更多时候受到了社会生活条件的影响和制约。幼儿阶段的孩子正处于性格模糊的时期，是为孩子以后的性格打基础的时期。在此阶段，影响孩子性格形成的因素主要有以下几个方面。

遗传因素。遗传因素是性格形成的自然基础，具体表现为以下四个方面：第一，人的身高、体型来自于遗传，这些体型特征会因为社会文化和自我意识的作用影响到孩子的自尊心、自信心，从而对孩子的性格形成产生一定的影响。比如一个瘦而且高的孩子和一个矮胖的孩子相比，高瘦的孩子明显比矮胖的孩子更有自信，矮胖的孩子在长期的影响下会形成自卑的心理，有可能就形成内向的性格。第二，性别对孩子的性格也有一定的影响。男孩子的性格具有独立性、自主性，有较强的竞争意识，敢于冒险，女孩子大多则依赖性较强，在做事方面比男孩子细心、谨慎。第三，一些精神系统的遗传特征也会影响特定性格的形成，这种影响表现为或起加速或起延缓作用。第四，生理成熟的早晚对孩子的性格也有一定的影响，而生理成熟的早晚跟遗传是有关的。

家庭环境。家庭是"制造人的性格的工厂"，父母把基因传给后代，家庭是孩子最早接触的社会环境，心理研究表明，从出生到5岁是孩子性格形成的最主要阶段，在这3个阶段，儿童在家里生活的时间最长，受到父母的爱抚、保护、教育的影响最多。因此，整个家庭环境对孩子性格的形成起着极为重要的作用。在家庭各方面的因素中，家庭氛围、家庭经济收入水平、家长的受教育程度、父母的教养态度、家长的榜样作用、家长的性格和孩子在家中的地位都对孩子的性格有深刻的影响。

家庭氛围。家庭氛围的好坏直接影响孩子性格的形成，家庭成员之间和睦相处，所营造出来的家庭气氛对孩子的性格形成有着积极的作用，家庭成员中关系紧张、相互猜疑、争吵，会对孩子性格的形成有消极的影响。特别是父母关系对孩子性格的形成影响最大。有关研究表明，如果夫妻关系融洽，孩子在家中感到愉快有安全感，容易形成开朗乐观活泼的性格特征；如果夫妻关系对立，不和谐，孩子在家里缺乏安全感，情绪不稳定，容易形成紧张焦虑和不安的性格特征。在宁静愉快的家庭氛围中成长的孩子与在家庭氛围紧张与冲突不断的家庭里成长的孩子性格差异很大。一个生长在和谐愉快的家庭氛围中的孩子，性格上多表现为乐于与人交往、活泼、积极主动的外向型，在不和谐的家庭里成长的孩子大多比较内向、自卑、不愿与人交往或人际关系较差。

心理学上认为家庭破裂给孩子性格的发展带来不利的影响。父母离异比父母一方或双方死亡对孩子的性格影响更大，孩子由于父母离异或死亡而得不到家庭的温暖和正常的教育，容易形成悲观孤僻的不良性格特征，这类孩子产生的行为问题也比较多。有研究表明少年犯罪率最高的是1到4岁之间丧父或丧母的孩子，其犯罪率比一般人要高出两倍以上。从年龄上看，婴幼儿期间，丧母对幼儿个性特征的影响最大，儿童期间则是丧父对孩子性格的影响最大。但也有研究表明，如果有良好的教育，破裂家庭或丧失父母的孩子仍然可以形成坚强、合作甚至是开朗等良好的性格特征。

教育观念和教养方式。家长的受教育程度不同，文化程度不同，教育观念的不同对孩子性格的形成影响也是很大的。父母的文化程度对孩子的自制力、灵活性、思维水平、意志力等都有影响，家长对孩子成才的价值观，对孩子的发展规划与孩子之间的关系都大大影响孩子个性的形成与发展。在家庭中，父母和子女的关系最为亲切，也是子女最重要的教育者。苏联教育家鲁普斯卡娅指出"母亲是天然的教师，她对儿童的影响是最大的"，研究表明，母爱在儿童5岁前性格的形成中起重要作用，是儿童性格发展的必要条件，缺乏母爱的儿童往往形成孤僻、不合群、任性等情绪反应。父爱在儿童心理发展，特别是在性别角色形成和发展过程中不可或缺。父亲给孩子提供榜样的作用，为女孩子提供与异性交往的样例。幼年时期没有与父亲接触过的孩子，在性别的社会化方面存在不完全，由此可见，父母对子女教养态度，在儿童良好性格的形成和发展过程中起着不可忽视的作用。父母的教养态度和教养方式对孩子性格形成的影响如下：

父母对孩子的教养方式属于支配型的，就简单地打个比方，孩子可以从父母的手中接过钱去买一支笔的，但是父母采取的并不是把钱给孩子让他们自己把事情办好，还是说妈妈会给你买好。再比如孩子上幼儿园收拾书包这件小事，有的父母会有意识地选择让孩子独立完成这个过程，即使孩子在途中会失败很多次，即使孩子收拾得不好，但是父母所采取的措施是正确的，他们意识到从小就应该培养孩子的独立性，让他们养成自己的事自己干，为孩子以后的生活做了长久的计划。孩子在生活上许多事都有父母支配，性格上往往具有一种依赖，缺乏自己的独立性和自主性，对于别人的安排，他们多数采用的是服从态度，在面对挫折或失败的情形时，容易产生消极情绪。

父母对子女的教养方式属于溺爱型的。在这种教养模式下生活的孩子多数任性骄傲，由于从小集家庭的宠爱于一身，做错事的时候家长也包庇、纵容，很多东西都不愿与别人分享，这类孩子利己主义比较强，可能在将来的生活中首先考虑到的是自己。由于这类孩子在生活中父母对他百依百顺，他在将来的工作或生活中也会不愿听取他人意见，一意孤行，不愿把自己的东西分享给他人，从而缺乏与人分享合作的能力。

过于严厉型管教方式下成长的孩子，从小被家人严加看管，一不小心犯下错误就会遭到父母或家人严厉地惩罚。对于这样的孩子，小的时候他会按照父母的意愿生活，稍微大点后可能会养成叛逆的心理，性格顽固，内心冷酷，相对来说会比较独立。也有可能受到家庭氛围和家长在教育其过程中的一些影响。残忍是家教严厉型孩子的一个特点。在严厉家教下教养的孩子性格也有朝着反面方向发展的，如家长长期压制导致孩子自信心缺乏，孩子会出现一种盲目从众的心理，有的则生性懦弱，缺乏自主独立性。

父母对孩子的成长过程过于保护，孩子容易胆小怕事，内向沉默，遇事被动。同时，会养成在日常生活中过度依赖他人，缺乏社会性等性格特征。

家庭民主教养方式下，对一些小事父母把权力让给孩子，可以从小培养他们养成独立自主的好习惯,教育孩子学会与人分享合作。因此,民主教养方式家庭中的孩子独立性较强,对人对事的态度诚恳,活泼天真,比较容易与人相处,社交能力强,有毅力和创造精神。

还有一种是被忽视型的孩子,父母对孩子的态度采取不闻不问,与孩子之间缺乏交往和沟通,会导致孩子养成孤僻、内向的性格特点。此外,在这样的家庭环境下的孩子往往会羡慕别人,容易产生嫉妒、轻生厌世等心理,性格内向。

最后一种是父母意见分歧较大,家庭关系紧张或者出现家庭暴力的环境下生长的孩子。在这种环境下成长的孩子看着父母争论他不知道如何是好。长此以往,孩子会当着爸爸说一种话,当着妈妈又说另一种话。有的孩子会迎合父母双方的意愿说一些好听的话,有的孩子会养成两面讨好,好撒谎,投机取巧,对人对事警惕性高等性格特点。

六、幼儿气质的发展

(一) 新生儿气质的类型

从一出生起,每个新生儿不仅体重、身高各不相同,而且行为也有很大差异。气质通过影响个体与环境的相互作用来塑造个性。遗传因素为人提供了不同的生物特征,从而导致了人的体质与神经系统类型的差异。布雷泽尔顿研究发现,新生儿对个别刺激的行为反应有差别,从而将新生儿气质分为三种基本类型:活泼型、安静型、一般型。

活泼型:这类新生儿是名副其实的"连哭带斗"地来到人间的。他不像一般新生儿那样要靠外力帮助才哭,会等不及任何外界刺激就开始呼吸和哭喊。睡醒后立即就哭,从深睡到大哭之间似乎没有较长的过渡阶段。

安静型:这类新生儿出生时就不活跃。婴儿出生后就安安静静地躺在小床上,很少哭,动作柔和、缓慢,眼睛睁得大大的,四处环视。给他第一次洗澡时也只是睁大眼睛,皱皱眉,没有哭,甚至连打针也很安静、不哭闹。

一般型:这类新生儿介于两者之间。大多数新生儿都属于这一类。

由于气质和幼儿的生理特点有着直接联系,所以幼儿出生时已经具有一定的气质特点。气质特点在整个幼儿时期是比较稳定的,但也不是不变的。人的高级神经活动的特点有高度的可塑性,婴儿神经系统正处于发育过程中,他们的气质也会受环境的影响而变化。作为家长要了解自己孩子的气质特点,才能不受制于孩子。

(二) 幼儿气质的发展特点

在人的各种个性心理特征中,气质是最早出现的,也是变化最缓慢的,因为气质和幼儿的生理特点关系最直接。但是,气质也不是一成不变的。那么,幼儿气质的发展有什么特点呢?

有人对138名幼儿从出生到小学的气质发展进行了长达10年的追踪研究。结果发现，在大多数幼儿身上，早期的气质特征一直保持稳定不变。例如，一个活动水平高的孩子，在2个月时睡眠中爱动，换尿布后常蠕动；到了5岁，在进食时常离开桌子，总爱跑。而一个活动水平低的孩子，小时候睡眠或穿好衣服后都不爱动，到他5岁时穿衣服也需要很长时间，在电动玩具上能安定地坐很久。

生活环境可以改变幼儿的气质。幼儿气质发展中存在"掩蔽现象"。所谓"掩蔽现象"就是指一个人气质类型没有改变，但是形成了一种新的行为模式，表现出一种不同于原来类型的气质外貌。例如，一名幼儿的行为表现明显地属于抑郁质，但神经类型的检查结果都是"强、平衡、灵活型"。究其原因，这个幼儿长期处于十分压抑的生活条件下，这种生活条件下形成的特定行为方式掩盖了原有的气质类型，而出现了畏缩和缺乏生气等行为特点。由此可见，幼儿的气质类型具有相对稳定的特点，但并不是一成不变的，其后天的生活环境与教育可以改变原来的气质类型。

幼儿气质影响父母的教养方式。研究发现，幼儿的气质类型对父母的教养方式有较大影响。母亲对待不同类型的幼儿的行为方式是不同的。如果幼儿的适应性强、乐观开朗、注意持久，则母亲的民主性表现突出。而影响母亲教养方式的消极气质因素包括：较高的反应强度（如平时大哭大闹）、高活动水平（如爱动、淘气）、适应性差及注意力不集中等。可见，幼儿自身的气质类型，通过父母教养方式而间接影响自身的发展。因此，父母和教师平时要注意幼儿的气质特点，同时，还要避免幼儿气质中的消极因素对自己教育方式的影响。

【案例思考】

根据材料描述孩子的气质类型，并谈谈研究儿童气质的教育意义。

材料：

琪琪和表姐小薇差半岁，同时上了幼儿园小班。由于小薇爸爸妈妈工作忙，不久她被送到了小镇上的奶奶家。小镇幼儿园的老师非常强调知识学习，一年后，小薇已经能认许多字了，而琪琪却整天沉浸在游戏中，几乎一个字也不认得。爸爸妈妈开始为此担心，怕幼儿园这样的教学会影响琪琪今后的学习。你觉得琪琪父母的担心有必要吗？为什么？

【相关资料】

孩子的五种气质类型

著名的儿童精神病医师，也是《具有挑战性的孩子》一书的作者斯坦利·L·格林斯潘，从有关儿童发展的经典研究中发现孩子们主要表现出5种不同的气质类型，每种气质类型都有其各自的长处。格林斯潘认为母亲如果能提升自己的洞察力、发挥孩子的天赋特长，那么即使是最顽劣的孩子也可以在您的帮助下得到行为改善。其中的关键就在于善于把那些挑战转化为机会。以下就是孩子的五种气质类型。

1. 高度敏感的孩子。这种类型的孩子与大多数孩子相比，对世界上的一切事物会更热心、更好奇，可能会使您产生如履薄冰的感觉。这些孩子相当的苛刻、难以满足，而且性情急躁，抗拒变化。对于这种类型的孩子最好的养育方法是设定清楚明了的行为限制，与此同时还要投入全部感情，努力去理解他们、鼓励他们的自发性。如果教育适当，这些孩子会具有非凡的创造性、洞察力以及同情心。

2. 沉湎于自我想法的孩子。这类孩子给人的第一印象是比较讨人喜欢的，因为他们的要求很少，喜欢独处。但是过一会儿您会发现这类孩子不会很快地适应环境变化，也比较难变得活跃。因此您的养育目标就是与孩子建立密切的联系，培养他们的社会交往技能，这样他（她）在社会群体中才会感到更加愉快放松。

3. 反抗叛逆的孩子。您的孩子是否会表现得非常的固执、消极、控制欲强，而且很明显地喜欢说不呢？他（她）是否甚至会把最简单的活动都演变成一个麻烦呢？反叛型的孩子会令您感到疲惫不堪。如果您能保持冷静，为孩子设定行为规范，观察孩子的情绪变化，并且试着去和孩子协商沟通，那么事情会变得容易一些。

4. 漫不经心的孩子。"那已经是第三次了！""难道你没有听到吗？"这种类型的孩子在"理解、融入"这个世界时有困难。因此您的养育目标是帮助孩子集中注意力，帮助孩子去做决定，增强孩子的自我关注能力以及提高他们的敏感性。

5. 活泼好动或攻击挑衅的孩子。这类孩子往往会被看成是"具有号召力的人物"，但是格林斯潘指出如果您能不断地用严格的行为限制来规范孩子的行为，那么他们可能会被"驯服"，您就可以培养出温顺热情的孩子。如果您能教给他们情绪调节以及放松的方法，那么他们就会更好地去应对生活中出现的问题。

模块二　学前儿童的言语发展与同伴关系

一、言语和语言的概念

语言是思维工具和交际工具。它同思维有密切的联系，是思维的载体、物质外壳和表现形式。语言是符号系统，是以语音为物质外壳，以语义为意义内容的，音义结合的词汇建筑材料和语法组织规律的体系。语言是一种社会现象，是人类最重要的交际工具，是进行思维和传递信息的工具，是人类保存认识成果的载体。语言具有稳固性和民族性。

语言是人类所创造的，只有人类有真正的语言。许多动物也能够发出声音来表示自己的感情或者在群体中传递信息,但是这都只是一些固定的程式,不能随机变化。只有人类才会把无意义的语音按照各种方式组合起来,成为有意义的语素,再把为数众多的语素按照各种方式组合成话语,用无穷变化的形式来表示变化无穷的意义。

普通心理学中的定义:言语是一种社会现象,是人类通过高级结构化的声音组合,或者通过固定符号、手势等构成的一种符号系统,同时又是运用这种符号系统来交流思想的行为。简单说来,言语是把语言符号按照语言的规则排列起来表达具体的内容。

言语是对语言的运用,它有两个意思:一是指说和写的过程,是人的一种行为,叫作言语活动,也叫作言语行为;一是指人说出来的话,写出来的东西,也叫言语作品。

言语(音元义)——北京的口语,即说话、打个招呼的意思。

言语和语言的关系与区别:

人们说话是一种复合现象,至少可以分为下面三个方面:

(1)张口说话的动作,即"说话"的动作、行为,我们称之为言语动作和言语行为。

(2)说话所使用的一套符号,"说话所使用的词语、规则"。

(3)"说话"的结果,即所说的话语。

其中,(1)(3)是言语,(2)是语言。

言语是利用语言进行交际的行为和结果。

言语是个人的,语言是社会的;言语是具体的,语言是抽象的;言语是有阶级性的,语言是全民性的。

语言制约着言语,指导人们进行言语实践;语言存在于言语之中,存在于人们的交际过程之中,存在于言语行为和言语作品之中。语言不能够脱离言语,言语也不能脱离语言,它们是不可分离的。

二、学前儿童言语的产生与发展

(一)0~3岁婴儿言语的产生与发展

0~3岁是婴儿生理和心理发展最迅速的阶段,是儿童语言真正形成的时期,也是儿童语言发展最迅速的阶段。

1. 语音的发展

语音是口头语言的物质载体,是发音器官发出的表达一定语言意义的声音。

在儿童掌握语言之前,有一个较长的言语发生准备阶段,称为"前言语阶段",一般把从儿童出生到能够说出第一个具有真正意义的词之前的这一时期(0~1岁)划为前言语阶段;从儿童(2~3岁)开始进入正式的学说话阶段,到讲出第一批有真正意义的概括性的词的时期,划为言语发生阶段,标志着儿童开始发生言语,又称为言语发生阶段;2~3岁是儿童基本掌握口语阶段,这一阶段将持续到入学前。

2. 语音发生发展阶段

非自控音阶段（出生~20天）：发音器官为语音的发生做好最基本的物质准备。

咕咕出声阶段（21天~5个月）：声音听辨能力有较大发展，有大量的"玩弄"声音的现象，有了最初的语音模仿和"对话"意识。

牙牙学语阶段（6个月~1岁左右）：连续发音的节奏感加强，发音的形式变得丰富多彩，出现许多类似语言的语调。这阶段显著的特征是婴儿模仿发音的能力大大提高。

学说话阶段（1岁~1岁半）：连续音节和类似词的音节增多，能说出一些单词，无意义的音节减少。

积极言语发展阶段（1岁半~3岁）：开始由单词句、双词句向完整句发展，集中的无意义的发音现象消失，发音和发出的词和句子整合在一起。但由于发音器官发育未成熟，会出现许多语音"错误"。

3. 语音发展的特点

（1）前言语感知能力的发展。前语言阶段，感知语音的能力是儿童获得语言的基础。最近的研究表明，汉语儿童前言语阶段的感知能力分成三个水平层次：

辨音水平（0~4个月）：学会分辨言语声音和其他声音的区别，获得辨别不同话语声音的感知能力。大约两个月后，开始比较清楚地感知"语音学"意义上的单纯的语音，能感知由发声位置和方法变化造成的语音差别。

辨调水平（4~10个月）：能注意一句话或一段话的语调，从整块语音的不同高音、音长变化中体会所感知的话语声音的社会性意义，并且给予相应的具有社会交往作用的反馈。

辨义水平（10~18个月）：能将人们说话时的语音表征和语义表征联系起来，去分辨一定语音的语义内容。开始学习通过对声、韵、调的整体感知来接受语言，为正式使用语言与人交往做好"理解在先"的准备。

（2）前语言发音能力的发展。前语言发音是指婴儿正式说话前的各种语音发声，类似于说话之前的语音操练。

这个过程大致分为四个阶段：

单音发声阶段（0~4个月）：会哭叫，还会调节哭叫的音长、音量和音高，用不同的哭声表示不同的意思和需求。

音节发声阶段（4~10个月）：一方面，发音有了明显的指向性，对成人的社会性刺激做出反应；另一方面，发音中出现了许多辅音和元音的组合，从单音节过渡到重叠多音节。

前词语发声阶段（10~18个月）：能发出一连串变化不同的辅音加元音的音节，发音有语言的感觉。

特殊的"小儿语"发音阶段（1~1岁半）：有明显的旋律和抑扬顿挫的音调变

化。说话呈现特殊的"小儿语"式发音,常常表现出省略、替代、重叠等特殊的策略。

4. 前语言交际能力的发展

产生交际倾向(0~4个月):逐渐产生交际的倾向和兴趣。约两个月时,会用表情、动作或不同的声音表达不同的情绪,表现出明显的交际倾向。

学习"交际"规则(4~10个月):对成人的话语逗弄给予语音应答,还出现与成人轮流"说"的倾向,前语言交际已有明显的"社会性"成分。

扩展交际功能(10~18个月):能够通过一定语音和动作表情的组合,使语音产生具体的语言意义。这个时期的婴儿有坚持表达个人意愿的情况,开始创造相对固定的"交际信号",能较好地理解语言的交际功能,能借助前语言发音和体态行为与人交往,发展起真正的语言交际能力。

5. 发音紧缩现象

1周岁以后,婴儿出现发音紧缩现象,在前言语阶段能发出的语音现在都不能发出,无意义的连续音节大大减少,往往用动作和手势示意,独处时也停止了自发发音活动,出现一个短暂的相对沉默时期。

(二)2~3岁儿童语音的发展

从1岁半开始,儿童发音器官逐渐成熟,语音逐渐稳定和规范,发不出的语音逐渐减少,儿童集中的无意义发音现象已经消失。

1. 词汇的发展

一般而言,学前儿童只掌握基本的口语词汇,他们对词汇的掌握主要表现在词汇数量的增加、词类范围的扩大,以及对词义理解的确切和加深等方面。特点如下。

从9个月开始真正理解语言。

1岁至1岁半阶段:头脑中关于词和具体事物情境的联系越来越多,能理解更多的词和简单的句子。理解和使用新词常出现词义泛化、词义窄化、词义特化现象。

1岁半至2岁阶段:是儿童语言发展最迅速的时期,也是儿童掌握词汇的第一个关键时期。词汇量迅速增加,出现"词语爆炸现象"。理解能力不断提高,能摆脱具体情境的制约。

2岁至2岁半阶段:掌握的词汇量迅速增长,对语言的理解力迅速增加,词的泛化、窄化和特化现象明显减少,对词义的理解日益加深,词的概括程度进一步提高,求知欲强烈,对新词感兴趣。

2. 语法的发展

语法发展的特点如下。

单词句阶段:单词句是指用一个词代表的句子,一般出现在1岁~1岁半。单词句所用的词不是单独和某种对象相联系,而是和某种情境相联系。

双词句阶段:是由两个单词组成的不完整句,有时也由三个词组成,一般出现于1岁半到2岁。

能运用多种简单句，出现复合句：2岁以后，简单句增加。有时也出现复合句，但数量少，比例小。

句中含词量增加：随着年龄增长，儿童说话所用的句子有延伸趋势，句中含词量增加。

疑问句增多：2岁左右，婴儿开始使用疑问句，使用频率并呈迅速增长趋势。

接尾策略：接尾策略是指婴儿不管实际情况，只选用问句末尾的一些词作答，主要发生在1岁半至2岁半，3岁左右这种语言现象消失。

抽象句子规则，进行系统整合：把一种新的语言现象纳入原有的语言框架，力图用原有的规则去解释、同化，即对句子规则进行系统整合。

说话不流畅，表达常有"破句现象"：说多词句的句子时，常有说话不流畅，结结巴巴的现象。对3岁孩子而言，这是正常的自然现象。

(三) 3~4岁儿童言语的发展

幼儿言语的发展，可以从语音、词汇、语法、口头表达能力等四个方面来分析。

1. 语音的发展

我国心理学研究者刘兆吉和史慧中曾先后对我国3~6岁幼儿声母和韵母的发音进行了研究，得出幼儿语音发展的以下特点。

幼儿发音的正确率与年龄的增长成正比。有两种原因可以解释这一特点。一是生理因素。随着幼儿发音器官的进一步成熟，语音听觉系统以及大脑机能的发展，幼儿的发音能力迅速增强。二是词汇的积累。现在不少心理学家认为，在语言发展的早期，幼儿是通过学习词汇而不是个别、孤立的单音来学习语音的，他们必须掌握相当数量的主动词汇后才建立他们的语音系统。

语音发展的飞跃期为3~4岁。幼儿的发音水平在3~4岁时进步最为明显，在正确教育条件下，他们几乎可以学会世界各民族语言的任何发音。此后发音就趋于稳定，趋向于方言，在学习其他方言或外国语时，常会受到方言的影响而产生发音困难。

幼儿对声母、韵母的掌握程度不同。4岁以后，绝大部分幼儿都能基本发准普通话中的韵母，而对声母的发音正确率稍低。大多数3岁的幼儿可以发清声母，一部分幼儿声母发音的错误主要集中在 zh、ch、sh、z、c、s 等辅音上。研究者认为，3岁的幼儿发辅音错误较多，主要是因为其生理上发育不够成熟，不善于掌握发音部位与方法，故发辅音时分化不明显，常介于两个语音之间，如混淆 zh 和 z、ch 和 c、sh 和 s 等。

语音意识明显发展。幼儿语音意识明显发展主要表现为他们对别人的发音很感兴趣，喜欢纠正、评价别人的发音，还表现在很注意自己的发音上。

2. 词汇的发展

词汇数量逐渐增加。国内外有关研究材料表明，3~6岁幼儿的词汇量是以逐年大幅度增长的趋势而发展的;词汇的增长率呈逐年递减趋势;幼儿期是词汇量飞跃发展的时期。例如,史慧中等人在对幼儿词汇的研究中发现,3岁的幼儿能掌握1000个左右的词汇,到了6岁时,他们的词汇量增长到3500个。

词类范围不断扩大。随着词汇数量的增加,幼儿掌握的词类范围也在不断扩大,这主要体现在词的类型和词的内容两方面。幼儿一般先掌握实词,即意义比较具体的词,包括名词、动词、形容词、数量词、代词、副词等,实词中最先掌握名词,其次是动词,再次是形容词和其他实词;后掌握虚词,即意义比较抽象的词,虚词一般不能单独作为句子成分,包括介词、连词、助词、叹词等。幼儿不仅掌握虚词的时间较晚,而且比例也很小,只占词汇总量的10%~20%。

【相关资料】

帮助幼儿丰富词汇的游戏活动

全班幼儿围坐成圆形,以击鼓传花的形式选定一个幼儿,幼儿可以随口说出一个词,然后相邻的幼儿接着说出第二个词,这个词的第一个字要与前一个幼儿说出的词的最后一个字相同,如"天气""气温""温度""度假"……如果有的幼儿没有接上,就让他到中间来为大家表演一个节目,可以背一首诗,唱一段儿歌等。

让幼儿分为两人一组,其中一人说出一个词,另一人说出这个词的反义词,如"白""黑","长""短","高兴""伤心"等,看看哪组小朋友说得又快又多。

3. 语法的发展

仅有词汇并不能进行言语交往,还必须按照造句的规则,将词或词组组成句子,才能行使言语交流思想的职能。在整个学前期内,幼儿在学习说话的过程中,不仅掌握了语音、词汇,而且无形中也逐步掌握了各种基本的语法结构形式。

3岁左右的幼儿,大量运用的是由十来个字词组成的简单句,由于他们对词和词的关系的掌握不够,所以常常出现语法上的错误。4岁左右,幼儿开始能够正确运用大量简单句,并能用简单句来较详细地描述自己的见闻,或说明自己的意思。语言发展较好的幼儿,已经开始使用复合句式。不过,他们的复合句式,基本上只是简单句的结合,没有连词。到五六岁时,由于幼儿思维的发展,知识经验的积累,并在正确教育的影响下,幼儿语言中各种类型的复合句相继出现,并且不仅有反映时间、空间关系的复合句,而且还有反映原因和结果、手段和目的、部分和整体等关系的比较复杂的复合句。

应该指出,整个学前期,在幼儿经常使用的句型中,还是以简单句为主。许多实验和调查材料表明,幼儿所使用的简单句,占总句量的90%,复合句只占10%。而且,幼儿所说的复合句,有一个明显特点,就是连词用得少。5岁以后,虽然出现了连词,但有时还用得不很恰当。这与幼儿对词义的理解不深、揭示事物间关系的思维能力还较差有关。并且在整个幼儿期，幼儿虽然能够说出各种合乎语法规则的句子，但并不能把语法规则当作认识对象，他们只是在语言习惯上把握了它。专门的语法学习，对幼儿来说，既很困难，也没必要。

4．口头表达能力的发展

在掌握比较丰富的词汇和基本的语法结构的同时，幼儿的口语表达能力也相应地发展起来。

学前初期，幼儿的言语表达能力是比较差的，他们不能做完整、连贯地叙述，而常常是想说什么，就说什么，东一句、西一句地讲，使用的是没头没尾、断断续续的短句，并且常常出现没有主语、动宾不当或词序颠倒、重复等现象。比如，一个4岁孩子叙述孙悟空的故事时说："晚上，孙悟空一金箍棒打烂了塔，搞坏了把塔，后来老头子来了，后来他滚到山头去了，要把大象背到云里面去，后来大象坐了孙悟空的云走了。"在叙述时，他还辅以各种手势和表情。这里"搞坏了把塔"，就是"把塔搞坏了"的颠倒，至于孙悟空与老头子、大象的关系就更没说清，说得没头没脑了。

到学前中期，随着实践活动和集体活动的增多，幼儿需要向成人或小朋友表述自己的知识经验、思想感情、兴趣爱好，甚至某种生活经历，而那种夹杂着浓厚的情境性的、不连贯的言语，已不能完成上述任务。因此，这就促使幼儿的连贯性言语逐渐发展了起来，这个时期幼儿开始能够比较完整、连贯地进行叙述。

到学前晚期，连贯性言语逐渐取得了支配地位，成人仅凭其言语表达本身，就可理解幼儿所要表达的意思了。

三、学前儿童的同伴关系

（一）同伴关系的概念

同伴关系是指年龄相同或相近的儿童之间的一种共同活动并相互协作的关系，或者主要指同龄人之间或心理发展水平相当的个体之间在交往过程中建立和发展起来的一种人际关系。

交往既是人的需要，也是现代社会对人的要求。从教育者的立场来看，家长希望孩子能与他人交往，并希望孩子有较强的交往能力。教师更希望每个幼儿都能够与同伴友好相处、互相关心、团结合作。幼儿园的孩子们随着情绪的稳定和依恋的转移，他们对同伴的需要越发明显，由于孩子们的性格、兴趣取向、现有能力、心理需求等差异使他们形成了不同类型的交友模式。归纳一下，儿童大致分为四类：专一型、受欢迎型、攻击型、忽略型。专一型儿童比较依恋固定的玩伴，兴趣取向、认识判断等行为会受到同伴的影响。受欢迎型儿童往往乐于接受同伴的请求或共同游戏的邀请，这一类型的孩子很少带有攻击性行为，在同伴间的人气很旺。攻击型儿童性格暴躁，爱打人、骂人、破坏别人的活动；忽略型儿童胆小、怯懦，不愿加入小朋友的活动，也不去攻击别人，但小朋友往往会忽略他们的存在。后两种交往类型的孩子就是不善于交往、交往手段不恰当的孩子。

（二）幼儿集体生活中的同伴关系现状分析

同伴交往中幼儿存在着攻击性行为，主要表现为骂人、打人、踢人、抢别人的东西、损坏别人的活动成果等。攻击性强的孩子在同伴交往中非但不能满足他们自身的需求，反而增添了许多不安全的因素。出于自我保护的本能，其他幼儿产生了回避、拒绝的心理。随着道德感的发展，他们不喜欢和那些在他们看来"干坏事儿"的"坏孩子"玩。

幼儿在合作性游戏中总会因规则不统一、角色分配不称心、玩具使用不合理等诸原因而发生矛盾、冲突与对抗。

孩子们活动时都喜欢和那些能力强的幼儿在一起，因为他们能促进活动向更高层次发展。能力差的孩子在活动中非但不能出谋划策，提出有建设性的意见，有时甚至显得笨手笨脚，故此遭到同伴的"排斥"。

在幼儿时期幼儿普遍存在爱美倾向。干净、漂亮能迅速吸引对方，使对方产生亲近感。反之，如果幼儿没有良好的生活习惯，穿着不够整洁，则遭到排斥。

随着现代化住房单元结构的普及，有的孩子在家的大部分时间基本是独自一人玩，与那些在家仍有良好的同伴交往条件的孩子相比，交往技能得不到锻炼。

不同家庭结构给予幼儿交往经验上的差异性，家长的抚养方式，过度包办，使幼儿的交往实践得不到锻炼，导致幼儿社会性发展的不平衡性。

当前在儿童同伴交往中普遍存在的一个突出问题就是以自我为中心。以自我为中心的幼儿总是以自己的兴趣和需要为出发点，从不顾及他人。我国由于之前实行"独生子女"计划生育政策，现阶段的儿童大多是独生子女，他们在家庭中享有特殊的地位，在与同伴交往的过程中以自我为中心就成为一个更加严峻的问题。

（三）影响幼儿同伴交往的因素分析

引起幼儿同伴交往问题的原因是多方面的。这些原因包括幼儿先天素质和自身心理的发展，家庭、生活环境、托幼机构以及社会等方面的影响。主要分析以下几个方面。

1. 家庭因素的影响

家庭是在儿童早期社会化过程中最具影响力的场所，父母对子女的教养态度与方法、家庭人际环境及家庭结构对幼儿的人际交往的影响特别重要。父母错误的教养态度与方法（过分保护、溺爱、粗暴、冷漠等）对幼儿的人际交往都会产生不良影响，甚至引起心理问题的发生。如有的家长往往对独生子女处处包办代替，限制他们活动的范围和机会，使孩子很少获得待人接物的经验。

在家庭结构中，父母的离异或不和对孩子的影响极大。在没有双亲或虽有双亲却没有爱的家庭中，孩子常因缺乏爱而不能有正常的安定情绪。由丧失感、挫折感、不安全感等引发的欲求不满，使他们形成了攻击、破坏的行为习惯，或是自卑、自闭、孤僻的性格，这对幼儿与他人交往的影响是显而易见的。

2. 生活环境的影响

现代社会在城市化运动中，人们单元化的居住环境窄化了幼儿的活动空间，限制了幼儿同伴间的自由活动，也给幼儿的交往生活带来了灾难性的影响。现代幼儿的实际生活环境，使过去那种由不同年龄的孩子组成的游戏团体解体了，从而导致了他们游戏交往方式的改变。

3. 托幼机构的影响

托儿所和幼儿园是幼儿最早加入的较正规的集体生活环境，对培养幼儿社会适应能力起着决定性作用。幼儿对教师有着很大的依赖性，如果教师没有注意、爱抚、关心、尊重和认可幼儿，甚至经常冷落或者惩罚幼儿，这会使幼儿在心理上产生压力、不安全感，进而产生孤僻、冷漠、不合群甚至是攻击性行为等交往特征。

4. 社会的影响

由于我国社会文化背景方面的复杂原因，教师对儿童人际关系这一维度上的心理健康判断标准重视得不够。在长期的习惯思维中，教师往往容易忽视幼儿的平等、自由的交往活动。在当今教育体制的影响下儿童缺乏与同伴交往的环境，而幼儿的所有社会意识都不是只通过说教就能掌握的，只有在与其他孩子一起进行的交往和游戏活动中，才能真正体会，真正理解，真正学到并能在生活中适时有效地应用之。

5. 幼儿自身原因

交往是孩子的基本需要，它能有力地促进孩子的发展。家庭结构的变化和家长的过多限制已经影响了孩子的自主交往，致使不少孩子缺乏基本的社交技能。而在幼儿园集体生活中，幼儿自由交往的时间有限，提供的材料单调，幼儿兴趣不强。有些老师又因为担心幼儿同伴交往增多，矛盾也会增多，控制和干涉较多，不敢放手，缺乏让孩子交往的动机和方法。这些都是影响孩子交往的原因。

（四）同伴交往在幼儿发展中的作用

社会交往是幼儿成长过程中不可缺少的一部分，对于维护儿童的心理健康和塑造健全的人格具有重要作用。孩子并非生来就知道如何适应社会生活，我们必须创造环境、提供机会，让孩子通过与人接触学习一定的交往技巧，积累一定的交往经验，逐渐掌握符合社会要求的行为方式，并能初步根据社会规范调节自己的行为，发展交往能力。

同伴交往有利于儿童学习社交技能和策略，促进其社会行为向友好、积极的方面发展。在与同伴交往中，运用微笑、请求表示邀请等，从而尝试自己学会社交技能和策略，并随时根据对方的反应进行调整。使之不断巩固、熟练、恰当。另外，幼儿在交往中通过观察对方的社交行为而学习。运用一下新的社交手段，从而丰富自身的社交行为。同伴关系中，交往双方都处于平等地位，需要幼儿特别关注对方的反应和态度。同时提高自己行为的表现，以保证顺利交流，从而更能锻炼幼儿的社会适应性。

在幼儿的交往过程中，同伴的反馈往往非常直接而坦率，你做出友好、合作、分享等积极行为，同伴便相应地做出肯定的反应。而如果你做出独占、抢夺、打人等消极行为，则同伴相应做出否定、拒绝、讨厌的反应。

同伴交往对幼儿情感起积极促进作用。幼儿与幼儿之间良好的交往关系，能和良好的亲子关系一样，使自己产生安全感和归属感，从而心情轻松、活泼、愉快，通过观察发现，幼儿在与同伴交往时经常表现出更多的和更明显的愉快、兴奋和无拘无束的交流，并且能更放松、更自主地投入各种活动。不少研究也都发现，当幼儿处于困境，比如有危险的情境时，同伴的帮助往往使其摆脱困境，情绪恢复平静、愉快。

学前幼儿在同伴交往中的观察学习和积极探索，有助于促进其认知能力的发展。在同伴交往中，不同的孩子带有各自不同的生活经验和认知基础，他们在共同活动中也会做出各不相同的具体表现，即使面对同样的玩具，也可能玩出不一样的花样，可见同伴交往可为幼儿提供分享知识经验、互相模仿、学习的重要机会。

同伴交往为儿童进行自我评价提供了有效的对照标准。例如：中班幼儿已经能够将自己与同伴做简单的对比，他们常常会对另一个幼儿说："我比你快"或者"我画得比你好"等等。同伴的行为就像一面"镜子"，为幼儿提供自我评价的参照，使幼儿更好地认识自己。同时，与同伴交往中发出不同的行为，往往会遭到同伴的不同反应，如：打人常招来同伴的逃避、厌恶，而微笑则会换回友好，从同伴的不同反应中，幼儿可以了解自己的行为的好与不好，又可以认识到自己行为与他人的关系，并从中进行调节、控制自身行为。

（五）如何培养儿童的同伴关系

1. 创设良好的家庭氛围，形成良好的亲子互动模式

家庭是儿童最先接触的场所，也是儿童社会化的第一个重要场所，父母与婴儿的相处方式将影响婴儿与家庭之外的他人交往的方式，因此父母应注意自己与婴儿交往的方式，给婴儿以温馨感和安全感。与幼儿建立民主平等和谐的氛围，让孩子身心健康发展，学会与人交往的方式。

2. 入园前让幼儿多接触同龄儿童

现在的家庭多以独生子居多，许多孩子在进入幼儿园前接触的孩子不多，家长应多提供孩子与同龄儿童的接触机会，使他们学会处理与同伴之间发生的冲突，以便于幼儿更好地与同伴交往，建立良好的同伴关系。

3. 家庭与幼儿园要及时联系

孩子上幼儿园了，并不意味着教育孩子的责任就完全交给了教师，不等于父母可以放弃教育孩子的重任。父母应为幼儿创造在幼儿园之外进行同伴交往的机会，比如请朋友带孩子到家中做客，鼓励幼儿与同伴交往。在幼儿的发展过程中，家庭和幼儿园要密切联系，关注与培养儿童的同伴关系。

【案例思考】

[案例1] 小明的爸爸妈妈总是担心小明和外面的伙伴一起玩耍会削弱自己家庭教育的作用，因此禁止小明与伙伴们进行交往。渐渐地，爸爸妈妈发现小明越来越沉默，不懂得怎么与人交往，有的时候又非常任性。请从同伴交往对学前儿童心理发展的影响的角度分析小明父母的做法。

[案例2] 徐徐伸手去抢小强手里的小刀，小强不想给，并说："我还没用呢！"徐徐没有得到玩具，马上将身体侧过来，脸冲着小强，将声音放低，语速放慢，温柔地对小强说："请给我用一下。"小强仍旧不理。徐徐这时走过去问玲玲要小刀，声音很低："你给我用一下这个，行吗？"玲玲没有什么反应，徐徐就抢走了玩具。这个案例说明了什么问题？

[案例3] 基尼是美国加利福尼亚州的一个小女孩。她母亲双目失明，丧失了哺育孩子的基本能力；父亲讨厌她，虐待她。基尼自婴儿期起就几乎没听到过说话，更不用说有人教她说话了。除了哥哥匆匆地、沉默地给她送些食物外，可以说，基尼生活在一间被完全隔离的小房里。她严重营养不良，胳臂和腿都不能伸直，不知道如何咀嚼，安静得令人害怕，没有明显的喜怒表情。基尼3岁被发现后，被送到了医院。最初几个月，基尼的智商得分只相当于1岁正常儿童。多方面的重视使她受到了特殊的精心照顾。尽管如此，直到13岁，基尼都没有学会人类语言的语法规则，不能进行最基本的语言交流。据调查分析，基尼的缺陷不是天生的。

根据以上案例，运用学前儿童心理学知识回答下列问题：

(1) 基尼的缺陷说明了什么？

(2) 基尼在精心教育下，仍不能学会人类语言的语法规则，这说明了什么。

[案例4] 琳琳有一双美丽的大眼睛，楚楚动人，但是个性内向，各方面能力都很弱。一次，班里开展"好朋友"主题活动，琳琳的"朋友树"上挂着许多好朋友的名字，老师问琳琳，你的好朋友是谁？琳琳说是明明，可明明却说："我不是琳琳的好朋友。"琳琳又说嘟嘟是她的好朋友，嘟嘟又说："我不是琳琳的好朋友。"琳琳一连说了几个小朋友的名字，小朋友都否定了。请你运用学前儿童心理发展的有关理论对上述案例进行分析。

模块三　学前儿童社会道德的发展

一、道德与社会道德的概念

（一）道德概念

道德，指衡量行为正当的观念标准，是指一定社会调整人们之间以及个人和社会之间关系的行为规范的总和。不同的对错标准是在特定生产能力、生产关系和生活形态下自然形成的。一个社会一般有社会公认的道德规范。只涉及个人、个人之间、家庭等的私人关系的道德，称为私德；涉及社会公共部分的道德，称为社会公德。

（二）社会道德的概念

爱祖国、爱人民、爱劳动、爱科学、爱社会主义作为公民道德建设的基本要求，是每个公民都应当承担的法律义务和道德责任。必须把这些基本要求与具体道德规范融为一体，贯穿公民道德建设的全过程。要引导人们发扬爱国主义精神，提高民族自尊心、自信心和自豪感，以热爱祖国、报效人民为最大光荣，以损害祖国利益、民族尊严为最大耻辱，提倡学习科学知识、科学思想、科学精神、科学方法，艰苦创业、勤奋工作，反对封建迷信、好逸恶劳，积极投身于建设有中国特色社会主义的伟大事业。

社会公德是全体公民在社会交往和公共生活中应该遵循的行为准则，涵盖了人与人、人与社会、人与自然之间的关系。在现代社会，公共生活领域不断扩大，人们相互交往日益频繁，社会公德在维护公众利益、公共秩序，保持社会稳定方面的作用更加突出，成为公民个人道德修养和社会文明程度的重要表现。要大力倡导以文明礼貌、助人为乐、爱护公物、保护环境、遵纪守法为主要内容的社会公德，鼓励人们在社会上做一个好公民。

【相关资料】

幼儿道德启蒙教育五要

3～6岁幼儿是进行良好行为习惯训练的关键时期，也是培养和巩固良好品德行为的重要启蒙时期，所以应从以下五个方面着手：

主体性道德启蒙——唤起幼儿的主体意识；

情感性道德启蒙——步入幼儿的情感世界；

活动性道德启蒙——营造幼儿践履道德的场所；

养成性道德启蒙——培养幼儿良好的行为习惯；

协调性道德启蒙——搭建幼儿和谐发展的舞台。

二、幼儿道德教育的重要性

幼儿期是人生的启蒙期，是塑造健康人格和形成良好道德素质的关键时期。孔子曾告诫人们："少成若天性，习惯如自然。"著名教育家陶行知也说："人格教育始于 6 岁之前培养。"培养幼儿健康的心理和健全的个性，不仅是幼儿身心健康成长的需要，也是当今社会发展的需要。但是当前幼儿所接受的道德熏陶和教育不容乐观。在家庭中，大多数独生子女享受众星捧月般的待遇，其从小便养成了以自我为中心、任性、骄蛮等不良道德意识。在幼儿园，由于重智轻德思潮的影响，幼儿的品德教育严重缺失，这是一件令人担忧的事。

三、幼儿道德观念的建立

（一）是非观念

是非观念是幼儿建立较早的一种与道德有关的概念，但在初期仅是对成人反复告诫的记忆，并不真正理解。幼儿中、后期开始理解比较具体的是非概念，如打人不对，因为打人是伤害别人。但一些比较抽象的是非观念还不能建立，如善良与凶狠等。

（二）利他意识

这是与"自我中心"相对立的道德观念，表现为能为了别人的利益而行动，如将玩具让给哭泣的小朋友等。

（三）慷慨大度

幼儿早期是不会分享和谦让的，让他们把自己心爱的玩具给别人玩一会儿是极困难的。这与他们的认识水平不高有关。他们可能认为把玩具让给别人就永远不会再回到自己手中了。5 岁前后，一些幼儿会表现出慷慨大度的行为，而另一些幼儿仍未有表现。研究者发现，慷慨的幼儿大多也同时表现出合作、利他、非攻击性和同情心等良好品质。研究者认为，这些品质与幼儿父母的养育态度有关，这样的幼儿父母身上亦表现出温暖、关爱和充满感情的特点。

四、幼儿道德行为的培养

在建立了是非观念和道德认识以后，还需要时间和教育发展幼儿的道德行为。在学龄前儿童身上，常常可以看到道德认识与道德行为脱节的现象，这是正常的发展阶段。

父母的养育方式对幼儿道德行为的培养有重要影响。父母在管教儿童时，能够说明他们的某种行为会给别人带来危害，则儿童会更早地建立起道德观念，且更早地表现出道德行为的建立。而父母在管教儿童时采用简单的体罚或剥夺权力的方法，则儿童的行为更可能是为了避免惩罚，而不是真正的利他的道德行为。他们会更少表现出分享、互助、安慰别人的行为，更多的是用攻击性方式解决矛盾。

五、幼儿亲社会行为和攻击行为的发展

（一）幼儿亲社会行为

亲社会行为通常指对他人有益或对社会有积极影响的行为，包括分享、合作、助人、安慰、捐赠等。它是一种个体帮助或打算帮助其他个体或群体的行为趋向。亲社会行为是个体社会化的重要指标，又是社会化的结果。

1. 亲社会行为的早期发展

（1）3岁前儿童的亲社会行为。20世纪20年代，心理学家已经开始注意到儿童早期的亲社会行为。斯特恩在1924年从观察中得出结论，即使2岁幼儿也已经有感受他人悲伤的能力……并力图安慰帮助他人。勒温研究了18个月的幼儿，认为在对社会事件的理解意义上的社会敏感性，是早期儿童的突出特点。沙利文也认为，早期儿童对他人需要表现出极大的敏感性和同情心。3个月婴儿就能对友善和不友善态度做出不同反应，6~7个月的婴儿能分辨愤怒和微笑的面孔。布雷瑟顿等人研究认为，在儿童开始使用语言不久，他们的语汇即表现出对他人的需要和意向等内部状态的理解和推测。例如，一个2岁儿童会说："他哭了，他想要糖。"莱茵戈德认为，许多行为反映了儿童给予他人及与他人分享的早期能力，这是实验室里观察15~18个月儿童与父母相互作用得出的结论。

20世纪80年代的一些研究发现，12个月的婴儿会与别人"分享"他感兴趣的活动，偶尔还会把玩具给同伴玩。将玩具出示和递给不同的成人（母亲、父亲或陌生人），在18个月的儿童中是很常见的行为。研究者认为，分享行为，包括第一次拿物体给别人看，第一次送东西给人……正是发展的里程碑。这些年幼儿童的分享行为表明他们已经开始参与人际交往活动。

（2）3~6岁儿童亲社会行为的发展。格鲁塞克考察了4~7岁儿童的亲社会行为，他要求母亲在为期4周的时间内用摄像机记录下孩子试图帮助另一个孩子的一切行为（规定的任务除外）。结果如表9-1所示，当母亲看见自己的孩子做出助人行为时，很少有人不对此做出反应。大多数孩子的这些行为都获得了母亲的言语"报偿"：或被感谢，或受到赞扬，或被报以微笑，或被拥抱。同样，表中另一半数据表明，如果母亲认为孩子应该助人，而孩子并没有表现出助人行为时，那么母亲就很少接受孩子的这种行为。

表9-1 母亲对儿童行为的反应

儿童自发做出助人行为 /%		
	4 岁组	7 岁组
承认、感谢、表示赞赏	33	37
微笑、热情感谢、拥抱	17	18
赞扬行为或赞扬儿童	19	16
无外在反应	8	9
儿童没有做出助人行为 /%		
	4 岁组	7 岁组
道德告诫	26	30
利他要求	22	30
责备、皱眉	18	15
移情训练	6	5
指导或强迫性训练	6	5
接受利他的缺失	8	5

我国学者王美芳、庞维国对学前儿童在幼儿园的亲社会行为进行了观察研究。结果表明：①儿童亲社会行为主要指向同伴，极少数指向教师；②儿童的亲社会行为指向同性伙伴和异性伙伴的次数存在年龄差异，小班儿童指向同性、异性同伴的次数接近，而中班和大班儿童的亲社会行为指向同性伙伴的次数不断增多，指向异性伙伴的次数不断减少；③在儿童的亲社会行为中，合作行为最为常见，再次为分享行为和助人行为，安慰行为和公德行为则较少发生。

葛云对幼儿谦让行为的发展进行了实验研究。结果显示，幼儿在未接受专门的谦让行为训练前，也就是说在日常的教育影响下，他们的谦让行为水平不高，能够自觉谦让的幼儿人数，小、中、大班都不到半数，分别为11.36%、18.37%、41.35%，但各班之间有非常显著的差异。这说明在自然教育影响下，幼儿的谦让行为水平虽然不高，但随着年龄的增长也有所提高。实验班幼儿经实验的专门训练后，与实验前比，各班的谦让行为都有所提高，小、中班提高尤快。

满晶采用自行设计的实验情境，探讨了幼儿互助行为的发展水平和一般趋势。结果表明，幼儿期儿童存在以利他为目的的互助行为。随着年龄增大，各年龄组之间在发展水平上的差异不显著，但在互助行为的发生频率上却有下降趋势。

2．亲社会行为的影响因素

（1）换位思考问题。儿童在与他人发生交往的过程中，亲社会行为的发生会受许多因素的影响，其中能够理解别人观点的能力或者缺乏理解别人观点的能力，即是否能换位思考问题，与儿童亲社会行为有着密切的联系。

塞尔曼研究了换位思考的五个等级模式。他让从学龄前到青春期的儿童对一些两难社会问题做出回答，这些回答对同一事件提供了不同的信息，如表9-2所示。

霍丽是一个8岁的女孩，喜欢爬树。她在自己的社区中爬树能力最强。有一天，她从一棵大树上爬下来时摔了下来，但没有受伤。她父亲看到了很不安，警告她不能再爬树。她答应了。后来，霍丽正和她的朋友希恩玩时，希恩的小猫爬上树下不来了。霍丽是唯一会爬树并有能力把小猫救下来的人，但她记起了对父亲的承诺。

问题：

希恩知不知道霍丽为什么会犹豫要不要爬树？

霍丽的父亲会怎样想？如果霍丽爬树，父亲会理解他吗？

是不是霍丽认为她爬树会受惩罚？如果她爬了，应不应该受罚？

表9-2 塞尔曼换位思考的五个等级

等级	大约年龄段	描述	对霍丽两难处境的反应
0级：无显著特征	3～6岁	孩子认为自己和别人有不同的想法，但两者常常有混淆。	孩子认为霍丽不想让小猫受伤害，因此她会去救小猫，父亲也会因此而高兴，他也喜欢小猫。
1级：社会信息角度	4～9岁	孩子认为观念不同是有可能的，因为人们接受不同的社会信息。	当问及霍丽父亲知道她爬树会怎么想时，孩子说："如果他不知道是为了小猫，他会生气。但如果告诉他是为了救小猫，他会改变主意。"
2级：自我反省角度	7～12岁	孩子能"踏着别人的脚印"寻思别人的想法、感情和行为。他们也认为别人能这么做。	当问及霍丽是否会因此而受惩罚时，孩子说："不会，因为父亲会理解她爬树的原因。"这说明霍丽的想法受父亲的影响，也认为父亲会站在她的角度上思考问题。
3级：第三者角度	10～15岁	孩子能站在两人之外想象，站在第三者（旁观者）的角度上考虑自己和他人的想法。	当问及霍丽该不该受罚时，孩子说："不，因为霍丽认为救小猫很重要。她也知道父亲不准她爬树。但她知道如果能向父亲说明爬树的原因，父亲就不会惩罚她。"这说明能跳出霍丽和父亲的圈子，同时从两个角度考虑问题。
4级：社会角度	14岁到成年	认识到旁观者的看法会受社会角度、社会价值观的影响。	当问及霍丽会不会受罚时，回答是："对动物的人道主义原则会决定霍丽的行为。父亲对女儿这一行为的评价会影响他是否惩罚女儿。"

从上表中可以看到，儿童会根据大量的信息理解他人行为。开始，他们理解他人想法和感觉的能力是有限的。后来，他们开始认识到人们可从不同角度来思考同一问题。不久，儿童能"站在别人的立场"上来寻思别人的想法、感情和行为。最后，他们能分析两个不同的人思考同一问题的角度之间的关系。开始他们是站在旁观者客观有利的角度上看，后来渐渐能以社会价值观为参照。

（2）移情作用。移情是体验他人情感的能力。移情训练有助于培养和提高儿童的亲社会行为。张其龙让幼儿观看一系列情境表演（由教师表演），并通过讨论与回答某些问题让幼儿体验其中角色的情感，再让幼儿扮演类似的角色，自由抒发幼儿所理解角色的感受。结果表明，移情训练对增强幼儿的分享、安慰、仗义、保护等助人行为有明显效果，但对谦让行为的培养却不显著。有研究者通过移情榜样训练、对他人情绪的敏感性的训练、情绪追忆训练和情感换位训练等方式对幼儿进行了为期三个月的移情训练。结果表明，移情训练对增强幼儿的助人、分享、合作、礼貌等亲社会行为有非常显著的效果。

（3）父母抚养方式。社会学习有助于促进儿童的亲社会行为。在儿童亲社会行为的发展过程中，父母的直接教育和对亲社会行为的强化起了重要作用。霍夫曼的抚养幼儿的研究表明，温和养育型的父母趋向抚养利他幼儿，父母与幼儿的温和养育关系对幼儿亲社会行为有重要的作用。当年龄较小的幼儿观察慈善或助人的榜样时，他们自己一般会有更多的亲社会行为——尤其这个榜样是他认识和尊敬的，并和这个榜样建立了温和、友好的关系。

父母如果做出了亲社会行为的榜样，同时又为儿童提供了表现这些亲社会行为的机会，则更有利于激发亲社会行为。有人观察四组 12 个月的婴儿，四组婴儿分别处于四种情境中：成人向他们提供物品（示范目标行动），成人向他们索取物品（补偿性行动），既提供又索取物品（试图做一种"给予——获取"游戏），只与父母说话而不表现任何行动。仅仅看到成人的亲社会方式还不足以增加婴儿的亲社会行为，只有看到榜样索取物品和玩过"给予——获取"游戏的婴儿比控制组的婴儿更多地向榜样提供物品，并且"给予——获取"的经验促进了日后婴儿与其母亲之间的分享。

（4）不同文化的影响。每一种文化在赞同和鼓励亲社会行为方面显然是不同的。一项跨文化研究考察了 3~10 岁儿童的六种文化的行为。研究表明，亲社会行为最多的幼儿来自未开化的社会，而西方社会幼儿亲社会行为得分较低。

一项研究发现，来自新几内亚这样一个合作社会的幼儿，一旦他们在西方文化的学校里度过三年，在思考亲社会行为问题时，就会较少考虑他人而是更多地考虑自我。当要求双方必须合作才能取得高分的游戏时，墨西哥的幼儿要比美国的幼儿得分高。

此外，电视对儿童亲社会行为也会产生影响。普里德瑞奇等人进行了一项研究，评定观看《罗杰斯先生的邻居》节目片断所产生的效果，这是一个集中表现理解他人的情感、表达同情和援助的电视节目。让 5 岁和 6 岁儿童观看亲社会的电视节目或中性节目，每天 1 次，共看 4 天。看了《罗杰斯先生的邻居》的儿童不仅懂得了这一节目的特定亲社会内容，而且能将其应用到其他情境中。与看中性节目的儿童相比，看亲社会节目的儿童学会了一些有关亲社会行为的一般规则。

（二）儿童攻击行为的发展

攻击行为是指针对他人的敌视、伤害或破坏性行为。就攻击行为的方式看，它通常划分为身体攻击、言语攻击和关系攻击。身体攻击是指攻击者利用身体动作直接对被攻击者实施的行为，如打人、踢人和损坏、抢夺他人财物等；言语攻击是指攻击者通过口头言语形式直接对被攻击者实施的行为，如骂人、羞辱、嘲笑、讽刺、起外号等；关系攻击则是指攻击者故意操纵和破坏他人的同伴关系从而伤害他人的行为，如为了伤害或控制他人有目的地终止友谊或认同、散布谣言致使同伴排斥或拒绝他人等。

1. 儿童出现攻击性行为的原因

导致儿童攻击性行为的原因呈现多样性，既有生理方面的因素，又有心理方面的因素，也有家庭、学校及社会环境方面的因素。这些不同的因素导致儿童的攻击性行为呈现多元化。

（1）因生理因素与需求不满足而产生的攻击行为。生理性攻击行为。近期心理学研究证明，在儿童攻击性行为的影响因素中，遗传大约占50%。所谓遗传，就是与生俱来的解剖生理方面的特点，尤其是大脑及其神经系统的结构与机能。比如，调查发现，有些儿童具有神经过程过强、情绪容易冲动、认知方式过激等自然特征，这些自然特征只要遇到适宜的诱发刺激就会滋生攻击性行为。同时，研究还证明，攻击性行为倾向与雄性激素的水平有关。不仅人类如此，在关于动物的研究中也发现，雄性动物在受到威胁或被激怒时，比雌性更容易发生攻击性行为。这可以在一定程度上解释为什么男女儿童在攻击性行为上有明显的差异（男多于女）。

诱惑性攻击行为。由于儿童的认知水平较低，同时自我控制能力又比较弱，当外界具有较大吸引力或诱惑力的时候，他们内心的需求就会被激发出来，其中一些儿童在外物诱惑下进而产生攻击性行为。比如，用强迫、抢夺等手段，把其他同学的物品、玩具、书籍等占为己有。在这类情境中，他们急切的心情往往导致行为失当；如果这种行为没有被及时发觉而进一步得到强化，就有可能发展为暴力犯罪行为。

（2）因社会环境与家庭教育的负面影响而产生的攻击行为。模仿性攻击行为。美国著名的社会心理学家班杜拉等人的研究证明，儿童对于电视中侵犯性题材的模仿更为普遍。莱弗科兹等人曾对电视和儿童攻击性行为的关系做了细致的研究。结果表明，男孩在三年级时所看攻击性行为的电视数量和19岁由同伴评定的攻击性行为的等级有显著相关。从我们的调查发现，电视、电影对儿童攻击性行为具有重要影响；它不仅教给儿童攻击性的行为方式，而且使儿童放松了对攻击性行为的抑制，把攻击性行为合理化、经常化。同时，调查还证明，惯用暴力惩罚孩子的父母，其孩子容易产生攻击性行为。父母的教养方式与攻击性言行常常成为儿童模仿的对象，儿童往往不是在惩罚中受到教育，而是学会了如何使用攻击性行为。

认知性攻击行为。攻击的认知理论强调人类认知对攻击性行为的调节作用，试图从人类心理活动内部来揭示攻击发生发展的规律与机制。道齐发现，当儿童把自己所面临的消极后果知觉为同伴有意造成的时候，他一般倾向于对同伴做出报复性攻击；反之，如果他认为同伴是由于意外或出于善意的动机而给他造成了消极后果时，他一般倾向于化释其报复动机。如：儿童多动症患者，其行为经常受到压抑、歧视或排斥，就可能产生攻击行为；性格内向孤僻的儿童，一旦他人打破他心灵的"平静""孤寂"状态时，也可能产生攻击行为；甚至弱智儿童，其自尊心、自信心受到严重挫伤时，也会实施攻击行为。因此，对于这样的特殊儿童，教师要给予更多的关心和照顾。

2. 对儿童攻击行为的矫正

（1）教会儿童合理地宣泄。烦恼、攻击、挫折、愤怒等攻击性情绪，对于自控能力弱的儿童来说，是点燃其攻击性行为的导火索。攻击性情绪积聚越多，攻击性行为产生的可能性也就越大。弗洛伊德认为，应该鼓励人们不时地表现他们的攻击性冲动，否则积聚到一定水平就会触发暴力性发泄，因而他大力推崇精神宣泄法；攻击的挫折理论也认为，人们一旦为挫折的情境惹怒，愤怒的情绪状态就会作为一种有攻击危险的心理准备而存在，被激起的愤怒情绪必须得到宣泄，才可以有效降低人们的攻击性；而宣泄是一种很好的消除人的怨恨和攻击冲动的方法。因此在社会规范允许的范围内教会学生用言语来倾诉内心体验到的攻击性情绪，教会儿童通过从事体育运动、找师长及好友尽情倾诉或进行一些没有破坏性的、幻想的攻击行为等方法合理地进行心理宣泄，有助于儿童控制并消除自己的攻击行为。

（2）营造氛围，环境育人。不少心理学家的研究表明，若将有攻击性行为的儿童置于无攻击性行为的环境中，可以减少其攻击性行为的发生概率。儿童的生活环境如果有和谐的气氛，就容易使他们拥有正确的情绪体验。因此，教师要引导儿童创设良好的班级氛围。班杜拉对儿童攻击性行为进行一系列的研究也表明适宜的环境是儿童攻击性行为减少的重要原因。如通过开展丰富多彩的集体活动，形成班内良好的人际交往氛围，为学生创造交往的机会，在同学间形成团结向上、互助友爱、和睦融洽的氛围，并在集体活动中逐步形成正确的是非观；形成班集体正确的舆论导向，使学生的积极行为受到集体舆论的支持并得以坚持和发扬，学生的消极行为（如攻击性行为）受到集体舆论的抵制，促使学生努力改正错误。教师还可以安排他们与一些能理智处理问题的孩子多接触、交朋友等。

（3）培养儿童的移情能力。社会心理学研究表明，移情能力越高，发生攻击性行为的概率就越少，反之，攻击性行为就越多。根据这个规律让攻击者更多地了解他的攻击行为给对方造成的不良后果，察觉和体验到别人的痛苦，则能有效地减少其攻击性。因此，利用角色扮演法，让那些爱欺侮人的儿童扮演挨打者的角色，让他们细心体验一个被欺侮者的心情，想象自己挨打的恐惧、逃避、愤恨、驯从甚至悲伤委屈的情绪反应，并要求将之表演出来。经过这样的多次练习，攻击者就学会了从挨打者的角度想问题，意识到了打架给他人造成的心灵痛苦，从而抑制自己的攻击冲动。

【案例思考】

[案例1] 小南今年5岁，已经上大班了。妈妈对他总是百依百顺，爸爸对他却非常粗暴。虽然家里的玩具很多，但在幼儿园里，小南看到别人玩什么，他就要什么。

因此，经常和小朋友打架。一开始，幼儿园老师非常严厉地批评他，但他仍我行我素，久而久之，谁也懒得去管他。妈妈开始为这事感到烦恼。

请你根据所学知识，分析小南行为的特点及其成因。

[案例2] 5岁的小强在幼儿园经常为了抢夺玩具与小朋友发生冲突，有时甚至对小朋友有拳打脚踢等攻击性行为，幼儿园其他人都躲着他，很不受小朋友欢迎。请你分析影响儿童攻击性行为的因素。

【相关资料】

一、皮亚杰道德认知发展模式

皮亚杰根据认知发展阶段理论，把儿童道德认知发展分为三个阶段。

（一）前道德阶段（0~4岁）

此时儿童还没有道德意识，不会把自己和外面的世界分开，没有自我意识。

（二）他律阶段（4~8岁）

遵从成人的规则。从行为结果去判断行为好坏，不考虑行为动机。比如，他们会认为无意打破10只玻璃杯的小孩比故意打破3只玻璃杯的小孩坏。因为后者打破的更少——这是因为他们现在还不会从行为的动机出发去判断行为本身，只单单是从行为的结果看哪个更糟糕。

这个阶段类似于柯尔伯格的习俗水平——遵守外在规则。

（三）自律阶段（8~12岁）

这个阶段类似于柯尔伯格的后习俗水平。此时的儿童不是盲目遵守成人的权威，而是自主地用自己的道德认识去判断，有一定的规则意识，有自己内在的判断标准，而且会从行为动机出发去判断。

这三个阶段的发展顺序是不变的。

二、柯尔伯格道德发展阶段

柯尔伯格道德发展阶段，或译为柯尔堡道德发展阶段，是美国心理学家劳伦斯·柯尔伯格用以解释道德判断发展的理论。柯尔伯格的理论认为道德判断作为道德行为的基础，可以区分出6个发展阶段，这6个阶段属于3种水平：前习俗水平、习俗水平和后习俗水平。

（一）前习俗水平

前习俗水平的道德推理对于儿童来说非常普通，有时成人也会表现出这种水平的道德推理。前习俗水平的道德推理，是根据行为的直接后果来进行推理。前习俗水平包括道德发展的第一阶段和第二阶段，都纯粹只是关心自己，表现出利己主义倾向。

在第一阶段，个体关注行为的直接后果与自身的利害关系。例如，如果一个人由于某个行为而受到了惩罚，这个行为就被认为在道德上是错误的。一个行为所受的惩罚有多严重，就说明这个行为有多"坏"。此外，个体并不注意其他人的观点与自己的观点有何不同。这个阶段也可以称为权威主义阶段。

在第二阶段，个体持"对我有何益处"的立场，将正确的行为定义为对自己最有利的行为。第二阶段的道德推理，显示对其他人的需要兴趣有限，而只关注自己是否得到更多的利益（正增强），如"你抓了我的背，我也要抓你的"。在第二阶段，关心他人不是基于忠诚或内在的尊重。在前习俗水平缺乏社会的观点，不会因社会契约（第五阶段）而烦恼，因为行为目的是为满足自己的需要和兴趣的。第二阶段的观点经常被视为道德相对主义。

（二）习俗水平

习俗水平的道德判断是青春期和成人的典型状态。用习俗推理的人对行为进行道德判断时，会将这些行为与社会崇尚的观点与期望相对照。习俗水平包括第三和第四道德发展阶段。

在第三阶段，自我进入社会，扮演社会角色。个体关注其他人赞成或反对的态度，保持与周围社会角色的和谐一致。他们努力要做一个"好孩子"，实现这些期待，认为这样是理所应当的。在第三阶段，对一个行为进行道德判断，是根据这个行为对人际关系所带来的后果，包括尊重、感谢和互惠。法律和权威的存在，只是为了进一步支持这些固执己见的社会角色。在这一阶段的道德推理中，行为的目的扮演更重要的角色："他们觉得很好……"

在第四阶段，重要的是遵守法律和社会习俗，因为它们对于维持社会有效运转非常重要。在第四阶段的道德判断，认为社会的要求胜过个人的要求。其核心观念通常是关于是非对错的规定，如基督教基要主义的情形。如果有人触犯法律，每个人都有义务和责任来捍卫法律或规则。如果有人确实触犯了法律，那就是不道德的。因此在这一阶段，过失是一个重要因素，它把坏人与好人区分开来。

（三）后习俗水平

后习俗水平，又称为原则水平，包括道德发展的第五阶段和第六阶段。这时，个体又成为从社会突出出来的单独的实体。个人自己的观点应该放在社会的观点之前。由于后习俗水平也是将自我放在他人之前（特别在第六阶段），有时会被错认为是前习俗行为。

在第五阶段，认为个体应持有自己的观点和主张。因此，法律被看作一种社会契约，而非铁板一块。那些不能提升总体社会福利的法律应该修改，应该达到"给最多的人带来最大的利益"的目的。这要通过多数决定来达到，以及不可避免的妥协。民主政治显然是基于第五阶段的道德推理。

在第六阶段，道德推理是基于普世价值进行抽象推理。它超越了第四阶段，认为只有在基于正义的情况下，法律才是有效的。法律所许诺的是正义，所以不义的法律就不必服从。同样它也超越了第五阶段，认为由于社会契约并非义务的道德行为之本质，会出现正义变成多余之物的情况。在第六阶段，做出道德决定不是根据有条件的假言命令，而是根据无条件的绝对命令一致同意的结论，采取行动。这样，行为绝不是手段，而总是以自身为结果；一个行为因为它是正义的，而不是因为它是机械的、预期的、合法的或先前达成一致的。虽然柯尔伯格坚持第六阶段的存在，但是他很难找到一个被试能够一贯处于第六阶段。结果显示很少有人达到柯尔伯格模型的第六阶段。

第十单元　学前儿童的心理健康与教育

> **学习目标：**
> 1. 掌握幼儿心理健康的标志。
> 2. 掌握幼儿常见心理健康问题及对策。
> 3. 了解家庭、社区、大众传媒等对幼儿心理发展的影响。
> 4. 了解独生子女的概念及独生子女心理健康常见问题及教育。

模块一　学前儿童心理健康概述

一、幼儿心理发展的特点与心理健康的标志

（一）幼儿心理发展的特点

1. 感知觉的发展

幼儿在个体发育过程中，其感知觉正处在迅速的发展过程中。幼儿初期各种分析器的结构与机能已发展到了相当成熟的程度，为感觉和知觉的进一步发展准备了自然物质基础。在生活条件和教育影响下，幼儿通过积极从事各种活动，提供了各种分析器的分析综合能力，因而促进了感觉和知觉的发展。其特点表现在：幼儿的感觉和知觉在活动中发展；经验在幼儿知觉过程中的作用不断增大；词语在幼儿感觉和知觉发展中的作用日益增强；知觉的目的性逐渐加强。

2. 注意力的发展

这表现在：一方面无意注意高度发展；另一方面有意注意能力开始形成。幼儿期由于活动的进一步发展，周围接触到的新鲜事物日益增多。它们以其本身的新奇性和趣味性深深地吸引着幼儿不自觉地对它们加以注意，这样使幼儿的无意注意得到了高度的发展。

同时，在生活实践中及教师、家长的培养和教育下，有意注意开始逐渐形成。到学龄前，幼儿已能自己设定目的和任务，并自觉控制自己的注意力，去完成目的和任务，初步形成有意注意。

3. 思维的发展

幼儿的生活范围扩大，知识经验更丰富，言语能力水平提高，这样使他们的思维有了新的发展。这时期的幼儿思维已由婴儿期的直觉行动思维发展为具体形象思维。其思维特征表现在：以自我为中心；刻板性，即幼儿的注意力容易集中于情境的某一方面，而忽视了其他方面的重要性，结果产生不合逻辑的推理；不可逆性，即对时间的理解只能顺推下去，不易逆转回来；转导推理，即幼儿从一个特定的事物推论到另一个特定的事物，从不考虑一般；相对具体性，即幼儿是依赖表象进行思维的，处于形象思维阶段，还不能进行抽象思维。

4. 情绪和情感的发展

随着幼儿生活和需要的发展，他们的情绪和情感愈来愈分化，内容日益丰富，体验逐渐深刻。其表现特点为：冲动性，即处于激情状态，随时爆发而不能自控；易变性，即情绪常常处于不稳定状态，表现出喜怒无常；受感染性，即本身的情绪常受到周围人情绪的影响；明显外露，即常常会毫不掩饰地表露自己的情绪。

5. 自我意识的发展

幼儿期自我意识逐渐形成。自我意识反映着幼儿对自己在周围环境中所处地位的理解，反映着幼儿评价自己实际行动的能力和对自身内部状态的注意。自我意识使每个幼儿形成具体、独特的个性。自我意识的表现形式是自我评价。幼儿自我评价具有以下几个特点：从轻信成人的评价到自己独立的评价；从根据外部行为评价到对内心品质的评价；从笼统的评价到细致的评价；从片面的评价到较全面的评价；从过高评价自己到谦虚评价。

二、幼儿心理健康的标志

1. 智力发展正常

智力发展正常是指与正常的生理发展，特别是与大脑的正常发育相协调的各种能力的发展正常，一般包括认知能力、语言能力、社会能力等。智力发展正常的幼儿应该表现出与其年龄段相符合的行为和能力，如能够认知周围日常事物，有数的概念；能够自理简单的日常生活，自己穿衣、吃饭；能够用语言与他人进行交流，表达自己的意愿或想法；能够较客观地了解和评价他人，与同伴合作等。

2. 情绪健康稳定

情绪健康稳定是指幼儿能够对不同的外界刺激做出相应的情绪反应和身体行为，且其反应和行为具有一定的控制性和稳定性。情绪健康稳定的幼儿不会无缘无故感到不满意、痛苦、恐惧，也不会无缘无故从某一极端的情绪状态迅速转向另一极端的情绪状态。心理健康的幼儿能够体验基本情绪，表现出相应的反应和行为，不会表现出对外界事物的冷漠、无动于衷，或过度焦虑和恐惧。

3. 性格特征良好

性格特征良好是指幼儿在对现实的态度和日常的行为方式中表现出积极稳定的心理特征。具体表现为：对新鲜事物感到好奇，勤奋好学；具有一定的自我意识，寻求独立；开朗、热情、大方，尊重他人，乐于助人等。心理不健康的幼儿则常常表现出胆怯、冷漠、固执、自卑等不良的性格特征。

4. 人际关系和谐

人际关系和谐是指幼儿在一定的情境下能够表现出亲社会行为，在现实生活中会扮演不同的角色。具体表现为：有良好的亲子关系、同伴关系、师幼关系；有一定的人际交往能力，会分享，会合作，会保护自己和别人。心理不健康的幼儿会常常表现出孤独、高傲、不合群、争执、攻击性、交往不良等心理与行为特征。

三、幼儿常见的心理问题及对策

幼儿健康除了指生理正常、无病痛外，还包括心理健康。现在生活水平提高了，教师和家长一般比较重视幼儿的身体健康，却往往忽视了幼儿的心理健康问题。现把幼儿常见的心理问题及对策介绍如下。

（一）暴怒发作

1. 表现

暴怒发作是指儿童在个人要求或欲望得不到满足时，或在某些方面受到挫折时，就哭闹、尖叫、在地上打滚、用头撞墙、撕扯自己的头发或衣服，以及其他发泄不愉快情绪的过火行为。儿童在暴怒发作时，他人常无法劝止他的这些行为。除非其要求得以满足，或无人给予理睬才停止下来。暴怒发作在幼儿中比较常见，有部分儿童表现程度比较严重，发作过于频繁，成为一种情绪障碍。

2. 防治

预防儿童的暴怒发作，应从小培养他们讲道理、懂道理的品质，不要过于溺爱和迁就他们。在第一次发作时，家长不要妥协，坚持讲道理，绝不迁就儿童不合理的要求。

从小培养儿童合理地宣泄消极情绪，让他们从小就懂得一些疏泄心理紧张的方法，并在生活中加以运用，也要帮助他们克服这种行为。

对于少数暴怒发作行为较为严重的儿童，应该给予行为治疗。治疗方法主要是阳性强化法。阳性强化法又称"犒赏法"，是以训练和建立良好适应行为作为目标，通过奖励方法予以正性强化。奖励方法可以为表扬、赞许等精神鼓励，也可为实物、奖品等投其所好的物品等。例如，当儿童完成某一项要求时，即给予口头赞许或物质奖励。又如，当儿童发作时，将其暂时安置在一个单独的房间里，给予短暂的隔离，使他的暴怒发作不引起别人的注意，从而使发作的频率逐步降低。

（二）儿童多动症

多动症是多动综合征的简称，是一类以注意障碍为最突出表现，以多动为主要特征的儿童行为问题，故也叫注意缺陷多动障碍。该症以注意力涣散、活动过度、情绪冲动和学习困难为特征，属于破坏性行为障碍，在儿童行为问题中颇为常见。多动症一般在幼儿3岁左右就会发病，通常男孩多于女孩。

1. 表现

判断儿童是否有多动症要特别慎重，可参照康纳多动症评分量表（国际上使用最普遍的一种量表，它专门为教师和家长判别多动症儿童而设计）。多动症儿童活动的主要特征如下。

（1）过度活动。这是指与年龄不相称的过度活动。在婴幼儿时期表现为易兴奋、多哭闹、睡眠差、喂食困难，难以养成定时大小便习惯。行走时以跑代步，好热闹、爱玩、无耐性、好翻物、爱搞破坏等。入学后，在课堂上小动作多（敲桌子、摇椅子、咬铅笔、切橡皮、撕纸头），坐不稳，好喧闹，打扰周围同学；室外活动时好奔跑、攀爬、冒险、大喊大叫、不知疲倦，睡眠缺乏安静；做作业时无法静心，东张西望、好走动；平时做事唐突冒失、过分做恶作剧和富有破坏性；尤其在情绪激动时，可出现不良行为，如说谎、偷窃、斗殴、逃学、玩火等。

（2）注意力集中困难。多动症的核心症状是注意缺陷，其结果是不能有效地学习。表现为在课堂上注意力不集中、注意涣散、选择性注意短暂，易被无关刺激吸引或好做"白日梦"，答非所问、丢三落四、遗漏作业、胡乱应付，成绩不良，有"听而不闻、视而不见"的表现；在游戏中显得不专心，与他人交谈时眼神游离等；不能集中注意力做一件事，做事常有始无终、虎头蛇尾。

（3）有冲动行为。适应新情境困难，由于自控力差，易过度兴奋、易情绪波动、喜怒无常；做事欠考虑，不顾及后果，甚至伤害他人；突然大喊大叫、不守纪律、来回走动，做事急不可待、冒险行为多，容易产生过激反应、吵闹和破坏性。

（4）学习困难。多动症儿童的智力水平大都正常，有些在临界状态，可能与测验时注意力不集中有关。注意缺陷和多动的直接后果是不能有效接收信息，从而导致学习失败。具体表现是视听辨别能力低下、手眼协调困难、适时记忆困难；可能出现写字凌乱、歪扭现象，时间方位判断不良，辨别立体图困难，不能把握整体；精细动作如写字、绘画笨拙，缺乏表象。考试成绩波动较大，3～4年级时，留级的可能性相对较高。但因智能正常，如课后能抓紧复习、辅导，尚可赶上学习进度。

2. 防治

对于幼儿，治疗多动症一般不宜使用药物，而应采取以下措施。

（1）调整家庭环境，改变不正确的教育方式。恰当的教育，可减轻患儿的精神压力，是重要措施之一。对患儿要求苛刻会加重其行为问题的产生。把儿童活动控制在不太过分的范围内就可以了，要多鼓励、多表扬，不断增强自尊心和自信心，千万不能歧视他们。对患儿进行教育，要采用适当的方式，循循善诱，切忌采取粗暴批评、讽刺打骂等损害儿童自尊心的不良做法。

（2）严格遵守作息制度，增加文体活动。帮助他们按照一定的规律生活，鼓励他们多参加小组或集体的活动，引导他们遵守一定的行为规范，并加强其动作的练习。

（3）行为治疗和饮食治疗。行为治疗首先是训练儿童采用合适的认知活动，改善注意力，克服分心；其次是通过特定训练程序，减少儿童过多的活动并纠正不良行为，培养儿童自我控制能力。饮食治疗是在食物中尽量避免使用某些人工色素、调味品、防腐剂和水杨酸盐等，酌加咖啡因，配合兴奋剂的治疗，可增加疗效。

3. 多动症儿童与顽皮儿童的区别

（1）注意力方面的区别。多动症儿童在任何场合都不能长时间集中注意力，即使看小人书、动画片时也不能专心致志。但是顽皮儿童却不同，在看小人书或动画片时不仅能全神贯注，还讨厌其他人的干扰。

（2）行动的目的性方面的差别。顽皮儿童的行动常有一定的目的性，并有计划及安排；而多动症儿童无此特点，他们的行动较冲动，且杂乱，有始无终。

（3）自控能力方面的区别。顽皮儿童在严肃的陌生环境中，有自控能力，能安分守己，不再胡吵乱闹；多动症儿童无此能力，不能根据环境和场合来调整自己的行为。多动症儿童有注意力涣散、冲动任性、活动过多三个特征。

（三）儿童攻击性行为

攻击性行为也称侵犯行为，是指个体有意伤害他人身体与精神，且不为社会规范所许可的行为（或能引起别人对立和争斗的行为）。这是幼儿最为常见的一种品行障碍，到学龄期后则日渐减少。

1. 表现

对于幼儿来说，攻击性行为主要表现在三个方面：一是侵犯他人身体，如踢、打、抓、咬他人；二是毁坏物品，如撕、扔、踩东西；三是言语攻击，如通过讥笑、讽刺、诽谤、谩骂等方式对他人进行欺侮。有的幼儿还可表现为"人来疯"，以引起他人的注意。攻击性行为发生的主体男孩多于女孩。

2. 防治

（1）改变不当的家教方式。对幼儿进行正确的引导和教育，不能简单和粗暴地对待幼儿，要为他提供一个温暖、宁静、祥和的生活环境并远离暴力和不良诱因。

（2）调整好班级中的人际关系。帮助幼儿学习如何与他人相处，如何调整自己的情绪，如何对待挫折等。

（3）干预儿童的侵犯事实。在儿童攻击性行为发生后，教师和家长应该进行干预，使他们意识到侵犯行为是不能被接受的，懂得什么行为是错误的，应该遵守哪些行为规则。如果儿童有非常严重的攻击行为，如打骂他人、无理顶嘴等，应给予惩罚，绝不能姑息迁就，可取消他的某些权力，不许参加喜欢的活动，直到行为正常为止。

（4）采取相应的心理治疗。例如，示范法可以将儿童置身于无攻击行为的环境之中，或者让儿童观察其他儿童的攻击性行为如何受到禁止或惩罚，可减少其攻击性行为。消退法是对儿童的攻击性行为采取不予理睬的方式，而对合作性行为给予表扬和奖励，也可以减少攻击行为的发生。暂时隔离法指将儿童暂时关禁闭，消除强化物。无论如何，不可采取体罚的方法，因为体罚本身对儿童的攻击行为起到了示范作用。

（四）幼儿说谎

幼儿到了三四岁以后，一般都有说谎的行为。

1. 表现

说谎可分为无意说谎和有意说谎两类。无意说谎是指"牛皮吹破天""睁着眼睛说瞎话"的现象。有意说谎是指有些儿童为了对他人的攻击性行为进行报复等，经常故意编造谎言。如果幼儿通过说谎达到了目的，则这种行为无形中会被强化。久而久之，说谎就会成为一种顽习，即使在没有必要说谎的时候幼儿也会编造谎言，从而构成严重的品行问题。

2. 防治

（1）教育儿童要诚实做人。预防和纠正说谎行为关键在于教育。教师和家长要让幼儿懂得从小就要说老实话、做老实事，用诚实的行为规范要求自己，让他们懂得不说谎的人才能心里平静、精神愉快，还要让他们明白说谎的严重后果。

（2）营造和谐、融洽的环境气氛。要让儿童从小就生活在和谐、融洽的环境之中，家庭和幼儿园集体成员之间应彼此相互信任，即使在幼儿犯了错误的情况下，也要尽量避免训斥、责骂，要多给予热情的帮助，给予改正错误的机会。在这种和睦、协调、充满信任的生活环境里，幼儿就会自然地吐露真情，不会掩饰、隐瞒和欺骗。

（3）成人言传身教。在幼儿面前，成人应该实事求是，不能弄虚作假，要真诚地对待幼儿。这对幼儿诚实行为的形成能起到潜移默化的作用。

（4）及时揭穿谎言，不让其得逞。发现幼儿有意说谎，要进行认真的调查和分析，用事实真相来揭穿谎言，让幼儿懂得说谎是要受批评的，从一开始就堵住幼儿说谎的企图。

（五）幼儿偷窃

偷窃是指用不正当的方法和手段获取原本不属于自己的钱财、物品等。

1. 表现

幼儿在 1~2 岁时，自我意识尚未形成。2~3 岁后，儿童能逐步形成控制能力，不乱拿别人的东西。父母注意道德品质的培养，否则，上小学前后，儿童可能出现偷窃行为。偷窃对象常是父母、兄弟姐妹或小伙伴的物品。儿童偷拿别人的东西，往往由一种强烈的欲望与控制欲望的能力较差，以及一时冲动所引起的。孩子平时就有随心所欲的毛病，家长要培养他经过考虑以后再行动的习惯。

2. 防治

了解儿童偷窃的原因，针对问题进行教育。

要清晰、明确地为幼儿讲解道德准则。讲述的内容必须具体、现实，不要笼统、含糊。讲述内容更加明确，收效也就更大。

要摆事实、讲道理。发现儿童有偷窃行为时，家长必须使孩子认识到偷窃是一种坏行为，应努力克服纠正。家长应特别强调偷窃行为所产生的严重后果，并使用确切的措辞，使孩子对此有正确的认识。不要对孩子的不良行为过度恼怒，或做出过分反应。

（六）拒绝上幼儿园

幼儿初次上幼儿园，会出现一些情绪波动现象，这很正常。但有的儿童情绪波动过大，持续时间过长，以至于害怕或者拒绝上幼儿园，或者一提到上幼儿园就说头痛或腹痛。

1. 表现

总体说来，新入园孩子的分离焦虑表现在以下几方面。

（1）情绪方面。表现为焦虑、坐立不安、恍惚、低声啜泣、失声哭闹、恋物、暴躁、生气、恐惧、紧张等。有的孩子会一直哭泣，并大喊大叫，异常烦躁，不断询问"妈妈怎么还不来接我"，教师或小朋友说"你妈妈会来的，会来接你的"，这才安心地离开，但过不了多久就又问，不厌其烦，一遍又一遍。对自己所带物品总是随手拿着，不让别人碰一下，甚至不和别人挨着坐，独自在一边，若别人不小心碰了他，或拿了他的东西，他会非常愤怒，甚至声嘶力竭。还有的孩子似乎非常害怕，蜷缩在角落里，低声哭泣，情绪非常低落，别人碰了他，抢了他的玩具，甚至打了他，他也不敢反抗，就连大声说话也不敢。

（2）行为方面。表现为胆怯、害羞、缄默、缠人、孤僻、打人、抢玩具、拒食、拒绝拥抱、扔玩具、拒绝脱衣服、违拗、自虐等。有的孩子入园后拒绝做任何事情，不坐、不让碰、不吃、不玩，唯一想做的就是趴在窗口等妈妈或者四处游荡，稍不如意，就大哭特哭。也有的孩子把自己封闭起来以求保护，独坐一边，不说话、不玩玩具，明显表现出胆怯和不知所措。还有的孩子则特别缠人，看到别的家长和教师从门口走过，就会跟过去，或者要求教师一直抱着他、盯着他、看着他，当教师眼神离开或牵着的手放开，他就要哭。还有的以扔东西、打人等方式来进行发泄。

（3）生理方面。表现为喂食困难、食欲下降、入睡困难、夜惊、遗尿等。大部分幼儿有不吃饭、尿裤子等现象。

2. 防治

第一，仔细观察，确定特点，找出症结。第二，对症下药，既有爱心又有原则。第三，活动吸引。第四，规则教育。第五，能力培养。

（七）儿童口吃

儿童口吃是指儿童在说话的时候不自主地在字音或字句上，表现出不正确的停顿、延长和重复现象。它是一种常见的语言节奏障碍。口吃并非生理上的缺陷或发音器官的疾病，而是与心理状态有着密切关系的言语障碍。根据美国的统计数字显示，在学龄儿童中，口吃的患病率为1%～2%，男孩比女孩多2～4倍，有一半儿童的口吃起病于5岁前。

1. 表现

（1）发音障碍

常在某个字音、单词上表现为停顿、重复、拖音现象，说话不流畅。儿童口吃中连发性口吃较多，发音时，在某个字音上要重复多遍才能继续说下去。也有难发性口吃，即说第一个字要很努力才能发出声音。

（2）肌肉紧张

由于呼吸和发音器官肌肉的紧张性痉挛，而妨碍这些器官的正常运行，说话时唇舌不能随意活动。

（3）伴随动作

为摆脱发音困难，常有跺脚、摇头、挤眼、歪嘴等动作。

常伴有其他心理异常，如易兴奋、胆小、睡眠障碍等。

2. 防治

正确对待幼儿说话时不流畅的现象。幼儿说话时发生"口吃"，周围的人应采取无所谓的态度，不模仿、不讥笑、不指责，不必提醒"你结巴了"，不使幼儿因说话不流畅而感到紧张和不安。

消除环境中可致幼儿精神过度紧张不安的各种因素。家庭和睦、教育方法合理、生活有规律，都可使幼儿的"口吃"现象逐渐消失。

成人用平静、柔和的语气和幼儿说话，使幼儿也仿效这种从容的语调，放慢速度，呼吸平稳，全身放松。

多让幼儿练习朗诵、唱歌。对年龄较大的儿童可教他慢慢地（一个字一个字地发音）、有节奏地说话、朗读（一个字一个字地大声朗读）。

【案例思考】

[案例1] 天天，男，4岁。来幼儿园几个月几乎不开口说话，不回答问题，喜欢独处，对人冷淡，不理不睬，坚持每次都以同一方式去做某件事情，要一种类型的玩具，坐同一个座位，上厕所用同一个便池。天天心理有问题吗？如果你是幼儿园教师，该怎么做？

[案例2] 毛毛，女，3岁。常表现出害怕、恐惧的样子，感觉要大祸临头。因胆小不愿离开父母，纠缠妈妈，上幼儿园时显得辗转不宁，惶恐不安，哭泣。食欲不振，

时有呕吐、腹泻，看起来显得营养不良。夜里入睡困难、夜眠不安、易惊醒、多噩梦或有梦魇。毛毛心理有问题吗？如果你是幼儿园教师，该怎么做？

[案例3] 胡康康是这个学期新来的小朋友，今年4岁了，是一个聪明孩子。开学时他的妈妈向老师抱怨，说孩子淘气任性，不听话，想要的东西哭闹着要，得不到手不罢休；经常和大人"闹独立"，总是力图摆脱大人的约束，不按照大人的要求去做，抗拒、不服从大人管教，你让他去做的事，他偏不去做，你不让他去做的事，他偏去做，或者表面上答应、内心不服，当大人不在旁边时，就由着自己的性子来。家长担心，孩子如此任性，将会严重影响其个人健康成长。应采取什么方法，来引导他，让他改掉身上的坏毛病呢？

【相关资料】

幼儿心理健康教育个案分析——用心去关爱每一个孩子

一、个案情况介绍

邬意韬，是一个非常聪明的小男孩，有很强的记忆力，学知识很快。他从小跟姥姥在一起生活，老人对孩子照顾得无微不至，从不放手让孩子自己去玩，对孩子百依百顺，老人没有文化。孩子父母虽然都是机关工作人员，但对孩子的教育却顾及甚少，对孩子缺乏必要的指导，多方面的因素导致了孩子在心理方面存有明显的障碍。

二、存在的问题

1. 心理脆弱

在幼儿园，小朋友不小心碰了他，就放声大哭；小朋友跟他开玩笑，说姥姥不来接他，他也哭。

2. 自理能力差

老师让小朋友学着叠被子，他不会叠，也哭；让他学着值日，他说不会，让他跟小朋友学，他也哭。

3. 不会和小朋友交往

在幼儿园，和小朋友交往很少，不爱跟大家说话，自己坐一边，不肯参加班里的活动；大家玩玩具，他想玩，却不敢跟大家在一起。

三、分析出现问题的原因

1. 遗传因素

据邬意韬的姥姥讲，邬意韬的妈妈小时候也是这样胆小，很怕羞，长大后就改掉了原来的毛病。

2. 后天的教育环境

老人对孩子照顾太多，在生活技能方面缺乏必要的锻炼，导致他自理能力差；再加上周围同龄小伙伴少，很少和孩子在一起，使他不知道如何跟大家相处，遇到事情总想着让姥姥帮忙，姥姥不在身边，他便不知道如何是好，只能用哭来发泄心中的不愉快。

四、采取的措施

做好家长工作，请家长在家多给孩子锻炼的机会，给他自由支配的时间，让他自己能做的事自己做，锻炼孩子基本的生活技能，让孩子多和同龄人在一起，学习必要的交往技能。

为孩子营造宽松和谐的生活氛围，给予必要的心理支持。由于邬意韬心理比较脆弱，我在班中提议小朋友们不要吓唬他，应该多帮助他。孩子们都非常有爱心，经老师一提醒，和邬意韬开玩笑的少了，和他争玩具的几乎没有了。

发扬其长处，树立其自信。根据邬意韬记忆力非常好的条件，平时在组织教育活动时，我们经常给他提供展示自己的机会，让他复述故事，请他朗诵儿歌，慢慢地他主动回答问题的积极性提高了。

教师给予个别指导。由于邬意韬生活技能比较差，在平时老师经常给予个别指导：教他如何叠被子，如何做值日生，如何整理自己的物品。

五、教育效果

两个月以后，邬意韬有了明显的进步。

他已不需要别人的帮助，能自己叠被子，能心情愉快地值日，自理能力有了较明显的提高。

他开始和小朋友交往，并学会了一定的交往技能。偶尔与小朋友发生争执，他也学会了克制，不再掉眼泪，初步学会了与人合作。

能主动地参与班级的各项活动，做事不再缩手缩脚，自信心有了明显提高。

看到孩子进步这么大，邬意韬的姥姥无比感激，我们也倍感欣慰，没有什么比孩子的进步更值得我们骄傲的了。从中我更坚信了这一点：没有教不好的孩子，只有不会教的老师。只要你用心了，所有的问题都将会迎刃而解。

模块二　生态环境对学前儿童心理发展的影响

自然环境对儿童的心理发展有着极大的影响。由于自然环境的影响，人的心理发展会反映出某些特征。如热带地区的人比较早熟；山区的人强壮耐劳。母亲怀孕期间，如果发怒、恐惧、忧愁持续时间较长，会影响内分泌，从而导致胎儿发育不良。

环境对儿童发展的作用从受精卵就开始了。近年来许多研究证明，母亲的年龄、营养、疾病、情绪以及药物、烟酒等都会对胎儿发育发生作用。胎儿时期如果营养不足则影响到脑细胞数目不正常发展，从而导致智力的发展迟滞。国外有一个研究：孕妇分成两组，一组提供充分的饮食补充，另一组作为对照组仅给以安慰剂。事后当她们的孩子长大到 3～4 岁时，测定他们的智力，结果证明实验组的孩子 IQ 显著高于对照组。这些研究大多数是在一些不发达国家的贫穷地区做的，她们的营养往往是在最低需要线以下，因此，适当增加营养产生了显著效果。出生后，环境对儿童发展的影响就更为明显了。人的后代如果不生活在社会环境里，那么虽然遗传提供了发展儿童心理的可能性，这种可能性不会变成现实。

直立行走和说话本来是人类的特征，但是，对每一个具体儿童来说，遗传只提供了直立行走和说话的可能性，没有人类的社会环境，这种可能性不能变成现实性。许多正常儿童似乎是自然而然地学会走路和说话，其实都是社会生活环境影响的结果，不过有时不被人察觉而已。丹尼斯在德黑兰的孤儿院发现，该院 58% 的孤儿 1 岁以上还不会独立坐，85% 的到 3 岁多还不会走路，开始站立和扶着栏杆走的年龄平均为 70 周。后来，抽出 10 个婴儿进行实验，增加保育员，这些婴儿开始站立和扶着走的年龄提前到平均 41 周。因为婴儿具备了站和走的环境条件，才有可能利用其平衡机制，并把重力作用在腿上，获得练习站和走的机会。由此说明环境和经验对行走的重要作用。

早期隔离或剥夺实验的大量事实，也充分说明人类的社会生活环境对儿童心理发展的重要影响。所谓早期隔离（剥夺）实验，是使幼小动物失去或部分失去正常的生活环境，然后对在正常与非正常环境下长大的动物行为的差异做比较，从而发现环境对行为发展的影响。在这类实验研究中，关于恒河猴行为发展的研究很有影响。在实验室孤独长大的猴子和野生猴子（有母亲和伙伴）的行为有很大不同。实验室长大的猴子（失去母爱）常常呆呆地坐着，两眼直视，有生人接近时，不会像野生猴子那样对生人做出恐吓或攻击行为，而只是自己打自己，甚至撕咬自己，社交行为的发展受到极大损害。

不能人为地剥夺儿童的正常生活环境，于是人们用类似剥夺环境与正常生活环境对比的方法进行研究。据报道，20 世纪 30 年代后期，13 名生活在孤儿院的孩子由别人领养，追踪考察这些领养儿童的智力发展情况，并与仍然生活在孤儿院，近似与社会隔离的未被领养儿童进行比较。

研究者认为，造成控制组儿童智力低下的根本原因，在于孤儿缺乏必要的感知觉刺激和"应答性"环境。其次，社会环境在很大程度上制约着儿童心理发展的方向和水平。时代不同，社会生活条件不同，儿童心理发展的方向、速度和水平都不相同。例如，生活在 20 世纪前叶的儿童，与生活在 20 世纪末特别是 21 世纪初的儿童，无论是智力水平还是精神面貌都大不相同。家庭的生活方式、物质条件、文化素养以及家庭气氛，都对儿童的心理发展有着直接、深刻、持久的影响。许多调查都证明，影响儿童的思想意识、道德品质、性格的形成以及智力的发展的因素中，家庭影响是关键因素。例如，部分独生子女任性、胆小、独立生活能力差等，主要是由于他们在家庭中的地位特殊、父母溺爱、教育方法不当造成的。

教育在一定的社会环境中，对儿童的心理发展起主导作用。社会环境制约儿童心理发展的方向和水平，在很大程度上是通过教育来实现的。社会环境对儿童的影响是零乱的，无计划、无目的的，而教育（主要指幼儿园、学校教育）是有目的、有计划、有系统地对儿童施加积极影响。教育对儿童心理发展所起的主导作用，主要体现在教师身上，教师在保证儿童心理健康发展方面负有重要的责任。

一、家庭因素对儿童心理发展的影响

（一）父母的素质与儿童心理的发展

1. 父母遗传素质对儿童心理发展的影响

遗传是指生物体的构造和生理机能等通过染色体传给后代的现象。父母可以通过生殖细胞核里的染色体把许多生物特征传给子女。个体从亲代那里接收来的各种性状，叫遗传素质。具体地说，遗传素质主要指那些与生俱来的解剖生理特征，如躯体结构、肤色、血型、感觉器官和神经系统的特点，等等，其中脑的结构和机能的特征对心理发展具有重要作用。关于心理发展的制约因素问题，历来存在着遗传决定论和环境决定论的争端，两者都片面强调单因素的作用。我们认为，遗传在儿童心理发展上起着生物前提或物质前提的作用。遗传素质在儿童心理发展上的影响作用主要表现为，一方面，通过遗传素质影响能力和智力的发展；另一方面，它通过气质类型等因素影响儿童的情绪和性格的发展。儿童出生时，就通过遗传从父母那里继承下来了神经系统的特征，特别是大脑的结构和机能的特点，以及每个人特有的高级神经系统类型的特点。其不同的差别，我们在产房里就可以观察到，如有的婴儿安静些，容易入睡；有的婴儿脚乱动，大声啼哭，等等。遗传素质决定着儿童发展程度的可能性和范围，环境和教育把这种可能性和范围变为现实。研究表明，遗传对儿童心理的影响因年龄而有所不同，总的趋势是：遗传因素对心理的影响随着年龄增大而减弱，尤其是到青少年期，遗传因素的作用不如环境和教育的影响那么明显和直接。因此，既不能否定遗传的作用，也不能夸大遗传的作用。心理朝什么方向发展、水平的高低、速度的快慢、心理的内容和范围、心理品质的好坏及对遗传因素的改造程度，都是由环境和教育决定的。

2. 父母的文化素质对儿童心理发展的影响

父母的文化素质对儿童心理发展有着很大的影响。孩子的智力正在发展成长中，对周围的一切都感到新鲜。他们对父母会提出许许多多的"是什么"和"为什么"。在这些"是什么"和"为什么"中，包含着求知欲，孕育着智慧。爱因斯坦说：我的思想的发展在某种意义上常常来源于好心。家长在孩子提问后，能否给予正确的回答，因势利导地给孩子以启发，促进其智力的发展，这全取决于孩子父母的知识水平。北京师范大学教育学院和相关部门对北京市外来务工人员的子女学习成绩的调查结果显示：流动儿童的学业成绩和父母的文化程度之间存在着显著的正相关关系，其中父亲的文化水平主要和子女的数学成绩相关；而母亲的文化水平则是和子女的语文成绩相关，相比之下，学生的平均成绩和母亲文化程度的相关性更大。父母的文化，在某种程度上是孩子学习的一种资本，子女与父母生活在一起，长期接受父母的熏陶，父母的文化程度越高，对子女学习的促进作用就越大。

3. 父母的心理素质对儿童心理发展的影响

父母心理素质对孩子人格和情绪的影响。心理健康的家长能以愉快而安详、沉稳而冷静的态度对待孩子，以热情、豁达、诚恳的人格魅力影响孩子，用和蔼、真诚的语言解决亲子之间出现的矛盾，使孩子感到亲切、温暖，感到有一种无形的吸引力，这对培养孩子的无私、互助、诚挚、大度、顽强等优良品质起着重要作用。如果一个家长性格过分内向、孤僻，或由于工作负担过重及在工作中不断出现挫折而深感自卑，工作因此而缺乏热情，那么他的孩子生动活泼的天性就难免受到限制，社交欲望也会受到压抑。相反，一个家长不顾自己的社会角色，过分张狂、虚荣和浮躁，那么，处在人格未定型阶段的青少年难免受其影响，最后形成某种虚荣、浮躁等不健康的人格。再有，情绪对人的心理起着核心作用。健康的情绪能引导人积极向上，不良的情绪则会阻碍人的健康成长。孩子拥有乐观、稳定的情绪是与家长的影响分不开的。情绪有着极强的感染性。心理健康的家长总是持有乐观、积极的心态，能克制生活中不愉快的情绪，尽量不迁怒于孩子。家长这种乐观的情绪感染了孩子，为他的学习和生活注入了新的活力，使学生心胸宽广、热爱生活、遇事不惊、处世豁达，并能提高学习效率。

（二）家庭氛围对儿童心理发展的影响

所谓家庭氛围，是指个体所处的环境气氛和情调，是家庭成员在家庭生活中相互影响、相互制约过程中所形成的某种心理氛围和环境气氛。在家庭生活中，儿童常以父母及其他家庭成员作为最直接的模仿和认知对象，从而形成自己的心理特点和性格特征。研究表明，在良好的家庭氛围中，孩子有安全感，生活乐观、愉快，能较好地完成学习任务、处理人际关系，形成开朗大方、求知好学、诚实谦虚、合作合群等良好人格特征。而在不良的家庭氛围中，家庭成员冲突不断，家庭氛围紧张，儿童易产生紧张、焦虑的情绪，没有安全感，易发生情绪和行为问题，形成胆小怕事、孤独退缩、行为放任、不讲礼貌等人格特征。

1. 亲子关系对儿童心理发展的影响

亲子关系指父母与未成年子女的关系，该阶段的亲子关系是儿童一生当中能否走向成功的最重要的关键时期。亲子关系中，父母大都处于主导地位，其态度的好坏决定亲子关系的质量，进而影响到儿童的心理发展。这一时期对孩子性格的形成、品质的培养、意志的磨炼、与人交往模式的建立都起到了决定性的作用。亲子关系对儿童心理发展的影响会随着儿童的年龄增长而有所变化。婴儿时期,孩子依赖父母的抚养,不但在生理上的满足依赖父母,而且在心理上也依赖父母。婴儿从父母那里获得安全感及信赖感。幼儿时期,父母除了继续抚养之外,还要开始给予适当的管教,让幼儿学习生活上所需的基本知识及做人的行为准则,让幼儿逐渐获得管理与控制自己欲望及行动的能力。童年期,父母要鼓励儿童与外界接触,从生活中学习;鼓励儿童向父母表达自己的意见,参与家庭的讨论,能以家庭一分子的身份发挥作用。青少年阶段,子女对父母的依赖减弱,关系疏淡,与父母以平行的关系相处。在亲子关系发展的过程中,父母要始终注意与孩子沟通,积极主动地与孩子交流,注意观察孩子的言行,了解他们的感受及成长中的困难,做孩子身心健康成长的守护者。

2. 夫妻关系对儿童心理发展的影响

父母双方和谐的关系对儿童心理发展极其重要。如果父亲与母亲相处很好,那么家庭生活就能为儿童心理发展提供有利的环境,使孩子合作的能力得到充分的发展。儿童在这种环境中成长,就比较容易把兴趣指向他人,孩子会赋予生活真正的意义,也会在不知不觉中发展其与他人合作的能力。如果一个家庭双亲不和,父母经常扯皮打架吵闹,家庭经常充满火药味,子女在这样的环境中成长,只能造成他心灵自卑,感情痛苦,精神压抑,个性孤僻,不关心集体和他人。反之,在健康温馨的家庭中,父母以自己良好的言行和修养言传身教影响孩子,使孩子能健康成长,热情开朗,积极向上。心理学家研究表明:长期处于夫妻对立对抗的子女心理问题发生比例高于单亲家庭。父母婚姻破裂,仿佛是天降横祸,对孩子来说,他们缺乏必要的心理准备,因而他们遭受的打击更大;而且孩子比大人敏感脆弱,他们还不具备自我调整心理的能力,一时还难以面对家庭破损的严酷现实。失去了原本健全的爱,加之来自外界的有意或无意的伤害,再加上单亲家庭中的父母一方的心理偏差,致使孩子幼小的心灵遭受严重的创伤,容易产生忧郁、自卑、敏感多疑、妒忌、憎恨、逆反等心理障碍。

(三) 家庭教养方式对儿童心理发展的影响

家庭教养方式是指父母在抚养、教育儿童的活动中通常使用的方法和方式,是父母各种教养行为的特征概括,是一种具有相对稳定性的行为风格。父母教养方式对儿童认知、儿童社会性及个性发展具有重要影响。父母教养方式一直是发展心理学研究儿童社会化问题关注的重要课题。许多心理学家研究表明:父母教养方式使儿童社会性、个性发展受到不同的影响,良好的教养方式使儿童在个性、品德及行为诸方面健康成长,为他一生的身心健康、生活幸福和事业成功打下坚实可靠的基础;而不良的教养方式会阻碍儿童心理发展,造成儿童性格缺陷、人格障碍等不良心理问题。长期以来,父母与子女之间的联系被看成是一种由父母抚养并塑造孩子行为的过程,通过父母教养行为,把社会价值观、行为方式、态度体系及社会道德规范传递给子女。父母的教养方式对儿童各方面发展都有着极为重要的影响。有心理学家把父母对子女的养育态度分成民主型、权威型、放纵型三种,并提出不同的养育态度。父母以民主的方式教育子女,他们既满足孩子的正当要求,又在某种程度上给予限制或禁止;既保护孩子的活动,又给予社会和文化的训练;父母与子女的关系非常和谐融洽。在这种教养方式影响下,儿童能形成正确的认知,客观地认识和反映外部世界,表现得谦虚、有礼貌,待人亲切而诚恳,智力因素和非智力因素都获得较大的发展。父母以权威的方式教育子女,对孩子的一举一动横加干涉、限制和斥责,甚至经常打骂;他们对孩子缺乏耐心,希望唯命是从。在这种教养方式影响下,孩子容易产生恐惧心理,缺乏自信心,往往以说谎进行自卫。严重者或丧失自尊心,自暴自弃,一旦摆脱父母的管制,就可能走上越轨或犯罪的道路;或以父母为榜样,在家挨打受骂,出门打人骂人,性格蛮横暴躁。父母以放纵的方式教育子女,对孩子百依百顺,百般宠爱,没有约束,没有要求。其结果,孩子很容易好吃懒做、自私自利、蛮不讲理、任性、执拗、没有礼貌、缺乏独立性、胆小怕事等。

总之,儿童心理发展是一个极其复杂的动态过程,它受遗传因素、自然环境、社会因素、家庭因素、学校因素和个体因素等多方面的影响。而家庭是儿童最早接受教育的场所,父母是孩子的第一任老师。

二、幼儿园对幼儿心理发展的影响

作为专门性的幼儿教育机构,幼儿园通过各种途径对幼儿身心发展产生影响,特别是其特定的环境设置,必然对幼儿的身心发展起到一种潜移默化的作用。

在幼儿园教育活动中,环境作为一种"隐性课程",在开发幼儿智力、促进幼儿良好个性发展方面,越来越引起广大儿童教育工作者的重视。教育部颁布的《幼儿园教育指导纲要(试行)》中明确指出:"环境是重要的教育资源,应通过环境的创设和利用,有效地促进幼儿的发展。"幼儿园环境是儿童赖以生存的基本条件,在早期教育日益发展的今天,幼儿的生存质量受到普遍关注,改善幼儿生存环境、提高幼儿生存质量将成为幼儿园教育的基本内容。

所谓幼儿园环境,是指幼儿园内幼儿身心发展所必须具备的一切物质条件和精神条件的总和。它是由幼儿园的全体工作人员、各种物质器材、人事环境以及各种信息要素,通过一定的文化习俗、教育观念所组织、综合的一种动态的、教育的空间范围和场所。这种空间范围,既是物质的,又是精神的;既要具有保育性质,又具有教育性质;既是开放的,又是相对封闭的。它不仅受到特定的地理环境、空间方位的影响,又受到特定历史阶段的社会氛围的影响。

幼儿园是幼儿第一次较正规地步入的集体生活环境,对培养幼儿社会适应能力起决定性作用。但幼儿从家庭进入集体环境,会有许多不适应,如因为生活上的吃、睡、穿脱衣服等自理能力差而产生情绪上的依恋,不熟悉教师、同伴、环境,产生不安全感;人际关系上的不协调;不像在家中可任意得到自己想要的玩具,独生子女没有和同伴合作、分享、等待轮流着玩的经验，常会为玩具发生争吵、哭闹等不良行为，产生不愉快的情绪；行为约束方面，还不大理解集体的规则，不会很好地和教师、同伴配合，难以适应过多的纪律约束，缺乏自制力等。消极的适应会产生消极的情绪，积极愉快的体验产生积极的心理。

（一）师幼关系和班级气氛对幼儿心理发展的影响

建立良好的师幼关系，我们首先要有良好的心理素质、高尚的情操，能理解尊重幼儿，有宽容友好的心态，有适当的情感表现，积极合作的语言动作等，从而使幼儿对教师充分信任，主动和教师接触，乐于听教师的要求，以积极态度培养自控能力，同时形成民主、热忱、欢迎的班级气氛，创设良好的与同伴、教师交往的环境，满足幼儿内在的心理需要。

（二）幼儿园教师的教养方式对幼儿心理发展的影响

教师的教养方式、教育行为、对幼儿的态度，直接影响幼儿的心理发展。教师要在言语和行动上处处照顾好每一个幼儿，用微笑鼓励幼儿，帮助幼儿树立良好的自我形象。教师要让自己变"小"一点，正如陶行知先生所说"变成小孩子"，努力做幼儿的玩伴，有意识地去发现每个幼儿身上的闪光点，创造一个轻松、自由的环境，让他们在安全、平等、合作的气氛中获得机会，充分活动，尽情表现。例如，"老猫睡觉醒不了"这一游戏中，教师先扮老猫，模仿猫妈妈的样子，当小猫不见时，老猫表现出非常着急的样子，小猫回来时，老猫又表现出高兴的样子。当幼儿对游戏的方法和规则熟悉后，教师有意识地让一名运动能力强的幼儿当老猫，教师和其他幼儿一起当小猫。大家一起唱呀、跳呀，师幼之间没有距离，关系因此变得融洽。

这样就在很大程度上调动了幼儿参与游戏的兴趣和积极性，他们会发现教师是一个和他们一起游戏的好伙伴，是一个可亲又可爱的合作者。

（三）幼儿园的精神环境对幼儿心理发展的影响

幼儿园的精神环境是指幼儿园的心理氛围，它是一种重要的潜在课程。它的范围很广，包括影响教职工和幼儿的精神状态、情绪等一切因素。研究表明，幼儿园精神环境的构成要素主要有幼儿园在一定时期内形成的大众心理、幼儿园文化、幼儿园的人际关系。

精神环境对人的影响具有广泛性、潜移默化、持久性的特点。特别是对于正处于身心发展过程中的幼儿来说，精神环境的影响更是潜在而深刻的。精神环境对幼儿身心发展的所有方面，如认知、自我意识、社会性等都有着深刻的影响，而且这种影响是时时处处都在发生着的，不论是直接作用还是间接作用，也不论是积极影响还是消极影响。

（四）教师的态度对幼儿心理发展的影响

幼儿期是个性心理品质形成的关键期，在人的个性心理品质的形成过程中，既有先天的因素，也有后天的因素。后天的教育、环境对人一生的影响都是非常重大的，然而幼儿这一关键期的大部分时间都是在幼儿园中度过，幼儿教师一定要担当好这项重任。

建立平等的师生关系，创设宽松、和谐的交往氛围，使幼儿保持良好的心境。孩子来自不同的家庭，有着不同的气质类型。教师要善于观察，更多地关注幼儿的实际情况和主体发展，关注幼儿的情感需要，而不是局限于约束纪律和简单的传授知识。教师还要善于分析孩子的心理活动。在幼儿的一日生活中，教师要抓住时机多与其谈话，要参与幼儿的活动，形成合作的师幼互动，满足幼儿的生存、发展、游戏、学习和受教育的需要。在活动中，有意识地培养和保护孩子的参与意识，使孩子的自信心得到培植和强化，消除其恐惧、畏缩的心理障碍。有的孩子有与老师交往的热情，但是因找不到恰当的表达方式，而做出一些反常的举动。此时，教师要理解孩子的心理，不要指责、挫伤孩子的自尊心，要给孩子主动交往的机会，或是教师主动与幼儿交往，这样就为融洽师幼关系的建立做了铺垫，使幼儿敢于接近教师，与教师进行交往，使幼儿敢于说出自己的真实感受。教师才能真正理解幼儿，增进师幼间的情感。

淡化教师的权威意识，学会赞赏，减少对幼儿的直接评价。幼儿是在不断发展、不断进步的，教师要多创造机会，启发并引导幼儿积极参与讨论，让幼儿从自己的角度去思考，去判断，并且敢于大胆表达，逐步形成自我评价能力。在活动中，教师应积极参与幼儿讨论、交流。但教师不可以将自己的观点强加给幼儿，让幼儿围绕教师的观点去思索，也不宜对幼儿进行直接指责性的评价，要建立起民主、平等的伙伴式的师生关系，学会赞赏孩子。儿童离不开成人对他们的赞赏，赞赏是激发儿童内心张力不可缺的外部驱力，成人的赞赏使孩子对自己的未来充满了憧憬。所以，教师要赞赏每个孩子，要赞赏他们的兴趣和爱好，赞赏他们所取得的哪怕是极微小的进步，使他们感到教师时时刻刻都在关注他们。

在教育过程中要采取适宜的方法进行提问，要做到面向全体。在教育过程中，教师的提问要态度亲切，为幼儿营造一个宽松的学习氛围，使他们能愉快地投入学习。教师在提问后应给幼儿留有思考的时间，以使大部分孩子都能真正参与学习。对于幼儿的回答无论对错，都应给予适当的鼓励。对于注意力不集中的幼儿，教师可采用先将其叫起再重点提问的方式，这样既没当面批评他，保护了他的自尊心，又从侧面提醒了他。对于胆小内向的孩子，应尽量用集体回答的方式或请他单独与教师交流的方式，以消除其畏惧心理，逐步建立自我价值感。

对幼儿的评价要客观公正、面向全体，并以正面激励为主。在教育过程中，教师对幼儿的评价是必要的，但评价应是客观公正的。这就要求评价者要了解每个幼儿的学习特点及发展状况。评价者在搜集反映幼儿各种学习活动状况资料的过程中，根据幼儿的现有水平和实际情况给予评价和反馈，要以正面的激励为主，尽可能避免消极的、批评性的评价，这样会打击幼儿的积极性，对幼儿心理造成压力，导致幼儿产生不良的情绪和心理。

三、社会对幼儿心理发展的影响

随着社会的快速发展，人们的生活水平不断提高，这也就要求一个人在各个方面都必须有所提高，孩子也不例外。然而这种现象就导致了大多数孩子受社会因素的影响，产生了不良的心理问题。社会因素是指公众的观念、社会心理趋势、传播媒介的信息影响。孩子在学校学习的是正面教育，而当今各种思潮冲击着整个社会，纯洁的教育内容与复杂的社会生活之间形成强烈的反差，致使学生陷入无以参照、无以归附的境地，对于学生思想的混乱、情绪的波动，社会因素也有一定的责任。

社会风气对孩子心理造成的影响。在社会的转型期，出现了人际关系的复杂化和价值取向的多元化，社会出现的一些不正之风，如走后门、请客送礼、以权谋私等，正在不同程度地污染着孩子纯洁的心灵，孩子过生日、节假日、升学盛行互相送礼、大吃大喝，礼品从过去的生日贺卡、小纪念品发展到几元甚至几十元上百元的贵重物品。而社会上不断滋长的"一切向钱看""及时行乐"等拜金主义、享乐主义和极端个人主义等思潮，严重妨碍着学生树立正确的人生观和价值观，影响着中小学生的健康成长。

由于大人之间的关系、情感的转变，孩子之间的关爱也变少了，竞争意识、嫉妒心理、防范心理却渐渐增强。比如说，现在的孩子与同学在一起时，常常会说些"我昨天玩到很晚才睡，都没有看书"之类的话，其实他们在家时埋头苦读到很晚。为什么会这样呢？这就是竞争意识向不良方向发展的结果。

社会上强烈的竞争意识也在无形中使孩子受到了严重的影响。就业压力带来升学压力，而升学又是通过考试决定的。由于教育资源的不平衡，只有上好的高中、好的大学，才有机会为以后的就业预先拿到一张好的通行证。这样过早地波及中学乃至小学的考试。孩子自小承受社会竞争的压力，而压力过重则会影响孩子的心理健康。

四、大众传媒对幼儿心理发展的影响

大众传媒就是传播信息的载体。它具有跨越时空的广度、反复传播的频度、无处不在的深度。就现代社会而言，幼儿一出生就被大众传媒包围着。作为人们获得社会信息的首要途径，大众传媒甚至成为人们生存环境的一部分。同样，作为幼儿生存环境的一部分，大众传媒无疑会给幼儿的生存带来重大影响。尤其，电视以多品位、多内容、多层次的节目满足男女老幼各年龄阶段人的需要，满足不同职业、不同兴趣爱好者的需要，它拥有最广大的观众。幼儿也很自然地成为电视机前的小观众了。

（一）电视作为一种教育工具

1. 电视促进了幼儿认知能力的发展

电视的普及为广大儿童开辟了一个认识世界的新天地。电视是声像艺术，它以活

动的、有声响的特色吸引着儿童，儿童普遍比较爱看电视。有研究表明，周岁以内的孩子，能被电视吸引，能较长时间注意看，并相应地做出动作、表情、声音的反应。例如，曾对10个月的婴儿看电视时进行测定，当看到大笑的画面时他们的脑电波活动加快，看到大哭镜头时，脑电波活动下降，表现出快乐与不快乐的不同情感反映。1岁的孩子能分辨电视中的人物，模仿动作并开始选择节目了。2岁以后的孩子对电视内容已有理解和记忆了。美国心理学博士赖斯对儿童收看电视进行研究后，他认为，在婴儿的眼中电视是"会说话的小人书"。孩子从电视的"小人书"中认识图像，学习语言。电视处于动态的变化中，并从画面、色彩、语言和音乐刺激视、听感官，可使视、听配合同步发展。研究还发现，从几个月起就接触电视的婴儿在1岁时便可指着电视图像用语言表达其认识能力，语言能力明显高于不看电视的婴儿。这就是为什么人们常说，电视使孩子懂得很多的事情。电视里人物、动物的活动和一些物体的机械运动都可引起儿童的兴趣而做出模仿的动作。这种模仿是无意的，是在形象活动的激发下而做的模仿，动作的发展对大脑的发育很有功效。健康的、活泼有趣的电视节目和愉悦的音乐旋律，对孩子的情绪也是一种无形的调剂。收看电视已成为儿童生活的一部分，可以说，儿童已离不开电视了。

2．电视让幼儿认识到外面的世界

电视有形有声，它是看世界的一个窗户。儿童的成长过程也是一个学习的过程。幼儿不可能像成人那样，"读万卷书行万里路"，幼儿的阅读能力和理解能力不够；"行万里路"，对年幼的孩子来说也不现实。电视等于把世界摆在了幼儿面前，让他了解人情冷暖、风物百态。从这个角度来说，电视几乎就是幼儿的家庭导游。

3．电视是幼儿的玩伴

现在的孩子大都是独生子女，没有兄弟姐妹之间的嬉戏，现代的家庭模式和生活形态又造成孩子们缺少玩伴。电视以其特有的声音、色彩、图像吸引着孩子，成了他们的一个玩伴，让他们不再孤独、寂寞，而变得安静、乖巧。

4．电视是幼儿的家庭教师

现代社会，人们的生活节奏紧张，家长因工作繁忙而往往疏忽了对孩子的教育。电视在一定程度上，可以帮助家长实行对孩子的教育。比如，幼儿因看电视学会生字，知道全国主要省市的名称。从这个角度来说，电视还是幼儿的家庭教师，甚至影响着幼儿与人的交往方式。

5．电视增加了亲子交流

现代社会竞争激烈，家长每天都要应对繁重的工作，亲子交流自然会减少。晚上，一家人围坐在电视旁聊天，听听孩子的心事，向孩子讲些笑话，或告诉他们电视节目的一些启示，不但增进和孩子之间的感情，也能对孩子进行必要的教育。

（二）收看电视的不良影响

电视虽然具有促进幼儿发展的某些优点，但其教育功能都是相对的。电视为幼儿所提供的经验与实际体验有一定的差距，不能代替幼儿时期必须具备的直接体验。更为重要的是，对于身心正处在发展中的幼儿来说，成人如一味毫无节制地放任幼儿看电视，则其所隐藏的负面影响是巨大的，甚至会给幼儿身心造成难以挽回的终身危害。

1. 收视时间过长，不利于幼儿身心健康发展

幼儿身心尚在发育阶段，身体犹如一棵稚嫩的小树苗，经不起过度扭曲。由于电视荧光强，画面跳跃不定，长时间观看容易引起他们的视觉神经疲劳，影响视力，如果加上收视距离不适，更容易加快视力减退。据了解，目前青少年近视率大幅度上升，相当大的因素是由观看电视引起的。电视在开阔幼儿视野的同时，也可能导致幼儿的视力下降。若长时间收看电视，形成坐姿不当，以及长期接受电视荧光中有害射线的辐射，或者电视机的质量和使用不当等，也会妨碍幼儿身体的正常发育。

2. 容易使幼儿形成被动的态度

促进幼儿教育的原则，首先是要适应幼儿的思维发展水平，继而启发、提高他们的思维能力。由于电视节目节奏很快，人只能被动地接受画面信息，而不能立即对信息进行思考，从而易使人养成只是一味地接受信息的被动态度。长此以往，幼儿得不到应有的启发，主观能动性得不到充分发挥，从而影响其掌握更复杂的思维方法，影响思维水平的提高。

3. 不利于幼儿个性的社会化

收看电视是一种单向的活动，不能引发人际间的社会性交往。据了解，目前，许多幼儿每天收看电视的时间平均在3个小时以上，有的比成年人看电视的时间还要长。幼儿沉迷于看电视，必然大大减少游戏、户外活动和社会交往活动，而社会性游戏与交往正是幼儿个性社会化的刺激因素。电视的过多介入，无疑会设下一道樊篱，将幼儿封闭在家中，特别是有些独生子女，由于家庭结构单一，缺乏言语交流的伙伴，往往使孩子在孤单、寂寞中被动地接受电视单向的影响，这样势必不利于幼儿个性的社会化。

4. 给幼儿带来现实同虚构混同的不良影响

电视的形象既源于生活，又高于生活，包含了现实和虚构两种成分。大人把电视作为休闲与娱乐的工具来理解，而对于缺乏辨别能力的幼儿来说，电视节目则易使他们陷入现实与虚构混淆的局面。这就容易造成虚构故事在幼儿现实生活中的真实演绎。有的幼儿看了有暴力内容的卡通片，就喜欢模仿片中的英雄角色以暴力来"惩恶扬善"，因而在与同伴冲突或面临挫折时，趋向于使用攻击性行为；有的看了鬼怪片，常常在半夜惊叫；更有甚者，则模仿电视中的惊险场面，酿成了重大灾难。

电视给幼儿带来的冲击，应当引起社会各界特别是家长的高度重视。由于这些负面影响不是一触即发的，而是在潜移默化中一点一滴地发生作用的，其危害性不易被发觉，因而更需多方投注心力，加倍防范。只有这样，才能避其所短，扬其所长，促

进幼儿健康成长。

(三) 控制幼儿观看电视的有效策略

在现实生活中，要注意采取一些办法控制幼儿收看电视节目，以在现代媒体带来娱乐的同时，达到更好的教育效果。

1. 控制收看时间

幼儿每天看电视的时间应以半小时为宜，节假日或特别好的节目，也应不超过一个半小时，家长应给孩子制订出具体的收视时间。其实在最多的时候，是孩子因为无事才打开电视机，遇到什么就看什么节目，这样是不行的。家长应该帮助孩子改变这种盲目的收看习惯，教会幼儿看电视要有目的、有计划地收看。只有这样，才能养成幼儿良好的行为习惯，也能使幼儿在电视中学到不少的知识，从而减少收视的时间。

2. 预防不良收视习惯

不良的收视习惯有损幼儿的身心健康。看电视不要离屏幕太近，至少距离2米以上；不要让幼儿长时间坐在电视前，半小时后，应让其做一做眼保健操或看看远处；不要让孩子躺着或坐在地板上看电视；不要让孩子边吃饭边看电视。以上这些不良的习惯、姿势，会引起孩子眼肌疲劳、脊柱变形和消化不良等，严重影响幼儿的身心健康。

3. 正确引导收看

家长应耐心地和孩子坐下来一起看电视，不要认为没有意义，或自己忙自己的事，而将孩子一个人丢在电视前，应知道和孩子一起看电视，对孩子是一种很好的教育契机，从而有目的地对幼儿进行教育和指导。在看的过程中，要耐心解答幼儿对电视节目的疑问，边看、边问、边解答，也可以先提出问题，让孩子带着问题看，还可以不时地用语言来引导孩子的注意力。观看时，可以和孩子一起讨论收看内容，也可做出适当评价。交谈时要简明扼要，不要谈得时间过长，以免影响孩子。看后，可引导孩子联系自己的实际情况和周围的生活具体来谈。这样可以使孩子每次收看电视都有一定收获，久而久之，不仅能提高孩子辨别是非的能力，还可增进亲情感，活跃家庭气氛。

4. 控制收看内容

家长是孩子的第一监护人，有权决定孩子该看什么，不该看什么。作为家长，在这点上应该严格把关，应以负责任的态度帮助孩子选择收看内容，可以通过家园联系的方式，达到共同教育的目的。孩子的好奇心、模仿心都比较强，对于电视中的一些节目、片段，他们分不清是非，就会盲目接受，电视中不健康或不适于幼儿看的节目对幼儿就会产生不良的影响。所以，在每天看电视的时候，家长最好能抽出时间和孩子一起看，并帮助幼儿选择一些适合他们看的有知识性、趣味性、娱乐性为一体的少儿节目，尽量不要让孩子在无人监护的情况下看电视，也最好不要在孩子房间安装电视。

总之，看电视也如同一把双刃剑，我们不仅要引导好幼儿有目的地观看电视节目，同时，也应防止负面影响，才能收到最佳的教育效果。

【案例思考】

[案例1] 宝宝的爸爸妈妈都是大学教授。在宝宝4岁的时候，有人说，遗传了这么优秀的基因，宝宝以后一定也会非常优秀。也有人说，宝宝以后的发展关键还是看父母的教育，以及后天环境的影响，和遗传没有什么关系。听到这些说法，宝宝的爸爸妈妈私下里嘀咕，环境和遗传对于宝宝大约是一半对一半吧。请根据所学理论简要评析这些观点。

[案例2] 小欣是幼儿园大班的小朋友，因为身体不好，三年换了三家幼儿园。她在家表现得活泼、外向。在幼儿园怕老师，有事不敢说，比如肚子疼一直忍着，回家才看医生；午睡中间不敢请假去小便，忍无可忍就尿在床上。开学以来已尿床两次。怎么办？

【相关资料】

同伴交往的必要性

4～5岁是幼儿获得有效交往技巧的关键期，到了这个阶段，随着认知水平的发展以及自我意识的不断增强，同伴之间的交往也越来越多。皮亚杰曾指出："一般的同伴交往和具体的同伴冲突是儿童发展视角转换能力的必要条件，是儿童摆脱自我中心的前提。"良好的同伴交往有利于幼儿身心健康发展，有利于促进幼儿的社会性交往的发展，是幼儿社会化的重要途径。然而，幼儿同伴交往中存在不少的问题，请看下面几个在幼儿园捕捉到的镜头：

镜头一：玩积木时，班里最小的豆豆看中了小雪手中的一块积木，两眼发亮，走过去二话不说伸手就抢，小雪左躲右躲就是不给，豆豆伸手就拧了小雪一把，小雪反手抓了豆豆脸蛋一把，两人都大哭起来。

镜头二：小朋友搭起小火车在园子里做游戏，玩得很高兴，平时不爱说话的章章有点兴奋，大概是想跟排在他前面的畅畅说点好玩的事，于是使劲捏畅畅的脖子，想让她回头，畅畅却以为受欺负了，生气地回头猛呵一声，吓了章章一跳，也让他很扫兴，但他不再解释，而是气呼呼地下了火车自己到一边坐着去了，集体活动的兴致一下子消失。

镜头三：波波活泼聪明，反应灵敏，可有些时候控制不住自己的行为：喝水时推别人一下，排队时挤别人一下，别人游戏他有时就横冲直撞去捣乱，经常有小朋友来告他的状。有一次进行语言活动《说说我的好朋友》，他站起来很得意地说："心元是我的好朋友，帅帅是我的好朋友，翔翔是我的好朋友……都是我的好朋友！"没想到翔翔立即站起来反对："不是，我不做他的好朋友。"理由是波波经常在喝水的时候朝翔翔和其他小朋友身上吐水。接着又有几个孩子也声明自己不做波波的好朋友，让他很尴尬。

通过以上镜头可以看出，当前在幼儿同伴交往中存在的一个突出问题是以自我为中心。现在的幼儿在家中享有特殊地位，在与同伴交往的过程中更加以自我为中心。为人处事总以自己的兴趣和需要为出发点，很少关心他人。在自己的兴趣和需要受到影响时，他们的情绪变化过快或过激，出现一些不友好的甚至有攻击性的行为。

其次，有的幼儿在同伴交往中不能够正确地运用交往的手段。比如章章，他在和同伴交往时经常出现一些带有粗鲁、冲撞行为的动作，容易引起误会，表现得较独断、任性，不愿意和同伴一起游戏，久而久之，他们就更不会主动与同伴游戏，这些不合群的心理特征严重影响着幼儿身心的健康发展。

再次，有些幼儿在同伴交往中有明显的攻击性行为，如：骂人，踢人，推人，对别人吐口水，争抢玩具，等等。如果不及时矫正这些行为，幼儿会逐渐形成无礼暴躁、冷酷无情等不良情绪。

模块三　独生子女的心理健康教育

一、独生子女的概念

独生子女，是指一对夫妻生育的唯一孩子。独生子女与非独生子女，具有同样的身心发展规律。但兄弟姐妹关系会在儿童社会化过程中产生一定作用。独生子女除了与父母之间的亲子关系外，没有兄弟姐妹这层关系，因此其社会化带有自身的特点，但是独生子女与非独生子女都能学会交朋友。

二、独生子女的成长优势

充分的爱抚和关怀。独生子女在家中常常感到自己是被人热爱和欢迎的，有着强烈的归属感和安全感，这是幼儿心理健康良好的基础。因此多数独生子女情绪愉快、性格活泼、朝气蓬勃，容易树立积极向上的心理，有利于激发探索世界的主动性、积极性。

较优裕的物质生活条件。独生子女在经济上、物质上往往得到优先的、可靠的保证。在营养、服装、图书、玩具等方面，一般比非独生子女优越。就是经济条件较差的家庭，也因为只有一个孩子，总是尽量满足孩子发展的基本需要。

丰富多样的智力投资。独生子女的父母往往用较多的时间和精力来关心孩子的智力发展。即使父母的工作再忙，也要安排时间开阔孩子的视野，培养孩子多种多样的艺术兴趣，带领孩子参观游览，解答孩子的各种问题，陪孩子游戏，教孩子背诵诗歌，学习计算机。因此，多数独生子女的知识面比较广，记忆力比较强，思维也比较活跃。

三、独生子女的心理发展特点

独生子女一般智商高，知识面普遍比较广，智力发展比较好。从20世纪20年代以来，国外有许多心理学家对独生子女问题进行了研究。有不少学者把独生子女看成是性格具有特异的儿童；也有人认为，独生子女和非独生子女在健康和性格等方面没有什么差异。独生子女的心理发展同样遵循儿童心理发展的普遍规律，但是，由于独生子女在家庭中的位置具有特殊性，并受一定的社会环境影响，因而也就出现了一些值得研究和探讨的特点。

（一）独生子女的心理发展具有年龄特征

独生子女的心理发展也如一般儿童一样，都是遵循着儿童心理发展的一般规律而发展的，并在发展过程中呈现出阶段性特点。独生子女的情感、智力、品德都随着儿童生理的发育逐渐成熟，并对客观现实的反映更加准确。因此，在独生子女身上表现出来的某些心理特点并不一定是独特的，有些则是儿童心理某一年龄阶段特征的表现。

一岁半左右，由于独立行走和生活能力的发展，与周围世界的接触日渐广泛，自我意识得到了发展。在交往中，儿童首先掌握了"我"字，开始把与"他"有着密切关系的人和物都划归自己所有。幼儿时，其思维极为具体，并且表面、肤浅，依赖于成人。但至学龄儿童时期，则由具体形象思维向抽象思维过渡。

独立思考能力增强。随着独生子女自我意识的发展和独立性的增长，其自尊心和自豪感也开始萌芽。这就是独生子女心理发展与一般儿童心理发展的共同点。

（二）"独与特"的心理现象

由于独生子女的家庭环境和条件与非独生子女家庭不完全一样，这就造成独生子女特有的心理面貌，使其在情绪、情感、行为等方面都表现出与非独生子女不同的一些心理特点。

独生子女通常处于家庭的中心位置，父母的注意力都集中在他们的身上。因而，独生子女往往享有优裕的物质条件和良好教育，生理发育水平较高，其心理发展也有一定的特征。譬如，他们智慧聪颖。独生子女容易受到父母的过度保护，这种过分保护则形成他们成对父母的依赖性，限制其活动的独立性、积极性和创造性，妨碍了对周围环境地适应，使独生子女的身心发展受到束缚。因此，当他们离开父母接触新的生活环境时，将表现出明显的不适应，进而引起心理上的焦虑和退缩。例如，许多父母一看到独生子女有点不舒服，就三天两头带去医院检查，不许别人随便接近自己的"宝贝"。又如，有些家长把独生子女当作私有财产，奉若珍宝，视为"天之骄子"，因此，对孩子偏袒、护短、听之任之。再有一些父母对独生子女缺乏理智的爱，而多是溺爱，因此，可能造成孩子的自私心理、盲目自大、任性和意志薄弱。

另外，独生子女在家庭中没有与兄弟姐妹共同生活的经验，在感情上容易形成自我中心化，不善于体会其他儿童的思想和情感。同时，由于他们活动范围仅限于家中，缺少相互交往的儿童伙伴，而只能与成人交往，向成人模仿，举止行动成人化。因此，独生子女容易出现"早熟"倾向，显得少儿老成，这就不但失去了孩提的天真，而且在与儿童交往中发生诸多的适应困难。这种缺乏儿童伙伴的独生子女，有碍于协作精神和服务精神的建立。

（三）独生子女的心理发展存在着个体差异

独生子女的心理特征都是由他们的特殊环境和教育条件决定的，这些心理特点不是独生子女与生俱来的。因此，并非所有的独生子女都具有"独与特"的心理特点。独生子女个性差异的形成受千差万别的因素影响。

家庭是社会的细胞。儿童都是出生、成长和生活在家庭中，并通过家庭再进入广阔的社会领域。家庭作为社会的一个细胞，它深刻地影响着儿童的培育和成长，因此，研究独生子女心理发展的个性特征，必须要探讨家庭的教育，这样才能理解其所形成的情感、行为和习惯。

四、影响独生子女心理发展的不利因素

独生子女的特殊心理，特别是他们的某些不良心理，是由他们生活的一些特殊条件造成的。这些特殊条件或因素既有家庭的，也有社会的。

（一）缺少伙伴关系

没有兄弟姐妹这种儿童"伙伴"关系，是独生子女的某些心理特征有别于非独生子女的首要不利因素，并由此引出其他若干不利条件，形成一系列影响独生子女心理发展的不利条件。

家庭中的伙伴关系，是形成儿童个体意识和社会意识的天然条件。当幼儿两三岁后，个体意识开始萌发，他需要区别自我与他人，发现和明确个人在集体和社会中的地位。他只有在与伙伴的游戏和交往中，通过伙伴的互相评价来认识自己，比较别人；通过伙伴间的互相指责和赞扬，来了解具体的是与非，开始学习和遵循正确的行为规范；通过伙伴间的相互帮助，学会理解、尊重、友爱和同情，培养平等精神、服务精神、协助精神和责任感，产生社会意识；通过不受大人约束的伙伴间的活动，学习独立和自立，增强适应环境和克服困难的能力，等等。上述这些方面绝不是父母所能包办代替的。因此，兄弟姐妹之间的相互交往是儿童最早和最需要的社会生活。

独生子女天然地缺少这一形成社会经验的重要因素——儿童伙伴。他们离群索

居，难以了解自我与他人的区别，不懂集体中成员的权利和义务，不知道如何与他人相处，甚至不理解父母对他的爱，也不知道尊重父母。他们由于是"独苗"，就易成为家庭里的"中心人物"，没有别的孩子同他们分享父母的爱，家里的任何东西都为他所"独占"。这就形成了一些独生子女自私、不知爱人也不懂人爱，造成异常偏执的性格。独生子女要弥补这一天然缺陷，必须为他们创造与其他儿童经常交往的条件，及早送他们进幼托机构等集体环境。

（二）父母在文化、思想上准备不足

父母是儿童的抚养者、保护者和教育者。由于养育儿童最初几年的责任完全要由父母承担，父母自然成为儿童的第一任教师。意大利教育学家蒙台梭利认为，儿童生命的头三年对儿童的发展来说，比任何时候都重要。因此，父母的素质如何，对儿童心理的发展有着极其深远的影响。

目前我国独生子女的父母，不少人文化水平较低，对教育独生子女缺乏心理准备和知识准备。他们想教育孩子却缺少教养的知识和方法，爱孩子而不知如何正确表现这种爱，在教育问题上感到窘迫，显得无能为力。有些人对孩子采取任其自然、只养不教的态度，将责任完全推给社会；还有一些夫妻不和，整日争吵不休，导致孩子产生不良情绪和情感；甚至有的人草率结婚和离异，给孩子造成心理上的创伤。

（三）溺爱无度

正常的父母之爱是子女最好的精神食粮，国外早有学者提出"母爱维他命"。但父母对子女过分宠爱，就成为溺爱，对子女的成长有害无益。独生子女的父母往往缺乏对子女爱的分寸感，这种爱往往失去理性，反而害了孩子。据调查，有30%以上的独生子女由于从小被父母奉若至宝，娇惯放纵，又潜移默化地受到成人"私有"观念的影响，结果形成了自私的品质，有50%以上的独生子女形成了其他不良情绪，如爱激动、好发脾气、任性等。这主要是父母的娇惯所致。成人过分的溺爱，不适当的迁就，使孩子觉得家里的一切都可以由他来左右，他开始去操纵他的父母，向他们发号施令，个别孩子甚至稍有不如意就对父母拳打脚踢。而那些父母却认为孩子还小，大一些再管不迟。殊不知，这样的孩子心中只有自己，没有他人，逐渐发展并形成上述消极情绪、情感。

（四）过度保护

对孩子过度地保护也会阻碍他们的身心发展。好奇、好动、好模仿是儿童的天性，也是由他们要求探索世界的心理驱动的。而一些年轻的父母或孩子的祖父母总是怕这怕那，唯恐孩子"出事"，他们怕孩子有病，小病大治，无病也治；他们怕孩子出门被车撞着，就不准孩子单独出门。据调查，有60%以上的家长不许独生子女单独上街。一些父母总喜欢绘声绘色地向孩子描述房门以外的世界种种危险，不准这样，不能那样，结果，造成了这些独生子女对外部世界的"恐惧症"，使他们成为心理不健康的孩子，不能独立生活。

（五）过多照顾

孩子出生以后，是应在父母的照顾下成长的。然而，有些家长对孩子给予了过度的关心和关怀，甘心做保姆，包办代替孩子所有的事情，不让他们做一点力所能及的事情，使他们过着"衣来伸手，饭来张口"的生活，使他们在动手和动脑方面得不到应有的锻炼，结果养成了独立性差、依赖性强等不良习惯。

五、独生子女心理问题的表现

许多事实表明，独生子女的心理问题突出表现为情绪异常、思维异常、行为异常、人格异常等。这些心理问题不仅明显，而且呈复杂性，从外在表现形式看也呈现多样性。

（一）独立性差，依赖性强

对父母、家庭的过度依赖，是独生子女大多具有的通病。独生子女的家庭由于只有一个孩子，父母在生活上一切事情都大包大揽，除了学习以外的任何事，都不让孩子做，生怕孩子出现意外。这种保护超出了孩子的需要，久而久之，独生子女就不愿意主动地处理问题，对父母越来越依赖。

（二）孤僻

当今独生子女的同伴主要是同班同学和邻居伙伴，能在一起交往的时间不多。而且这种交往并不能完全弥补独生子女的孤独感，这种孤独在一定程度上要通过父母的关爱来补偿，可是由于种种原因也得不到满足。

在这个社会中，竞争日益激烈，使得父母纷纷忙于自己的工作无暇照顾子女，教育和陪伴孩子心有余而力不足，孩子们时常要通过给父母打电话的方式来排解寂寞和恐惧。这样就使独生子女逐渐形成孤僻的性格，缺乏良好的人际沟通技巧。

（三）怯懦脆弱

习惯于享受在家庭中的独尊地位和非常优待，父母的娇宠让他们处在生活的理想世界里，在经济上有保证，生活上有安排，独生子女没有自己坚定的意志品质、信仰和执着的追求，做事缺乏独立性和主见，不能为自己的未来做出良好的规划，常常表现出意志薄弱，遇到困难便畏惧不前，或手足无措，对突如其来的困难感到无所适从。感情上也十分脆弱，遇到打击和挫折容易一蹶不振，或消极堕落。例如，有的独生子女被教师批评、考试失败、同学之间闹矛盾、被他人冤枉等都会使他们产生悲观、颓废等消极心态，更甚者会产生退学、自杀等念头，这对社会也将造成不良后果。

（四）逆反与任性

在宠爱和骄纵的家庭里，独生子女就容易任性。当今人们的生活水平越来越好了，为了让孩子顺利幸福地成长，父母会满足孩子的一切需求，无论是合理的还是不合理的，统统满足，这让独生子女们觉得想要任何东西都是容易的，而太容易得到的就没有快乐感，所以孩子就变得更加任性。由于父母对独生子女的过度放任，他们在青春期就更加叛逆。

（五）不接受负面评价

独生子女的优越感是表现在很多方面的，成长的环境为独生子女提供的便利不仅表现在物质上，也表现在精神上。父母认为自己的孩子是最出色的、最优秀的，即使孩子在某件事上做错了，家长也舍不得批评，百般袒护，对孩子的表扬多于批评，常常给孩子戴高帽子，这容易使孩子只喜欢称赞和表扬，不喜欢批评，虚荣心较强。很多独生子女只要听到别人的负面评价，就会暴跳如雷，受不了别人的批评，在成长的过程中不容易接受来自他人的负面评价。

六、独生子女心理健康教育方法

针对独生子女心理发展特点进行教育，利用有利的因素，发扬良好的行为品质，克服不利的因素，矫正不良的行为习惯，促进其健康地成长。

（一）要明确独生子女心理教育的重要性

教育对儿童心理发展起主导作用，对于独生子女的成长也是如此。独生子女所受的学校和社会的教育与非独生子女是相同的，所不同的是家庭的环境和家庭的教育。应该说，独生子女的家庭环境和教育更具备有利条件。重要的是家长要明确教育的作用，有目的地利用有利条件，积极进行家庭教育。例如，安排一定的时间对孩子进行耐心、细致的说服教育，也可以专门带孩子去参观、访问、游览；利用一定的时间和孩子一起做游戏，阅读儿童报刊、书报；经常给儿童讲故事、猜谜语等。在这些活动中，家长可以很自然地引导、教会孩子懂得很多事情和道理，增进其知识，发展其智力并进行思想品质教育。家长还应经常抽时间了解孩子在幼儿园、学校的生活、学习和行为等表现，使家庭教育同幼儿园、学校的教育紧密配合，协调一致，取得更好的教育效果。

（二）父母要有正确的态度和教育方法

1. 严格要求

父母不能把自己的子女看成私人财产，而要把他们看成祖国的未来，是祖国的建设人才。家庭要为社会输送的不是简单的劳动力，也不是一个给社会添麻烦的人。父母对孩子的正当要求应尽可能满足，对不合理的要求应加以拒绝，对好的行为表现要加以赞扬、肯定，对错误的行为表现应以各种方式进行否定、批评。独生子女力所能及的劳动和活动，父母不能包办代替，更不能让独生子女在家中居于"特殊"地位。要根据社会的道德标准，从独生子女的年龄特点等实际出发，对他们的吃、穿、住、行到品德的培养、智力发展进行教育。

当然，严格要求不能束缚孩子的活动，管得过头也不行，要让孩子主动地活动，尊重孩子。孩子在成长的过程中，只有充分活动，接触事物，多加思考，理解事物，才能获得最丰富的精神营养。

2. 教育方法要适当

首先，教育态度和方法要一致。家庭成员与教师都是幼儿最亲近、最信服的人。如果对孩子的教育态度、教育方法不一致，就会造成教育作用的互相抵消，正确的要求不能贯彻或巩固，家长的威信难以树立，而孩子也无所适从，正确的是非观念不可能形成。家长和教师们对幼儿提出的教育要求和使用的教育方法，最好事先协商，互相支持，并耐心进行正面教育，做到要求一致、方法一致、态度一致。这样，儿童就会感到成人的意见是坚决而有力的，必须服从，没有讨价还价的余地，良好的行为就容易得到巩固。

其次，奖罚分明。有些独生子女的家长为迎合孩子的心理，在孩子并没有做什么好事的时候，也给予表扬，甚至孩子做错了事，也乱表扬。这样奖罚不明会使孩子错误地认为自己做的一切都是正确的，分不清是非。

儿童的是非观念是在成人对他的行为表现的态度中逐步建立起来的，这就要求成人对孩子的言行加以适当的、正确的表扬和批评。孩子有了优点，就给予肯定、鼓励，但要注意提醒他们不要骄傲。孩子有了缺点，就要给他们进行适当的批评，指出错在哪里，讲清道理。既不要因孩子哭闹而迁就，也不要动辄施以打骂等高压手段。

儿童时期，孩子的一些缺点或不良习惯，开始多是无意识的，成人不要过多批评指责，要向正确方向引导，要多树立良好的榜样供他们学习。对儿童的教育方法应以表扬为主，辅以适当的批评，帮助孩子树立正确的是非观念，养成良好的行为习惯。

（三）为独生子女创造集体环境

独生子女有一个很大的弱点，就是"独"。这是由客观环境造成的。"独"是成长的障碍，如果我们有意识地把孩子置于集体之中，独生子女也可以不"独"。

在独生子女上幼儿园前，要帮助他们选好小伙伴；进幼儿园后，要教导幼儿习惯于集体生活。这样不仅可以弥补独生子女没有兄弟姐妹的缺陷，还可以促进他们智力和体力的发展，丰富社交经验，培养集体主义思想。

孩子有了年龄相仿、性格相近的小伙伴，就会玩得好、学得好。儿童在共同的游戏中，互相出主意、想办法，巩固已得的知识技能，丰富语言，发展智力，可以进一步提高对环境的认识。同时，儿童亲密无间，协调一致，遵守纪律，可以增强其独立性，培养团结友爱、互相谦让、热爱集体等良好的思想品德。

孩子之间难免会发生争吵或弄坏东西等情况。这时，家长和教师应做必要的指导，如帮助分工，教他们轮流使用玩具，建议或提出一些简要的规则，要求大家遵守等。

幼儿园要加强对独生子女的集体观念教育、劳动教育和良好生活习惯的培养。要让独生子女接受集体生活的锻炼，以弥补家庭教育的不足。在家庭和幼儿园教育工作的配合上，幼儿园应该充分发挥主动性，对家庭教育发挥一些指导作用。

【案例思考】

小南是独生子女，妈妈对小南百依百顺，爸爸则非常粗暴，家里玩具很多，但她看到别人玩什么，她就要什么，还经常和小朋友打架。老师开始严厉地责备他，后来谁也不管了。妈妈开始担心。分析小南的特点及成因。

【相关资料】

独生子女溺爱症

在现代家庭中，由于独生子女受到爸爸妈妈、爷爷奶奶和姥爷姥姥的溺爱，在家庭中形成了特殊的"四二一型小宝贝"局面。他们往往缺少必要的竞争和家务劳动锻炼，娇生惯养，而轻易发生任性、怪癖、偏食、自私等不良的性情。

此症又叫"四二一"综合征，为一名外国女记者创造的名词。她认为，在现代中国不少的家庭里，四个老人，两个父母，围绕着一个独生子女打转，在这样的溺爱环境里长大的孩子都是"小皇帝"，从而使他们在心理和生理方面出现一系列病态反应。

一是任性、骄傲、自私、没有独立生活能力。这是由于家长们对孩子宠爱无度，无原则地迁就、娇惯，其结果，非但无助于育儿成才，反倒使孩子变成任性、娇气、没有独立生活能力的"绣花枕头"，有的高傲自大，以自我为核心；有的情绪异常，孤僻离群。

二是营养不良。由于是独苗，长辈们千方百计地满足孩子的要求，即使是无理的要求。孩子喜欢吃什么就给什么，不喜欢吃的食物，尽管是身体发育所必需的，也就不要求吃。久而久之，这些孩子就养成了偏食挑食的习惯，造成营养摄取失调。据专家们调查，我国儿童普遍贫血和缺锌，不是虚胖就是过于消瘦，如"O型腿""鸡胸""牙齿钙化不良""龋齿"等亦不少见。

参 考 文 献

[1] 李桂英. 学前儿童心理发展与咨询辅导. 北京：经济管理出版社，2012.
[2] 郭力平. 学前儿童心理发展研究方法. 上海：上海教育出版社，2002.
[3] 王萍. 学前心理学. 长春：东北师范大学出版社，2011.
[4] 常青. 学前心理学. 南昌：江西高校出版社，2009.
[5] 史蒂芬·平克. 心智探奇：人类心智的起源与进化. 郝耀伟，译. 杭州：浙江人民出版社，2016.
[6] 潘庆戎，白丽辉. 幼儿心理学. 南京：河海大学出版社，2005.
[7] 史献平. 幼儿心理学. 北京：高等教育出版社，2009.
[8] 郭丽虹，邹广万. 幼儿心理学. 呼和浩特：内蒙古大学出版社，1995.
[9] 舒尔茨. 现代心理学史（第十版）. 叶浩生，杨文登，译. 北京：中国轻工业出版社，2014.
[10] 李红. 幼儿心理学. 北京：人民教育出版社，2006.
[11] 张向葵，刘秀丽. 发展心理学. 长春：东北师范大学出版社，2002.
[12] 傅宏. 学前儿童心理健康发展. 南京：南京师范大学出版社，2002.
[13] 戴维·霍瑟萨尔. 心理学史（第4版）. 郭本禹，等，译. 北京：人民邮电出版社，2011.
[14] 傅兵，欧晓霞. 教育理论基础（心理学卷）. 济南：济南出版社，2001.
[15] 丁祖荫，葛祉云，王振宇，竺波. 幼儿心理学. 北京：人民教育出版社，2004.
[16] 桑标. 当代儿童发展心理学. 上海：上海教育出版社，2003.